INA SEIDEL

AUS DEN SCHWARZEN WACHSTUCH-HEFTEN

INA SEIDEL

AUS DEN SCHWARZEN WACHSTUCH-HEFTEN

Monologe, Notizen, Fragmente

Herausgegeben von
Christian Ferber

DEUTSCHE VERLAGS-ANSTALT

CIP-Kurztitelaufnahme der Deutschen Bibliothek

Seidel, Ina:
(Sammlung)
Aus den schwarzen Wachstuchheften:
Monologe, Notizen, Fragmente / Ina Seidel.
Hrsg. von Christian Ferber. – Stuttgart:
Deutsche Verlags-Anstalt, 1980.
ISBN 3-421-01974-6

Satz: Maschinensetzerei Hurler GmbH, Notzingen
Druck und Bindearbeit: Mohndruck OHG, Gütersloh
Printed in Germany

Ich wurde unterbrochen. (Mein
Leben besteht ja aus Bruchstücken.
Immerhin glaube ich, daß
die Bruchstellen immer genau
aufeinanderpassen, und glaube an
den Strom einer inneren
Kontinuität in meinem äußerlich
so zerrissenen Leben.)

TAGEBUCH, 1936

INHALT

III. FAHRTEN IN DEN ABEND

Zwischen dem fünfundsechzigsten und dem neunundachtzigsten Jahr (1950–1974)

Erster Teil

LABYRINTHE

Zwischen dem zwanzigsten
und dem fünfundvierzigsten Jahr
(1905–1930)

DATEN UND HINWEISE

Geboren 1885 in Halle an der Saale. Kinderjahre in Braunschweig. Der Vater, Hermann S., Chef des Krankenhauses, ist Chirurg. Er scheidet 1895 aus dem Leben – wegen übler Nachreden seiner Assistenten, die in einem posthumen Prozeß durchweg widerlegt werden. Die Mutter zieht mit den Kindern Ina, Willy und Annemarie über Marburg nach München.

1905 verlobt sich Ina mit ihrem Vetter Heinrich Wolfgang S. (dem Sohn des Autors Heinrich S.), 1907 heiratet sie ihn. Das Paar (H. W. S. ist Pfarrer und Schriftsteller) lebt bis 1914 in Berlin, bis 1923 in Eberswalde, dann wieder in Berlin. 1908 erkrankt Ina im ersten Kindbett und wird auf Lebenszeit schwer gehbehindert. Verstärkt wendet sie sich fortan jenen literarischen Arbeiten zu, die sie während ihrer Mädchenzeit als eine reine Privatbeschäftigung betrachtete.

1914 erscheint ihr erster Gedichtband, 1918 ihr erster Roman, »Das Haus zum Monde«. 1922 veröffentlicht sie den Georg-Forster-Roman »Das Labyrinth«. 1923: eine erste Auslandsreise nach Italien. Beschäftigung mit dem »Wunschkind«-Stoff seit 1914, aber der Roman wird erst 1930 abgeschlossen. Während der zwanziger Jahre erscheinen mehrere andere lyrische und epische Arbeiten.

Eine zweite Tochter wird 1918 geboren, stirbt aber nach einem Monat. 1919: Geburt eines Sohns, der am Leben bleibt.

1905

(Aus einer Niederschrift an ihren späteren Mann Heinrich Wolfgang S., die dem Adressaten damals nicht zu Gesicht kam; geschrieben vor der Verlobung.)
Eben mußte ich denken: wenn, ach, wenn Du dies je lesen solltest, wenn Du dies Heftchen je in der Hand haben solltest und wenn Deine Augen je auf diesen Zeilen ruhen sollten – was müßte bis dahin alles geschehen sein? Wie unbeschreiblich glücklich müßte ich geworden sein, wenn ich Dir dies geben dürfte! Du – Deinen Namen nenne ich nicht – wenn Du dies liest, eben bin ich allein und nicht glücklich – denke, daß all mein Glück bei Dir ist.
Deinen Namen sage ich manchmal laut und leise vor mich hin, wenn ich allein im Freien bin. Es gab eine Zeit, da hatte ich mir selbst verboten, das wieder zu tun, ehe ich Dich nicht damit anreden könnte, Dich wiedergesehen hätte. Aber an einem Abend konnte ich es nicht mehr aushalten, an einem schönen Abend sang ich Deinen Namen in allen Tonarten vor mich hin.
Nun gehe ich wieder nach Lichterfelde zurück und sitze mit einer Zeitschriftenmappe auf dem Sofa im Wohnzimmer, und fühle mich so gesichert, weil ich weiß, Du bist mir ganz nahe, wenn Du auch gerade nicht neben mir sitzt. Ich horche auf Deinen Schritt und endlich kommst du herunter und sitzest mir wieder gegenüber. Ich liebe Deine Augen so, Dein ganzes

Gesicht liebe ich, aber Stirn und Augen sind das Schönste. Darin – ach, davon will ich gar nicht anfangen.
Ich habe mir früher oft ausgedacht – in überspannten Träumen, wenn meine Sehnsucht zu groß wurde – ich sei heimlich nach Berlin gefahren, geflohen, um Dich wieder zu sehen. Und dann war es immer so, daß auf dem Bahnhof ich Dich treffe, im Begriff, nach Lichterfelde zu fahren. Und ich steige zu Dir in das – leere – Coupe und setze mich dir gegenüber, ohne daß Du mich erkennst – denn ich trage natürlich »einen dichten Schleier«. Den »schlage ich dann empor«, und du erkennst mich wieder. Hier kamen mir meistens die Tränen. Nun auf der Fahrt von L. nach B. saß ich Dir in Wirklichkeit gegenüber. In B. frugst Du dann, ob wir fahren oder gehen wollten, ich wollte natürlich gehen, und Du frugst, welche Wege, sagte ich Dir »Ich gehe, wie Du führst« – und merkte noch während ich die Worte aussprach, daß ich Dir damit alles gesagt hätte, ohne daß Du es ahntest.
Ganz langsam gingen wir den weiten Weg nebeneinander. Und du erzähltest mir von Deinem Buch, von Deinem Helden. Ich möchte so gern, so gern wieder neben Dir gehen und in all dem Straßenlärm nur Deine leise Stimme hören. Ich möchte noch einmal diese Glücksempfindung haben wie in jener Stunde, als ich merkte, daß Du mir von Deinem Besten und Heimlichsten gabst. Und ich wollte, daß Du wüßtest, *was* Du mir gegeben hast in jener Stunde. Ich möchte Dir meine Liebe zeigen, mich Dir geben können.
Ich mußte das einmal aussprechen, diese Sehnsucht, Dir geben zu dürfen. Und in dieser Sehnsucht fühle ich, daß ich gebe, aber daß es von mir ins Leere geht. Und ich habe manchmal nun Angst, als würde ich ärmer für Dich.

1910

Ich weiss nicht, ob ich religiös veranlagt bin oder nur moralisch. Vielleicht ist es doch Religiosität, wenn einem so tief wie mir das Glück bewußt ist, geführt zu werden. In meinem Leben gab es bisher *keinen* Zufall, das weiß ich. Ich bin unruhig und habe keinen Frieden. Ich will Menschen etwas sein und muß immer wieder mit Schmerzen fühlen, daß ich selbst noch gar nichts bin. Und ich bin doch dankbar, daß mein Herz nicht mehr ruhig ist wie in den letzten Jahren: Das war auch Glück, aber Stillstand. Vielleicht Ausruhen, Brachliegen.

1911

Als Kind, zwischen meinem achten und zwölften Jahr, hatte ich eine Neigung zum Nachtwandeln. Ich fand mich manchmal nachts erwachend nicht in meinem Bett, sondern in einem anderen Zimmer, was mich immer mit großem Schrekken erfüllte. Beim letzten Erlebnis dieser Art fand mich das Dienstmädchen auf dem Fensterbrett kniend und im Begriff, das Fenster zu öffnen.

Wenige Tage vor dem Tod meines Vaters hatte ich bei leichtem Fieber einen entsetzlichen, drückenden Traum, von dem ich beim Erwachen nichts wußte. Ich soll weinend in meinem Bett gesessen und immer wiederholt haben: »Wir sind gestorben, alle gestorben . . .«

Als Papa im Sterben lag und ich zu einem Arzt lief, stand es während dieses Weges mit Klarheit vor mir: »Wenn Papa stirbt, ziehen wir nach München.« Ich erschrak vor der Sicherheit dieser Annahme von Papas Tod, konnte aber den Zukunftsgedanken so wenig unterdrücken, daß ich mich gar nicht wunderte, als Mama uns mitteilte, wir würden Braunschweig verlassen. Mich wunderte nur, daß wir zunächst nach Marburg zogen.

In der Stunde, als Großpapa Ebers starb, saßen wir Kinder in einem kleinen Theater auf einem Sommerfest in Tutzing. Mitten in einer komischen Vorstellung hatte ich das Gefühl, daß jemand zu mir sagte: »Und du sitzt hier während dein Großvater stirbt . . .« Als wir hinausgingen, stand draußen jemand, der uns nach Hause rief.

Alle meine Träume in Bezug auf Heinrich sind in Erfüllung gegangen. Meine ganze Liebe zu ihm, noch ehe ich ihn richtig kannte, ist wohl als Vorahnung zu bezeichnen.
Ich hatte lange Zeit nicht an Agnes Miegel gedacht, erwachte aber am Morgen des 20. 1. 10 durch einen Traum von ihr: ich hatte sie gesehen und gesprochen – und plötzlich ergriff mich wieder das Verlangen, sie kennenzulernen. Am Abend *desselben* Tages las ich in der Zeitung, daß sie im Lyzeumclub vorlesen würde, und hatte gerade noch Zeit, hinzukommen. Ebenso meinte ich vor einigen Tagen, sie durch meinen bloßen Willen zwingen zu können, meinen Brief doch noch zu beantworten. Ich richtete abends vor dem Einschlafen alle meine Kraft auf diesen einen Gedanken, es war am 16. August. Am 18. August früh bekam ich ihren Brief, der nach Datum und Poststempel am 16. abends geschrieben worden war.

Ich habe, seit ich erwachsen bin, bisher nicht das Bedürfnis zu regelmäßigem Beten gehabt, habe aber in einigen Fällen auf wunderbarste Weise das erlebt, was man »Gebetserhörung« nennt. Ich betete zum Beispiel, als wir verlobt waren: »Laß nur unsere Kinder gesund sein, laß mich lieber selbst krank werden, nur gib uns gesunde Kinder.«

1914

IST IRRTUM Sünde? Was ist Irren?
Irren ist der Wahrheit *unbewußt* entgegenhandeln. Abweichen von der Wahrheit (der ewigen Notwendigkeit) aber ist das eigentliche Wesen der Sünde.
Also ist der Irrtum unbewußte Sünde.
Die Seele trägt die Folgen der Sünde – büßt –, bis sie auf dem Weg der Erfahrung die Sünde in ihr Gegenteil, das bewußt Gute, umgesetzt hat.

DAS VOLK wird kommen, darüber wir heute noch lachen, das frißt uns, wie wir einst Rom erstickten –

WARUM gleichen Kinder nicht in allem ihren Eltern?
Weil sie sich im Mutterleib so vollsaugen von elterlichen Eigenschaften, daß sie schon als Gegengift auch andere entwickeln. Wie sollten sie sich sonst später ihren Herrn Eltern gegenüber behaupten?

1915

WIE WUNDERBAR Alter und Kindheit aneinander grenzen, einzig getrennt durch die Wunder Tod und Geburt, die vielleicht doch nur *ein* Wunder sind. Die Inder rechneten das Alter eines Menschen übrigens nicht von seiner Geburt, sondern von seinem Empfangenwerden an. Das war von jeher meine Auffassung. Doch ist wohl nur den fortgeschrittenen Seelen Alter und Kindheit gleichermaßen Gnade.
Der Seelenwanderungsroman, den Gott mir zu schreiben gewähren möge: Er spielt im »hohen Adel«, weil dort mehr Möglichkeit für äußeres Erinnerungsmaterial durch Generationen aufbewahrt ist. Ist natürlich nicht nötig, ein »Patrizierhaus« tut's auch.

1918

Ich denke jetzt manchmal an die arme Heidi, wie sie kurz vor ihrem Tode sagte: »Gerade jetzt hätte ich gern gelebt!« »Gerade jetzt« – das denke ich jetzt auch oft. Ich werde es in späteren Jahren ja wissen, daß ich nicht mit Todes-Gefühlen gespielt, nicht in dieser Stimmung geschwelgt habe. Es ist nur dies, daß die unbezweifelbare Gefahr, in die die bevorstehende Entbindung mich bringt, mein *Lebensgefühl* so steigert, wie es mir nie zuvor geschehen ist. Es ist so stark, daß ich den Tod als solchen nicht mehr empfinden kann und bei allen Plänen und Ausblicken nur immer wieder denke, vielleicht muß ich *diesen* Körper bald abstreifen und mit ihm meine jetzige Umgebung, alle Verhältnisse, die diese Pläne bedingten (»Dann gehört mir nichts mehr, was mir gehört«) – aber ich bin so ruhig, so unaussprechlich ruhig dabei. Selbst der Schmerz über das Verlassenmüssen meiner Liebsten ist gewichen, nichts ist stärker als das Bewußtsein »Was kann mich trennen von der Liebe Gottes?«, und somit auch von ihnen, die seine Liebe mir gab.

1914 bis 1918: Das völlige Scheitern meines harmlosen Lebensglaubens. *Beginn* der Geburt des Willens, nach dem gänzlichen Versagen der Gewohnheit, sich unbewußt treiben zu lassen.

1919

EINIGES ÜBER DIE NATUR DER ENGEL

Ihr Schicksal hängt von dem der Erde ab. Sie sind seelenlos, weniger noch als die seufzende Kreatur. Vielleicht sind sie den Edelsteinen am nächsten verwandt. Etwas Elbisches ist in ihrem Wesen. Nicht Naturgeister, sondern Geist-Geister,

bestimmt, Gottes Geist und Willen rein zu vermitteln. Ihr grenzenloser Optimismus in bezug auf das Menschengeschlecht, ihre hilflose Enttäuschung, wenn dieses wiederum versagt und die Verklärung der Erde aufhält.
Diese Gedanken kamen mir bei einem Oratorium auf dem Händelschen »Messias« gestern in der Kirche. Der Text war etwa »Tochter Zions, freue dich« und ein trillerndes Frohlokken. Und diese frohlockende Verkündigung des Einzugs Jesu schien mir vor einem der Hügel um Jerusalem hingesungen im Morgengrauen, von einem Engel über die schlafende Stadt, dem der Morgenwind den Tau aus den Locken sprühte wie aus dem krausen Laub der Orangenhaine, während am Himmel veilchenfarbenes Gewölk sich bedrängte, von Gold durchbrochen und umrandet. Ach, dieser übereilte selige Engel, der von Gottes Thron gestürzt kam im Rausch der Überzeugung, nun wird alles, alles gut! Während Gott doch wußte – und Jesus wußte es auch, der fern im dämmerigen Lande seine Sandalen band, um sich aufzumachen gegen Jerusalem.
Wir hatten in der Ecke der Empore über dem Altar gesessen, wo es sonst immer leer ist, und müssen wohl irgendeinen Kirchenkobold gereizt haben, denn mir träumte des Nachts von einem abscheulichen krüppelhaften Unhold, der die Kirchenstufen fegte und mich dann verfolgte, indem er sich bein- und händelos bäuchlings auf dem Boden fortschnellte. Rannte ich, so konnte er auf einmal auch rennen und war nahe daran, mich einzuholen – ich mußte ganz langsam gehen, dann kam er auch nicht schneller vom Fleck, und der Abstand blieb gleich. Aber dieses Langsamgehen war schrecklich.
Vielleicht war es Schmock.
Ich sah auch die Insel Mönchgut, als ein von gewaltigen Schnabelschiffen umgebenes, merkwürdig aufgeschichtetes dunkelbraunes Eiland. In diesem Traum war es eine Insel für sich.

L. WAR ZWEI TAGE hier. Er ist merkwürdig anregend für mich, obgleich ich unter ihm leide, unter seiner Art. Ich empfinde ihn als mir entgegengesetzt und muß dauernd hören, daß er mich als innerlichst verwandt empfindet. Als einen weiblichen L. also! (Er erzählte einen bösen Witz von Rudolf Borchardt auf seine Kosten: »D'Annuncio gleicht eher einem L. als einem Dichter!«)
Da er also fortwährend versichert, mich durch und durch zu kennen (durch Intuition: ah bon Dieu!), muß ich ihn dauernd mystifizieren, und das macht eigentlich Spaß.
Er ist von der klugen Dummheit des großen Talents und der meisten Männer, er ist, wie ich glaube, der intuitiven Auffassung eines anderen durchaus unfähig. Er schafft die Menschen sich zum Bilde, zum Bilde L.s schafft er sie. Ich muß mich mit ihm auseinandersetzen. Ist er überhaupt ein Dichter? Ich fürchte doch, daß seine Kunst einem ungeheuren *Willen* abgezwungen wird. Ich glaube nicht an seine »Fülle«. Ein sehr feiner Kopf, der sehr gut um das Wesen der Dichtkunst weiß, und sie nun – macht.
Ich erschrecke vor der Härte meines Urteils über L. Dennoch – ich empfinde ihn so. Er ist nicht unmittelbar. Er sieht alles bereits stilisiert und in das Schema seiner Anschauungsweise hineingepaßt. Diederichs hat ihm vorgeworfen: *Technische* Monumentalität. Es ist nicht das allein.
Er ist seiner selbst unendlich bewußt, pflegt aber eine durchs Bewußte hindurchgegangene Unbewußtheit.
Ein guter Mensch. Ich könnte ihn fast lieben, wenn er mit all der Inbrunst, die er auf sein Deutschsein verwendet, Jude zu sein suchte. Nun macht er sogar Edda-Strophen!

1922

Woher kommt der ungeheure Seelendünkel der Deutschen? Diese Frage kam mir beim Lesen eines Aufsatzes des sonst durchaus sympathischen W. in der heutigen Zeitung.
Das Selbstbewußtsein der Deutschen nährt sich aus den Schichten seines Wesens, die besser unbewußt blieben.

Die Wallungen des Herzens verachten lernen: Enttäuschung, Hoffnung. Die Versuchungen zur Verzweiflung. Keines Menschen bedürfen. Von den eigenen Gefühlen wissen, wie von denen eines Fremden.

Gelassen werden. Vorbereitet auf alles. Nichts sich gestatten, als die augenblickliche Freude unverhoffter Erfüllung.

1923

Einem ganz allgemeinen Produktionsbedürfnis erliegend, finde ich im Augenblick keinen anderen Gegenstand als mich selbst. Es ist nach den so völlig gelebten Monaten dieses Jahres eine Arbeitslust in mir wie noch nie, aber einem einstweilen noch ganz chaotischen Stoffgebiet gegenüber.
Ich bin im letzten Vierteljahr zum ersten Mal wieder seit 16 Jahren mit Musik getränkt worden, und gleich so, wie überhaupt noch nie. Ich hörte: Missa Solemnis, Mozarts Requiem, Die Neunte (unter Furtwängler), Matthäus-Passion, und vier Abende des Rosé-Quartetts, an denen diese göttlichen alten Herren neben Haydn, Mozart, Schubert, Schumann und Brahms auch einige der letzten Beethoven-Quartette spielten, die mich herrlich erschütterten. Ich erlebe Musik noch sehr inhaltlich, glaube aber, daß ich nicht hoffnungslos zu sein brauche, auch hören zu können. Und in einem dieser Quartette aus der Taubheit, zwischen Klage,

Anklage und rhythmischem Auftrotzen, da war ein Andante, das aus der tiefsten Leidversunkenheit sich aufhellte und geheimnisvolle Kraft wurde. Es war dies, als sei Atlas unter der Last zusammengebrochen und richte sich nun langsam wieder auf. Es war, als keimte aus bitterem Kern ein Baum, wüchse, erblühte, reifte – die ganze unerschütterliche Sanftmut des Wachsens war darin und mehr noch: die heilige Trächtigkeit der Erde, die Lösung der Frucht aus dem Leid. Ich habe auch eine Kokoschka-Ausstellung gesehen, die mich ähnlich wie Musik erregte und löste. Übrigens war da ein wahnsinniges »Stilleben« aus seiner Frühzeit, das Perverseste, was ich je an Malerei sah: ein abgezogenes totes Lamm, ein Aquarium und ein Olm, eine wachsbleiche Hyazinthe, eine Tomate, und eine Schildkröte, die des Lamms Kadaver bekroch.

1925

In Birkenstein. Das Wasser ist hier Tag und Nacht zu hören, es ist der Bach, der sich sehr steil den Berg hinabstürzt, und es sind einige fließende Brunnen in der Nähe des Hauses. Das Rauschen ist so eintönig unermüdlich und so stark, daß andere Geräusche darin untergehen. Hinter dem Haus ist ein Hügel, auf dem eine Kreuzigungsgruppe ausgerichtet ist. Dahinter zieht sich das kurze, blumengesternte Fell des Bergrasens über eine vielfach gebuckelte, sanft abfallende kleine Hochfläche hin. Die drei Kruzifixe wirken ein wenig theaterhaft, aber es muß wohl sein, den »Wallfahrtsort« zu markieren, ebenso wie die in der künstlichen Grotte am Weg zur Kapelle aufgestellten Gethsemane-Figuren. Aber die einsamen Kruzifixe sind frömmer, und am heiligsten die nackten grauen verwitterten Balkenkreuze auf den Spitzen der hohen Berge.
Das einfältigste (ein-fältigste!) Symbol ist das stärkste.

1926

Fluch der »Gemütlichkeit«!
Ich verfluchte sie dreimal, ich verfluche sie siebenmal! (Sie ist unanständig – sie ist widergeistig – widergöttlich!)

Am 4. November hörte ich abends Paul Valéry im Pen-Club sprechen, ein großer Eindruck für mich. Ich hörte seinen Namen zum ersten Mal von Mariette, vor zwei Jahren in Venedig in einem Café an der Riva degli Schiavoni, als ich sie nach französischer Literatur befragte. Damals hat sie mir auch von Gide und Valéry Labaud gesprochen, leider habe ich diesen Valéry dann eher kennengelernt, da er zugänglicher ist als der esoterische P. V. Es war mir aber in Erinnerung geblieben, was M. von seiner zwanzigjährigen Produktionspause gesagt hatte, und ihr »Et il a mûri et mûri . . .«, in dem verlegen verzückten Ton, den sie annahm, wenn geistige Tatsachen ihre große Zustimmung hatten. Jetzt im Frühjahr nahm ich mir aus Paris die »Entretiens avec P. V.« von Lefèbre mit, nachdem ich inzwischen »Eupalinos« und »L'Ame de la danse« gelesen hate, mit Ehrfurcht, aber ohne es ganz zu verstehen. Die Entretiens sind eine sehr gute Einführung in diesen Tempel. Die schöne Vorrede von Bremond macht mit der Struktur des Werks vertraut und gibt die nötigen Voraussetzungen für den Teil des Buchs, in dem Valéry selbst von seinen Kunsttheorien spricht. In dem anderen Teil, in dem er von seinen Erinnerungen plaudert, offenbart sich der lebendige, gütige, unendlich liebenswürdige Mensch, als der er mir auch am Vortragspult entgegentrat.
Ich hatte mir eingebildet, er müßte im Auftreten von einer ähnlichen Feierlichkeit sein wie Stefan George, den ich freilich nur in fernen Jahren vom Sehen kannte, dessen betonte Absonderung in Haltung und Ausdruck mir aber sehr tief eingeprägt sind. Statt dessen bestieg ein schlanker,

sehr gut gewachsener und vorzüglich gekleideter Herr das Podium, von F. geleitet, wie ein edles Vollblutpferd von einem ihm durchaus unebenbürtigen Sklaven. Es macht mir ein lächerliches kleines Vergnügen, festzustellen, daß er einen wunderbar sitzenden Cutaway mit schwarzer Weste trug und hoch hinauf sichtbarem, eng gestreiften Beinkleid, dazu einen goldbraunen, köstlich gebundenen Schlips. Ein ausgesprochener Herr also, der den Künstler in keiner Äußerlichkeit betonte – der sich jener Anpassung an die Umgebung, dem so begreiflichen Mimikry leicht verletzlicher Geschöpfe befliß. Jedoch, sein Kopf und seine Hände verrieten ihn.
Er hatte sich zunächst an seinem Vortragstisch niedergesetzt. Nachdem F. abgetreten war, erhob er sich mit zögernder Geschmeidigkeit und einem Lächeln, das dem Publikum eine kleine Begrüßungsovation abzwang: einem bezaubernden Lächeln, das wohl auch um seine Wirkung wußte. Er hat die merkwürdigsten Augen von der Welt, große geweitete Lider und einen Blick von zärtlicher Klugheit.
Was er in seinem sehr flüssigen Vortrag in schönem und ganz leicht gesungenem Französisch erzählte, war mir aus dem Buch von Lefèbre bekannt. Ich habe ihn nur immer angesehen und das seltsame Schauspiel eines vom Geist geformten und bewegten Gesichts genossen.

1927

Gewisse europäische Landschaften – nun, ich kenne nicht viele, aber zum Beispiel die Lüneburger Heide, der Bayerische Wald, Brandenburg, Nordfrankreich – wirken auf mich wie gelähmt von der Traurigkeit der überlebten Städte, die in ihren Zentren liegen. Diesen Städten gelang es nicht, ihr Land zu durchdringen – lag's am Widerstand des Stoffs, lag's an der Schwäche des Geistes. Sie haben vielmehr alles an sich gesogen, was ihr Umkreis an Kräften bot und sind nun fertig

– sind Mechanismen, die weiter rotieren (Paris, Berlin) – oder schöne Grüfte (Regensburg, Braunschweig, Lüneburg). Dagegen: wie haben die fränkischen oder gar erst die toskanischen Städte ihre Landschaften imprägniert mit dem Unwägbaren, das Kultur heißt.

Die Gedanken eines Menschen lösen sich von mir ab – alles in mir hebt sich wie Gras, das niedergetreten war.

Seltsame geistige Alchemie, die das Wesen *zweier* uns wichtiger Menschen sich in unserer Vorstellung durchdringen läßt – um sie für uns nahrhafter, ja, überhaupt erst zur Verarbeitung in unserem geistigen Organismus möglich zu machen!

Zuschauer bleiben der wahnsinnigen Aktivität des Einzelnen gegenüber – jener Aktivität um ihrer selbst willen, die nichts ist als das leere Zittern der Blätter im Wind. Sich nicht verführen lassen, mitzuzittern . . .

1928

Anlässlich einer Rundfrage der Lit. Welt »Zur Physiologie dichterischen Schaffens«.
Viele lehnen die Frage, ob sie sich Notizen machen, beinahe mit Entrüstung ab, als würde ihnen Literatentum im schlechten Sinn zugetraut. Ich weiß nicht, wie ich ohne ein Notizbuch auskäme. Die Jahre haben in mir einen Zustand ununterbrochener, brauender und chaotischer Phantasietätigkeit gezeitigt, aus dem sich immer wieder Entwürfe und Pläne heben, die mir bei meiner langsamen Art zu arbeiten zweifellos verloren gehen würden, wenn ich sie nicht zum Teil festhielte. Was ich aber vor allem aufschreiben muß, sind die sonderbaren, blitzähnlichen Einfälle, die zuweilen ein

Gedicht, zuweilen eine Erkenntnis bedeuten. Ich weiß, daß ich eine Verfassung erreichen müßte, aus der sich solche Einfälle natürlich ergäben als die Stufen immer höher führender innerer Gespräche – sog. Monologe, die aber Dialoge sind.

Es ist ein inspirierter, kein somnambuler Zustand, den ich meine.

Ich habe eine lyrisch-epische Zwitterbegabung, die sehr schwer auf irgendeinem Gebiet zur Vollendung zu bringen ist.

Die scharfe realistisch-psychologische Charakteristik wird mir immer gleichgültiger. Ich will erzählen: Es war einmal ein Mensch, der tat dieses, der machte jenes, dem begegnete das Leben so und so, und es soll dabei viel mehr auf das Geschehen, auf die Verhältnisse, auf das merkwürdige Erleben ankommen, als auf das richtige Funktionieren der seelischen Automaten.

Mit solchen Betrachtungen suche ich über die Neigung zum seelischen Sezieren hinwegzukommen, an der ich und meine ganze Generation kranken. Die Überschätzung der Pubertätszustände und ihre Übertragung auch auf reife Menschen (in der Darstellung) gehört auch hierher.

Ein sauberes Seelenpräparat ist noch kein Kunstwerk. Aber wie der Maler sollte auch der Romandichter auf seinem Gebiet Anatomie treiben, Akt zeichnen!

. . . Doch wohl weiß ich, was ich meine,
Ob ich gleich sehr dunkel rede,
Denn versunk'ne Mythen raunen
Tausendfältig mir im Blut.

Der Held ist den Göttern näher als die Könige, aber dem Hirten ist Gott hold.

Irgendwo sagt ein Mund: Finde mich. Ich will zu dir reden.

Es kommt Wasser aus meinem Kopf,
Tropfen quellen aus meinen Augen –
Ich koste sie – salzig und lau . . .

Noch liegt so große Mühsal zwischen uns und unsern Zielen –
Wir möchten wieder Kinder sein und spielen . . .

Mein Gott, es wird die Nacht ja kommen, da
Ich unaufhörlich mit dir reden darf . . .

Der Wind spielt in der Harfe der Prophetie . . .

Herausgetreten aus dem Unsichtbaren ein silbern getönter Schatten, der die Hand aufs Herz mir legte, bis er Kraft gewann, – zu strahlen anfing . . .

WANN KOMMT der süße Morgen, der keinen Abend hat, dem nach traumdurchdämmerter Nacht kein Mittag folgt . . .

ICH ERWACHE und weiß, daß Gott mir vergeben hat.
Es ist nichts mehr zu sühnen, die Sonne scheint.
Sie durchdringt mich, wie sie den Äther durchdringt.
Ich werfe keinen Schatten mehr.
Ich ströme im Licht.

ES REGNET. Mein Herz ist hell.
Es wintert. Neue Vögel
Schlagen in meiner Brust,
Süß – leis – beginnender Frühling –
Quelle gluckst unterm Eis –

WIDERHALL

Dies kann mir nicht allein gehören,
Dies Wissen um ein Morgenrot,
Das unter zarten Vogelchören
Sich uns vereint gemeinsam bot –
Da dein Erinnern müd verhauchte
Im Abschiednehmen der Schalmei –
Was bleibt mir, die dein Echo brauchte?
Geschrei, und abermals Geschrei –

EREMITAGE

Bettler kommen nicht an jene Schwelle,
Hinter der ich meine Tage hüte.
Wanderer trinken nicht aus meiner Quelle,
In die Winde streu ich Frucht wie Blüte –
Und ich bleibe drinnen, wie gefangen,

Fliehe Menschenwort und Kuß,
Weil ich weiß, daß um an dir zu hangen
Ich erst einsam werden muß.

MIT NEUNUNDDREISSIG

Ich habe ins Blaue und Leere geliebt.
Durch der Liebe Gewalt
Ward das Blaue, das Leere
Voller Gestalt –
Aber da war ich jung, und nun bin ich alt.
Aus der Welt, die erstand auf meinen Ruf,
Die im Überschwang ich stammelnd erschuf,
In das herbstliche Herz strömt die Liebe ein,
Strömt mir zurück –
Und das Blaue über mir
Nimmt mich auf, wie rein und leer
Den seligen Schwimmer das Meer.

WEHRLOSES Herz, getröste dich des Gesetzes.

HIER IST ein Berg – ich sah ihn nie.
Er aber hielt von Anbeginn
Mir seine sanften Flanken hin
Und wartete. Doch ich kam nie,
War noch nicht da – auch nicht mein Leid –
Ganz frei war ich von Leid und Welt –
Er stand. Ich kam zu meiner Zeit
Und fand ihn so von Ewigkeit
Als Trost bereitgestellt.

Durchs Tor des Mittags
Bist du gegangen.
Vergeblich harrt' ich
Am Tor des Abends.
Das Tor der Mitternacht
Ließ ich offen.
Die Drachen brüllten.
Du kamst nicht heim.

Salz ist im Meer, im Blut und in den Tränen,
Der laue Regen kann mir nicht genügen.
Er stillt den Durst – jedoch, in tiefen Zügen
Will immer neuen Durst ich in mich saugen –
Wie kann der Ströme süße Flut mir taugen,
Mir hat die See mit ihren bittren Laugen
Das Herz gebeizt, ich will mit schwarzen Schwänen –

Erde, – heilig um der Gebeine willen, die in ihr ruhen . . .

Einmal wirst du da sein,
Niemand wird dich kennen.
Niemand wird dir nah sein,
Dich bei Namen nennen . . .

. . . Ging tief hinein ins Unerlaubte
Und blieb nicht unter dem Gesetz.
Doch eben, weil er frei sich glaubte,
Verfing er sich mit seinem Haupte
Im listig aufgestellten Netz.

Welch eine Welt erwartet dich, mein Sohn –
Die Götter haben sich zurückgezogen.

Wir müssen Bitterkeit
Aus fremden Blumen saugen.
Manche sind heilsam –
Arnika, sonnenbraun –
Aber den anderen,
Ach, den holdesten,
Perlt im Kelche
Das Gift.

Nun weiss ich, daß der Tiere Gebein
Nah bei dem Staub der Könige ruht . . .

Immer der Abschied, und du
weißt nicht, wann und wo wieder –
Winde wehen schon heut
über mein Grab und auch deins . . .

In karger Kammer lebend, abendlich
gesinnt, todesgewärtig und der Bäume Freud, . . .

Was du verlorst, hast niemals du besessen,
Was du vergaßest, hast du nie gewußt.

WIDMUNG

Anbei ein Vogel aus besondren Liedern,
Als welcher singen wird, wenn aus dem Eis
Du ihn befreist, darin er eingefroren,
Aus dem er selbst sich nicht zu helfen weiß . . .

. . . MEINE SCHWESTERN dürfen nicht mehr schelten,
wie sie mich gescholten als ein Kind,
meine Schwestern müssen in den Wind
Liebesworte flüstern, die mir gelten . . .

DIE AROMATISCHEN Kräuter wuchsen für mich
Als ich klein war, Canehl und Thymian.
Das eine aß ich selig im Reis,
Das andre zerrieb ich in meiner Hand
Und wälzte mich drauf, wo es in festen Polstern am Seeufer stand –
Mir war sehr wohl . . .

ICH KAM in einen kleinen Laden voller Kristalle.
Sie lagen im Morgenlicht, glühten gegen den grauen Asphalt,
die Mauern, die Fenster, die toten Augen
Sie waren fremder als Nubier oder Leute aus Bali und Sumatra,
Oder tausendjährig vergessene Mumien . . .

MANCHMAL ist manches, was nicht stimmt,
Doch wahr, weil es Gestalt annimmt.
In manchem, was sich spielend reimt,
Geheimnisvolle Wahrheit keimt.
So tut des Dichters Kindermund
Unsinnig-sinnig Weisheit kund.

NACHTREISE. Vorstellung der reisenden Schläfer, schließlich Vorstellung eines mit Schläfern beladenen, um die Sonne reisenden Gestirns: So fahren sie verlarvt und eingesponnen . . .

SO EDEL war
Was uns verband. So trübe
Das, was uns trennte . . .

MITGETEILT

Vieles weißt du nicht.
Ich habe keine Worte mehr.
Hier ist ein Meer, das ist auch so –
Sagt immer das Gleiche,
Immer das Gleiche –
Das ist wie Schweigen.
Fließendes Glas
Ist nicht so geschmeidig,
Wenn ein riesiger Wind
Die Sohlen stemmt gegen die Wölbung der Flut.
Der Druck der Füße wandert ihm wallend voraus,
Woge gibt ihn weiter an Woge,
Wenn er längst
Von der dunklen ehernen Saite des Horizonts
Klirrend absprang, und flügelnd
Sich durch die Lüfte warf ins Ufergebirge,
In die Klüfte voll stäubenden Ginsters.

Immer noch bebt die Fläche von ihm,
Von seiner Eile,
Und der Veratmende sieht lächelnd
Und staunend aus seiner Schlucht,
Das Auf und Nieder,
Den schimmernden Schaum der Erregung.

Uns ängstigen die Gänge,
Die in den Berg geschlagen sind,
Durch die wir wandeln müssen,
Als ob wir seien blind . . .

PAESTUM

Hier blaut die Luft, hier gilbt der Stein
Hier singt die Grille nur allein
Hier rauscht das Meer, hier saust der Wind –
Das Haus zerfällt, – die Götter *sind.*

Der im Mittelmeer von Fischern geborgene eherne Hermes:
Meeresgötter reichten ihn empor,
Tangumsponnen, muschelüberkrustet –
Große Seesterne sanken von ihm ab. Er hatte Emailleaugen.

POSTKARTE AN ANNEMARIE VAN HOBOKEN
geschrieben 1927, zusammen mit Nelly de Saxe:

Uns gegenüber sitzt Franz Blei,
Bei Schwannecke, mit Mädchen zwei.

Wir trinken Wein und sind dess' froh,
zu sehn Franz Blo mit Mädchen zwo.

Franz Blei trinkt mit den Mädchen Sekt.
Wir wissen nicht, was er bezweckt.

(Nelly schiebt ein:)
Was er bezweckt, das weiß nur Blei
Und eines von den Mädchen zwei.

(Ina beendet:)
Vielleicht braucht keines von den beiden
Das andere Mädchen zu beneiden.

LIED DER INSELFISCHER, TAORMINA

Ohlalala – Ohlalala –
Mond, du Fischer über dem Meer,
Ziehst deine Netze nach Westen,
Ziehst deine Netze hinter dir her.
Netze mit silbernen Maschen.
Ohlalala – Ohlalala –
Mond, verzauberter Fischer,
Ziehst die zuckenden Schwärme
Der Sterne hinter dir her.

Ohlalala – Ohlalala –
Mitternacht ist vorüber,
Wir haben noch nichts gefangen.
Du Fischer über dem Meer,
Du bist hinter die Berge gefahren.
Wir wollen zum Strande rudern,
Vielleicht werden unsere Netze
Doch auch noch silbern und schwer.

Ohlalala – Ohlalala –
Jetzt nehmen wir unsere Laterne,
Jetzt ziehen wir blinkende Fische
So gut wie du hinterher.
Es ist alles dunkel geworden,
Nur in unseren Nachen
Leuchtet grasgrünlich das Meer.
Drüben schwimmen die letzten
Sterne, von dir bezaubert,
Mondschiff, hinter dir her.

Warum ist das Geheimnis deiner Art
Dir selber so verborgen, daß es sich
Nur in den stummen Formen offenbart?
Warum entziehst du deiner Seele dich?

Den Körper formte sie, wie ein Gefangener
Aus seinem Brot ein Bildwerk kneten mag,
Gedenkt verlorener und längst vergangener
Gestalten aus dem freien Göttertag –

So hat sie sich dein Antlitz transparent
geschaffen, um hindurchzuscheinen, wie
Ein Heilger mit dem Licht, das keiner kennt.
Denn aus der Zelle tritt der Heilge nie.

Er ist darin verbannt und eingemauert.
Und deinen Körper schuf sie herrlich wie
Den Torso eines Gotts, der wehrlos trauert
Denn er erwacht zur vollen Gottheit nie.

O Herrlichkeit im Gehen, Neigen, Schreiten,
O Glanz des seraphitischen Gesichts.
Warum versprecht ihr solche Seligkeiten,
Verheißt Vollkommenheit und haltet nichts?

Ist's weil du meinst, dein Leben zu verkürzen,
Daß du das Licht, das in dir brennt, verhüllst?
Anders, als sich in seine Glut zu stürzen,
Ist's doch nicht möglich, daß du dich erfüllst.

Jetzt kommst du wohl nicht mehr.
Der Tag wird klein und still,
Wie eine Kerze, die zu Ende brennen will –

GESPRÄCH MIT DEM ALTEN KINDERGOTT

Einmal wird alles gut sein und gerecht.
Ich werde wissen, warum Du mir immer
Das nicht gabst, was ich gewünscht –
Du aber wirst dann auch nicht weiter fragen,
Warum ich das nicht wurde, was Du plantest,
Als Du den Odem bliesest in die Form –
Einmal wirst Du verstehn und wieder lächeln.

FESTZUHALTEN

PORTRÄTSKIZZE FRAU H.

Sie stammt aus einer »besseren Familie«, Vater Buchhalter. Beschränkt, doch voll Einbildungskraft gelangt sie auf einen grünen Zweig, wird stets hintergangen: zuerst von ihrem Mann, er stirbt, nachdem er alles durchgebracht hat – später von ihren Einmietern. Verlust des einzigen Kindes an einer sonderbaren Krankheit: »Wenn man es auf den Kopf klopfte, ging alles Eingeweide nach unten, und oben wurde es ganz hohl.« »Das Kind war so innig.«
Schließlich ist sie genötigt, in Stellung zu gehen. Der Herrschaft gegenüber bezeichnet sie sich gern als »unsereins« und von den übrigen Dienstboten spricht sie als von »diesen Leuten«. Getadelt, weil sie jede Kleinigkeit, ein verlorenes Fünfpfennigstück zum Beispiel, mit einer Leichenbittermiene anzukündigen pflegt, meint sie, sie habe früher soviel mit Kranken verkehrt und sich dabei dies »subtile Wesen« angewöhnt. Sie ist leidend, hat »die wandernden Nerven«, und zeitweise »schlägt die Neurasthenie auf den Magen.«
Proben ihrer Redeweise: »Kartoffeln muß ich haben – Wurst – Brot – Seife – wird mir da mein Geld reichen, nein, wie geliebt Sie wieder frisiert sind!« Sie »springt wie ein Fuchs über die Straße«. Sie muß sich behandeln lassen »wie ein Pudel«. Sie fühlt sich »wie ausgenommen«.
Gern erzählt sie von einer Frau, die sie »angebetet« habe.

Sie entschuldigt sich mit den Worten: »Ich möchte ja lieber eine Ohrfeige haben.«
Ihr Gang ist ein wackelndes Vorwärtsschieben mit weit vorgestrecktem Oberkörper. Zwischen der Arbeit muß sie hin und wieder »die Füße mal an die Matratze halten«.

FRAU L.

»Un einmal, da jing ick hin zu meine Mutta, die war noch krank und lag int Bette, un meine Schwester, die lag uff't Sofa, un eene fantasierte döller wie de andre. Und denn sagte meine Mutta zu mir: »Agnes«, sagte se, »kannste ma nich uff'n Bahnhof bringen?« »Nu, Mutta«, sage ick, »ick muß gleich wieda nach Hause, ick habe so ne Angst, mein Mann springt aus'm Fenster.« »Ja, det gloobe ick woll«, sagt se, un denn is se ja ooch gestorben un ick habe ihr nich wieder jesehen . . .«
Eine alte Frau, die auf demselben Flur mit ihr wohnt, sagte später zu ihr: »Na, Frau Degen, was haben Se alles durchjemacht hinter de Tier!«
(Ja, weiß Gott, was machen wir alles durch – *hinter* der Tür!)

FUNDSTÜCKE

Ein Kranker: »Oh, wenn meine Frau mir einmal die Woche besucht, Schwester, das is doch jenug, massenhaft jenug . . .«

Nach dem Anhören der Appassionata: »Sie, das strengt an! Wenn mein Mann das spielt, stehen ihm die Schweißtropfen auf der Stirn. – Er transpiriert überhaupt leicht.«

»Ich suche mir immer eine Stelle bei einer feinen Herrschaft, da gibt's keinen Schmutz, da gibt's bloß Staub.«

»Edle Menschen fallen immer rein.«

»Aus Mecklenburg, so? Die wird fleißig sein. Das ist so der Menschenschlag.«

Ein Trauergefolge, das aussieht, als gehe es an die endgültige Erledigung eines schon überwundenen Opfers. Man gewinnt den Eindruck, die Teilnehmer hätten den Toten ins Grab geärgert.

AUSSAGE

. . . und fragte den Greis, wie alt er sei. Der Greis fragte zurück: »Welche Zeit haben wir?« Der König, verwirrt, tat einen Blick nach der Sonne und sprach: »Nicht weit von Mittag.«
Der Greis schüttelte das Haupt, besann sich und fragte: »Welches Jahr schreibt Ihr jetzt?«
Antwortete der König: »1926«.
»So bin ich 107 Jahre alt«, sprach der Greis, nachdem er aufs Neue nachgedacht hatte.
»Wann hörtest du auf, die Jahre zu zählen?« fragte der Erstaunte.
»Nach meinem vierzigsten Jahr«, sprach der Sanftmütige. »Damals begann ich auch, zu vergessen, ob ich Mann sei oder Weib.«
»Was aber warst du?« fragte der König den kaum noch Bekörperten, dessen Haupt ohne Haare war.
Sagte der Greis: »Laß uns nun wieder schweigen. Ich *bin*.«

RELIGION, KIRCHE, THEOLOGIE

Christi Kreuzesstamm – die Achse unserer Welt.

Die Schöpfung war Entzweiung. Sie war geschehen in dem Augenblick, da Gott sich seiner selbst bewußt wurde in seinem Gegensatz zum All.

Es gibt nur einen Saphir – einen Ölbaum – einen Elefanten. Wecke in dir die göttliche Einfalt der Schöpfung.

Aus der Erkenntnis der Einsamkeit aller ungesehenen Dinge:
Die Sehnsucht aller Kreatur will ins Licht des Bewußtseins gehoben werden.
Die Sehnsucht des Liebenden will ins Bewußtsein des Liebenden hinein.
Sehnsucht alle Geschaffenen: sie will von Gott gewußt sein.

Einsamkeit: Das Gefühl, niemand weiß uns. Vielmehr: niemand denkt uns – erhebt uns in die Idee – sieht uns geistig – erlöst uns. Was uns sehnsüchtig macht, ist das unerlöste, unvergeistigte, unbewußte Teil in uns.
Ein ganz bewußter, ganz wissender Mensch würde Einsamkeit und Sehnsucht nicht mehr kennen. In sein heiliges, erbarmendes Bewußtsein aufgenommen, wäre die Welt – erlöst: Christus.

Als ich noch mit allen Elementen der Erde verschmolzen wogte und siedete – siehe, da war alles Ich – ich war Alles. Wo hörte ich auf – wo fing ich an? Darum auch jetzt, in der Spaltung, in der Zersplitterung: alle Teile meines Ich – All-Ich.
Aus jener großen Verschmolzenheit von einst Schlüsse ziehen auf das Wesen der Wahlverwandtschaften.
Christus – das große Ich, aus dem wir uns alle verloren haben.

Ehrfurcht bezeigt:
Den Gesteinen.
Den Gestirnen.
Den Pflanzen.
Den Tieren.
Den Menschen.
Den Gebilden.

Psalm des lobsingenden Leidens. Übertritt in Gott. Ein langes Gedicht in vielen einzelnen Teilen. Rückschau der abschiednehmenden Seele.

Gott ist im Werden. Gott ist das Kommende. Seine Macht ist nicht, sie wird.

Seele ist Möglichkeit, nicht Gegebenheit. Sie kann durch Leben verwirklicht werden, Gestalt werden.
Die Seele wächst im Opfer. Opfer ist Übung. Nur das freiwillig dargebrachte kommt der Entfaltung der Seele zugute. Also ist Opfernkönnen Gnade.
Das knirschend dargebrachte Opfer zieht das Gericht auf sich.

Wir haben vergessen, aus welchen Tiefen des Gegensatzes (der Gottesferne!) Religion geboren werden muß – einzig geboren werden kann.

Es ist schwer im Schweigen Gottes zu leben.

Je mehr das profane Wissen zunimmt, um so höher rücken die ewigen Geheimnisse hinauf.

Zeit wird gemessen an der Bewegung der Gestirne im Raum. Wahrheit wird erwogen an der Nähe des Einzelnen zum Zentrum der Liebe. Jeder hat seine bedingte Wahrheit.

Auf den Verrat von Geheimnissen stehen die schwersten Strafen. Die härteste ist die Gewissensqual des Verräters. Nur ein Eingeweihter kann auf diese Weise sündigen. Stets ist der Liebende ein Eingeweihter. Aus seinem Verhältnis zum Geliebten – sei es Gott, sei es ein Mensch – ergibt sich das zu hütende Geheimnis. Nur unter Eingeweihten darf er davon reden. Am schlimmsten ist es, die geheimen Offenbarungen Gottes vor profanen Ohren zu verkünden. Am Unverständnis des Hörers, an seinem Mißverstehen, erkennt der Verräter mit Schrecken die vollzogene Sünde. Und erkennt im gleichen Augenblick die Gefahr, die das mißverstandene Geheimnis in der Gewalt des Toren bedeutet.

Das Unsichtbare bedarf des Sichtbaren, um seiner selbst bewußt zu werden. Die Idee kann sich nicht selber denken. Stoff (Materie) liegt zwischen Geist und Geist. Jesu irdisches Leben kam aus Gott und ging wieder ein in Gott. Der Geist durchleidet, erleidet den Stoff, um desto reiner Geist zu sein.

Karma. Die Abweichung unserer Gestirne in unserem nächsten Leben von der Bahn, die sie in diesem Leben innehielten, wird gleich der Kraft des Widerstandes sein, die wir ihnen jetzt entgegensetzen konnten.

Ein neues *geistiges* Geschlechtsregister Christi aufstellen, ihn in die Kette Stein – Pflanze – Tier – Mensch aufnehmen: eins aus dem anderen sich entfalten lassen . . .

Die Götter von gestern sind die Teufel von heute.

Das Gesetz ist erbarmungslos – und die Propheten trösten.

Die Kirche, als sichtbare Manifestation der christlichen Religion, ist in ihrem ganzen Aufbau bedingt durch die religiösen Vorstellungen und die Symbolik des Morgenlandes. Wohl ist Religion übernational – die Kirche hat aber weniger mit Religion zu tun, als sie vorgibt: so wenig, wie gemeinhin die Ehe mit Liebe zu tun hat. Oder sagen wir milder: die Kirche stellt den Kompromiß des Menschen dar zwischen Religion und praktischem Leben – so wie die Ehe Kompromiß ist zwischen Liebe und der Interessengemeinschaft zweier Menschen. Dies ist in der Tat »milder«, denn den Kompromiß als Notwendigkeit leugnen, heißt wirklichkeitsfremd sein und verlogen. Die Kompromisse des Geistes mit dem Körper fangen an beim Atmen, bei Essen, Trinken, Schlafen.

Die Lehren Jesu und Buddhas, zum Teil auch die des Islam, unterscheiden sich von der jüdischen Religion durch ihre potentielle Unerfüllbarkeit. Vor allem betrifft das die in der Bergpredigt und überhaupt in den Evangelien erhobenen sittlichen Forderungen. Erst durch die Kirche wurden sie zu Gesetzen oder Geboten geprägt. Die katholische Kirche setzte in diese Lücke der Unerfüllbarkeit die Sicherung von Beichte, Ablaß und guten Werken. Die evangelische Kirche kennt diese Sicherungen nicht. Sie kennt nur die Gnade und en Glauben an den Sühnetod Jesu.

Die *harten* Barmherzigkeiten Gottes.

Ich bin's der die Träume macht und sie euch sendet, spricht Gott – ich träume nicht selbst.

BROT UND WEIN

Ist nicht das *Leiden* Wein, und nicht die Liebe?
Ist Überwindung nicht der tiefste Rausch?
Wann kam es je auf die Erfüllung an – ?

Der unablässig mit Gott spricht und sich Antworten holt,
Die nichts mit Schmeicheleien zu tun haben oder Ermutigungen,
Sondern der sich anheulen läßt vom äußersten Sphärenschwung –
Da ist kein lieber Gott und auch kein guter oder gerechter.
Aber beten heißt:
Ich laß dich nicht – dich laß ich nicht, bis sich die Unablässigkeit gesegnet hat . . .

ALLTAG

Unglückliche Liebe soll man verbergen – sie läßt die anderen verborgenen Defekte bei uns argwöhnen. Überhaupt ist es geschmacklos, seine Wunden zu zeigen.

Unglückliche Liebe, Quelle der tiefsten, beständigen Demütigungen.

Arten unglücklicher Liebe: Zu einer schönen Stadt, deren Geist uns fremd bleibt. Von kinderlosen Frauen zu fremden Kindern. Von jungen Menschen zu älteren, die sie übersehen. Von »Unmusikalischen« zur Musik. Vom Kranken zur

Gesundheit – von jeglichem Negativen zu jeglichem Positiven.
Unglückliche Liebe als Rauschzustand nötig haben ...

JEDER ist gut nur in seinem Verhältnis zur Schlechtigkeit oder Bedürftigkeit – stark nur im Verhältnis zur Schwäche seiner Umgebung. (Eine Insel ist nur durch das Meer Insel.) Vergiß nie, welchen Verhältnissen du den Maßstab für dein eigenes Wesen entnimmst. Du bist nur relativ – in allen Fällen.

WENN ZWEI sich zu gut kennen, können sie einander nicht gut trösten.

BESCHEIDENES Glück? Glück ist unter allen Umständen unbescheiden.

AM WIDERSTAND der eigenen Natur zu wachsen lernen – am Überwinden dieses Widerstands. Das ist mehr, als siegreich kämpfen gegen äußere Hindernisse.

ERST WENN es gelingt, den Körper *nur* als Instrument zu betrachten, läßt sich die richtige Diät und die wahre Hygiene für ihn finden. Eine komplizierte Maschine, an der nicht durch Überfluß oder Mangel an Öl gesündigt werden darf. Vernachlässigung oder Überfütterung wirkt sich auf die Nerven aus. Angegriffene Nerven wirken ebenso ins Seelische, wie Seelendefekte nervös reizbar machen. Die Nerven sind der Zwischenbereich. Nervenhygiene – das Wichtigste.

SCHMERZ: Die heilsame Arbeit Gottes an sich spüren ...

NÄCHSTENLIEBE: edelste Form des Egoismus.

Mütterlichkeit: *Abgrund* aller Möglichkeiten, guter und böser.

Glück ist relativ. Es kann Glück heißen, Unruhe zu haben, weil es Verzweiflung wäre, Ruhe zu haben. Es kann Glück heißen, zu entsagen, weil sich alle anderen starken Bewegungen des Herzens *ver*sagen, und weil nur Bewegung Glück ist. Es kann Glück sein, zu verbrennen, weil Kälte, Tod, Lauheit verächtlich ist . . .

Sich über Mangel an Teilnahme zu beklagen, heißt betteln.

Im Zustand der Unreife stehen bleiben heißt ja nicht, jung bleiben. Im Zustand der Unreife verharren und an Jahren zunehmen – ein gefährlicher Prozeß.

Nicht das in und aus Einfalt, sondern allein das aus Erkenntnis geführte strenge Leben kann Verdienst sein. Das strenge! Nicht das enge.

Ein abgeholzter Wald – ein ausgemenschter Mensch . . .

Geist – Seele – Leib. Himmel – Erde – Hölle.
Menschen, an denen Himmel und Hölle teilhaben, aber die Erde fällt aus.

Im Streit: Ich hatte Überschwengliches mit dir im Sinn – und du dachtest, es ginge um eine Liebschaft!

Die Welt ist an einem Punkt überaus empfindlich – über alle Maßen empfänglich für Schmerz. Dieser Punkt ist das Ich. In ihm sammelt das All sich zur Bewußtheit.

Glück kommt oft zu spät – Unglück nie.

Um eine Seele bitten, die bis zuletzt fähig bleibt, ihren Stoff zu beleben. Bei vielen Menschen wird die Seele schon in der Jugend vom Stoff erstickt.

Überzeugung, daß Seelen nicht in allen menschlichen Wesen vorhanden sind. Oder nur in einem Ansatz, dessen Entwicklung ungewiß ist – Keime, die keine Zukunft haben. Nur voll entfaltete Seelen haben Zukunft.

Das bindende Element zwischen Körper und Geist? Seele ist Element. Wo es fehlt, entsteht leerer Raum, kein Luftdruck, kein Medium für Licht und Schall. Wehe!

Die junge gegenwärtige Welt! Gewisse Seelen überschlagen ganze Zeitalter und inkarnieren sich erst dann wieder, wenn die allgemeine Entwicklung der eigenen entspricht.

Wer Flügel hat, darf sich fallen lassen.

Was schlimm ist: Unbewußte Bewußtheit!

Die gemütsdummen Leute sind schlimmer als die hirndummen.

Du kannst nicht übersetzen, das meint: Du verstehst deine Seele nicht und kannst ihre Erlebnisse nicht deuten. Die Sprache, die du beherrschst, enthält keine Symbole für die Gesichte deiner Träume.

Überzeugung, daß wir nur die äußeren Ausstrahlungen von dem empfinden, was unsere Seele wirklich erlebt.

Einen Menschen – die Beziehung zu ihm – deutlich als Keim des nächsten Lebens zu empfinden: Du bist mein nächster Weg zu Gott . . . (Oder ein Umweg)

Das eigene Selbst reich, flüssig, fruchtbar erhalten! Leben – intensiv, nicht extensiv! Nicht auf die Fülle äußerer Ereignisse kommt es an, nicht auf die Zahl der Menschen, die unseren Weg kreuzen – sondern darauf, die Empfänglichkeit für zarteste Schwingungen frei zu halten vom Morgen bis zum Abend – diesen Schwingungen frei zu halten den Weg in jene Region, wo sie das Geheimnis ihrer Botschaft verraten dürfen. Alles trägt Botschaft.

Jeder Mensch ist die sichtbare Pforte zu einer weiten unsichtbaren inneren Welt. Jeder Mensch kann sich in diese seine grenzenlose (oder ans Ewige grenzende) Welt zurückziehen, und die Pforte nach außen verschließen.

Das Gesetz erkennen, das über dem eigenen Leben waltet – es anerkennen, auch wenn es ein strenges, ein sehr strenges Gesetz ist. Schluß mit der Willkür!

Sonderbar, wie beim Tod eines Menschen nicht nur die Summe von Erinnerungen und Erfahrungen, sondern auch von Kenntnissen verlorengeht – wie ein Weltbild zerstört wird, in seine Bestandteile aufgelöst. Das scheint mir das am unwiederbringlichsten Verlorene, daß so die Welt sich niemals wieder spiegeln kann, daß wieder ein Versuch, zum Bewußtsein seiner selbst zu gelangen, vom Weltgeist verworfen wurde.
Mit jedem Tod werden Kräfte frei und warten dessen, der sich ihrer neu bemächtigen wird. Darum sind Zeiten großen Todes die Zeiten der gewaltigsten geistigen Verschiebungen.

Schritt für Schritt dem Tod Boden abgewinnen und urbar machen – das ist der Sinn des sogenannten Lebens.

Schritt für Schritt dem Schmerz die Leistung abgewinnen.

SIEH KEINEN TOTEN an – er kann sich nicht mehr verstellen!

STERBEN heißt umgeschaltet werden.

WENN WIR GLAUBEN, das Leben meistern zu können, ist es zu Ende.

VERACHTUNG: Ihr wollt ja nichts als glücklich sein!

BESPRICH dich mit deinem Engel.

HANDWERK, KUNST

WIR SEHEN überall Menschliches hinein – das ist so falsch! Bemühen wir uns, das reine Gesicht der Dinge zu erkennen.
Geh ein in das Gesicht der Dinge . . .
Außermenschliches wurde in früheren Zeiten viel reiner und unmittelbarer empfunden.

SCHON DASS ICH DIR – Pflanze, Tier – Namen gebe, ist zuviel. Ström' deinen Namen aus, indem du blühst. Nur was ich schaffe, darf ich selbst benennen.
Die Namen haben uns um die Dinge betrogen. Sonderbare Art, sich auf Bezeichnungen zu einigen – grobes Hilfsmittel der Sprache . . .
Oder haben wir uns zu weit vom ursprünglichen Geist der Sprache entfernt? Lernten wir einst die Namen von den Dingen selber?

ES IST GLEICHGÜLTIG, ob die Welt Gelegenheit bekommt, Notiz von unseren Anstrengungen zu nehmen, gleichgültig, ob sie Zeuge wird unserer Entfaltung, gleichgültig, ob Bücher *erscheinen* – es gilt nur zu arbeiten, zu arbeiten, sich zu befreien, den Gott aus sich zu erlösen.

NIEDER mit dem *Nur*-Künstler!

ALLER NATURALISMUS ist Handwerk! Handwerk! Handwerk!

DER PHILOSOPH. Zum Tode verurteilt, da er sich nicht bereit zeigte, seinen Ansichten über den Sinn des Daseins abzuschwören, sagte er: »Um so besser – ich werde endlich in Ruhe nachdenken können.«

DIE GANZE WELT, vom äußersten bis ins innerste Leben hinein, ist nur Rohstoff wie der Marmor der Berge. Zur brauchbaren *Substanz* wird dieser Rohstoff erst, wenn wir fähig sind, ihn zu sondern, zu gliedern und das unserer Kraft Angemessene so in uns aufzunehmen, daß wir es als organischen Teil empfinden. Aneignung des Weltstoffs also in jeder Beziehung (Naturwissen, Historie, Kenntnis aller Ausdrucksformen) ist der Sinn, den »Bildung« hat für den Künstler.

UNTER DEN bildenden Künsten ist Graphik, was Lyrik und Ballade in der Literatur sind.
Es gibt Graphiker, wie es in der Literatur Hölderlin, Novalis, George und Rilke gibt: Dichter, deren gesamtes Werk von der Lyrik her bestimmt ist.
Das Wesen der Lyrik ist mehr als Ausdruck des Gefühls. Hier sei unter Lyrik der vollkommenste Ausdruck seelisch-geistigen Erlebens verstanden.
Auch der Aphorismus ist eine lyrische Form – er grenzt die Möglichkeiten lyrischen Ausdrucks nach der geistigen Seite ab. Im Seelischen wird dem Ausdruck die Grenze gesetzt von den nicht mehr mit Bewußtsein durchdrungenen Schichten. Dabei ist Lyrik die angemessenste Ausdrucksform für unmittelbare Gestaltungen des Unbewußten: Traum, Vision, alle intuitiven Regungen.

Manche Psychoanalytiker legen ihren Patienten nahe, zu zeichnen – sie könnten ihnen ebensogut verordnen, lyrische Gedichte zu machen.

Wo der Dichter es sich »zu leicht« macht, entspringt dies nicht dem Mangel an einem Willensvorgang, der seinerseits wieder die Ursprünglichkeit (Unmittelbarkeit, Anschauung) aufheben würde. Vielmehr (es) sich leicht, sich schwer machen, das heißt untersinken können oder nicht: nämlich zum dunklen Grund des Ursprungs. Wenn dies mit einem Willensakt verbunden ist, dann mit dem des Mystikers zur Sammlung, zur »Verdichtung«.

Beim wahren Lyriker ist jeder Vers Teil eines großen Ganzen – und zerfiele sein Werk in tausend einzelne Lieder.

Ironie: Überwindung des Furchtzustandes, spielende Geisteskraft. Eine ironisch getränkte Geistesverfassung kann ein jugendlicher, entwicklungsträchtiger Zustand sein – kann aber auch zum erstarrten Pubertätszustand werden.

Nur das Sinnvolle hat Wert. Das gilt besonders für jede Fixierung des Grausigen in der Literatur, für jede Spukgeschichte. Das Grausige wie das Groteske kann nicht Stoff an sich sein, sondern allein Symbol – als Gegenbild zu einer vom göttlichen Gesetz erfüllten Welt.
Die primitivste Weise, dieser Forderung zu entsprechen, ist eine Darstellung in vollkommener Form der Sprache – einer Form, die durch sich selbst dem ewigen Gesetz gerecht wird.

Gefahr der humoristischen Einstellung: daß man sich selbst zu sehr gefällt im Gegensatz zur dargestellten Welt. Die Welt an der wir teilhaben, darf nicht zur Folie der Selbstseligkeit werden.

MALEREI hat den Vorzug, den Augenblick – den jeweils interessantesten Augenblick allein – wiedergeben zu dürfen. Sie braucht keine Einleitung, keine Vorbereitung, keine Entwicklung, keinen Schluß.

CORINTHS Bilder wirken oft wie Kopien, zu denen es keine Originale gibt.

»DER DICHTER« an und für sich ist kein Gegenstand für die Dichtung. Er wäre es in seiner Entfaltung nur in jenem höchsten Sinn des Novalis, daß der vollkommene Mensch *immer auch* Dichter sei. Er ist es also in der Tat unter den Typen der Gegenwart nur in jenem frühen Zustand der Entwicklung, wo Menschliches und Dichterisches noch dunkel ineinanderwirken – an Knotenpunkten des Lebens, wo Mensch und Künstler um Einheit kämpfen.

DER KOSMISCHE DICHTER: Die ganze Welt ist mein geblümter Schlafrock.

ANFANG einer Geschichte: Arved pflegte zu sagen, er sei nicht beschränkt genug zu dem, was unter einer großen Passion verstanden wird. (Armer Kerl) Übrigens: Bürgerliche Passion – diese Leidenschaft der Geduld.

IN SCHAEFFERS HELIANTH sagen die Figuren nicht, was sie müssen, sondern was der Verfasser sich wünscht, meint, erlebt hat. Dies geht sonderbar unmittelbar vor sich, Eindrücke sind nicht wiedergeboren worden, sie werden dank Willensakt in Gestalten eingekleidet und durch sie ausgedrückt. Geborenes aber hat sich sein Dasein zu erzwingen.

DAS EINFÄLTIGSTE Symbol ist das stärkste. Symbolhunger ist dem Bedürfnis nach Mathematik verwandt: Vielfältiges auf eine Formel bringen.

Bei manchen Büchern hat man das Gefühl, die handelnden Personen seien nie geboren worden, hätten nie eine Kindheit gehabt, sondern seien gleich fertig auf die Welt gekommen. Die unausgesprochene Frage des Lesers nach Ursprung und Entwicklung sollte stets beantwortet werden.

Zustand mancher Autoren dieser Tage: Aus Unreife in Fäulnis übergegangen.

. . . und schrieb diese Ausschweifungen auf Kosten seiner künstlerischen Entwicklung . . .

Welche Angst liegt zwischen uns und unserem Werk! Ist es die Angst vor Selbsterkenntnis, vor dem Blick in den Spiegel? Diese Angst wächst, je älter wir werden, je weniger gutgläubig wir uns gegenüberstehen... Dies ablegen lernen! Es fällt von selbst ab, wenn wir nichts mehr von uns selbst, alles von der Entfaltung des Werks verlangen. Weiteres geschieht durch Gnade.

An das organische Wachsen glauben! Sich nichts dazu »ausdenken« wollen! Sich seinen Gestalten überlassen, daß sie sich vollsaugen an unserem Blut. Weiter ist nichts zu tun.

EINFÄLLE UND DEFINITIONEN

Europäer sind Kinder einer Mutter – aber sie haben verschiedene Väter.

Unser leben ist immer zu lang für den uns zugewiesenen Vorrat an Kraft.

Ein Mund wie ein Knopfloch, das lebenlänglich von zu großen Knöpfen ausgeweitet worden ist.

Eine Seele, die sich ihr Leben lang zerstreut und verschwendet hat. Nun muß sie ihre Elemente wieder zusammensuchen. Das Kontaktbilden, das Stillwerden ist schwer.

Kultur-Wiederkäuer . . .

Tierisch sein ist nicht so schlimm wie viehisch sein. Das Vieh ist das erzogene, das »Kultur«-Tier. Ausschweifungen des Wilden sind tierisch – er weiß es nicht besser –, der Kulturmensch schweift viehisch aus.

Die Handschrift eines geliebten Menschen betrachten: den Schlüssel zu einem unsichtbaren Reich in Händen halten.

Die Sonne wirkt wohltätig im Norden, tödlich in der Wüste. Darf der sie verdammen, der sie nur in der Wüste kennengelernt hat?

Christus – Gott, der für den ungeheuren Irrtum der Schöpfung büßt.

Zeitbegriff und Zeiteinteilung: eine der größten Schöpfungen des menschlichen Geistes. Zur Selbsterziehung! Eine Geißel, ein Schwert über unserer Schulter.

Der Zeitbegriff ist eine durch Todesfurcht bedingte Zwangsvorstellung. Sobald man die Furcht des Todes abgestreift, die Gewißheit ewigen Wirkens in sich aufgenommen hat, sobald man die körperlichen – räumlichen – Grenzen von Geburt und Tod nicht mehr achtet, hat man, im weitesten Sinne – Zeit.

. . . erkannte die Wegzeichen nicht, durch die er aufmerksam werden sollte, und erkannte Gott nicht unter den Verkleidungen, in denen er ihn heimsuchte . . .

Ich habe keine Zeit – ich habe Ewigkeit.

Der Kuss hat sich aus dem Saugen an der Mutterbrust entwickelt, dieser ersten innigsten Zärtlichkeitsbezeugung.

Solange das Kind noch bei der Mutter trinkt, sind die beiden ein Ich.

Der Gemütsrentier, jemand, der sich nach bewegten Tagen seelisch zur Ruhe gesetzt hat.

Wir haben uns manches zu erzählen, aber nichts zu sagen.

Jemand, der sich selbst zur Fiktion geworden ist, an der er weiter dichtet. Ist das dasselbe wie »sein Ideal verwirklichen?«

Zugleich frivol und mystisch veranlagt sein – eine üble Mischung.

Es gibt raffinierte Geschmacklosigkeiten – am häufigsten bei frommen Protestanten.

Erkenntnis in der Untergrundbahn: Menschen, einzig geboren, die Abwege zu bewimmeln – damit es denn Abwege gebe.

Eine Frau mit Nebeneingang.

Der schlecht sitzende Vorname.

Anfang einer Geschichte: Mogk, diese bescheidene Figur im Teppich der Gegenwart, eine vom großen Weber launenhaft hineingewirkte und nicht wiederholte Arabeske – Mogk dachte sich sein Teil . . .

DAS GESICHT mir gegenüber hatte den Ausdruck eines nackten Fußes – vielmehr den einer großen Zehe.

MAN MUSS SAGEN: Ich habe mir eine schwere Verliebtheit zugezogen – etwa wie einen Schnupfen oder einen Hexenschuß.

GESPRÄCHE lassen sich nur mit schweigsamen Menschen führen.

PLÄNE

TAGEBUCH

Es wäre zu schreiben die abenteuerliche Geschichte der Frau, die ich einmal Katharina Franken genannt habe – und verschmolzen damit die Geschichte der wunderlichen Greisin, die sie adoptiert. Ich verspreche mir mehr von einer wunderlichen Greisin als von einem noch so wunderlichen alten Mann. Eine alte Frau, die ihr Leben mit Reisen, Okkultismus und Frauenliebe zugebracht hat, kein ethischer Typ, in der Tat, aber ein verrucht interessanter. Politik und Jesuitismus sind ebenfalls Bestandteile ihrer liebenswürdigen Persönlichkeit, die jetzt am Schluß ihres Lebens völlig ultramontan orientiert ist. Oh, in dieser Geschichte kommt mein Monsignore vor und die Schule der jungen Jesuiten in Rom. Schlußfolgerung: *Ich muß nach Rom.*

Ich will auch schreiben die Geschichte jenes Menschentyps, den Papa verkörperte, mit seiner angeborenen Verwandtschaft zu allem Echten. Seine Hand griff nie nach Surrogaten. Er lernte nicht aus Büchern, sondern unmittelbar von der Natur, er hatte den ins Herz der Dinge zielenden Willen, der sich nicht mit Literatur, nicht mit Reproduktionen, nicht mit Träumereien begnügte. Er kam aus einem Elternhaus ohne künstlerische Kultur und ging als junger Mensch schon geradewegs den Weg des vornehmen und wählerischen

Sammlers. Daß er kein Geld hatte, tat nichts zur Sache, er würde niemals welches haben, das genügte ihm, und so machte er ruhig Schulden. Er *konnte* alles, was er wollte, das war es.

DIE TÄNZER

Ihr Auftreten, ihr Mißerfolg, gemessen an den Erfolgen anderer Gruppen. Sie tanzen gegen immer wieder hervorbrechenden Widerspruch: der Mann, die Frau, der Tänzer, die drei Akrobaten, die Ballerina. Es bleibt unentschieden, ob sie männliche oder weibliche Wesen sind. Am Abend nach einem Mißerfolg lädt sie zum Abendessen ein der alte Bankdirektor, bei dem sie einquartiert sind. Er bringt ihnen zu Bewußtsein, warum sie versagen. Die Tänzer versuchen zunächst, einander zu überzeugen, daß das Publikum versagt hat, oder aber der Kollege. Sie steigern sich in falsche Selbstgenügsamkeit hinein. Das muß so lebhaft und geistvoll geschehen, daß der Leser auf der Seite der Tänzer steht. Ihr Wirt regt sie an, Kernstücke einmal vorzuführen. Als sie auf dem kleinen Podium beginnen, geschieht es: sie sehen am anderen Ende des Saals eine Art Spiegel, in dem ihr Stück sich wiederholt, zunächst rückwärts abläuft – und dann in unerhörter Vollendung von Anfang bis Ende, während sie in erstarrten Posen zusehen.

DIE VERSÖHNUNG

Idee eines Romans, eines Zukunftsromans, über die Verschmelzung der beiden christlichen Kirchen. Grundgedanke: das evangelische Christentum ist die natürliche Entwicklung der katholischen Überzeugung, daß jeder gereifte Katholik im Grunde evangelisch *ist*.

Es ist der Roman des großen Papstes, dem, durchdrungen vom Geist Christi, diese Aufgabe gelingt. Eine Verherrlichung katholischer Symbolik, katholischer Organisationskraft, katholischer Mystik *und* lutherischen Geistes. Es wird eine Persiflage katholischer schwarzer Magie und lutherischer Unfruchtbarkeit.
Herrliche Kapitel! Herrliche Gegenspieler! Kapitel über die Notwendigkeit der Symbole – eine Edelsteinhöhle! Über die Notwendigkeit des Laienpriestertums, usf.
Erfordert jahrelange Studien. Erfordert den Umgang mit gläubigen Katholiken. Erfordert einen Aufenthalt in Rom. Erfordert – erfordert – erfordert.

ZUM »WUNSCHKIND«

ERSTE WAHRE Vision der Gestalten an einem Abend im Val d'Enna bei Florenz, unterhalb der Kartause: an ein Mäuerchen gelehnt, den herrlichen Hügelrücken westlich der Kartause vor mir, den oberen Rand mit seinen Bäumen, Häusern, mit dem Turm des Klosters und den vielen Zypressen als eine Art von plastischer Silhouette in einen blaßgoldenen Himmel eingeschnitten, der weiter oben ins durchsichtig Grünliche überging und den klaren Tropfen des ersten Sterns barg.
Nach längerer Versenkung war für mich an Stelle dieses Himmels ein schwermütig trüber deutscher Abendhimmel da, ein grünlicher Hügel davor, über dessen Sattel nicht silhouettenhaft, sondern überlebensgroß die Gestalten zogen.
Voran das namenlose Kind im Totenhemdchen, wie ein Führer. Dann Hans Georg von Eltz der Ältere, in der preußischen Uniform zu Pferde, in der Haltung eines Staunenden – Ermattenden.
Folgt Charlotte – ihm, der immer schneller trabt, in leichtem tanzenden Laufschritt folgend, einmal zurückblickend –

Die alte Frau von Eltz, schwere Frau, gebeugt, am Stock – Joachim von Tracht, zu Pferde, Husarenuniform, ein alter Hüne, gebändigte Wildheit, Trauer –
Hans Georg, das Wunschkind, als preußischer Leutnant, Säbel in der Hand, gesenkt, aus Stürmen in das langsame Schreiten des Erstaunten, Erwartenden übergehend –
Cornelie, ihm nacheilend – dann, wie er hinschwindet, die Hände senkend, das Haupt . . .
Endlich Jorinde – ein Schmetterling, der dem Zuge folgt – Symbol der Seele, selber seelenlos . . .
Vision aus dem Fegefeuer der Gestalten, die erlöst werden wollen.
Sich mit ihnen einlassen, sich in ihre Umarmung begeben, ihre Nacktheit kennen, ihr Geschrei erhören.

EINE GESCHICHTE AUS DER BAUHÜTTE

EINE JUNGE, aus dem Kloster entsprungene Nonne eignet sich Kleidung und Papiere eines erschlagenen Junkers an. Sie tritt unter seinem Namen in die Bauhütte ein, für die er ein Empfehlungsschreiben bei sich trug. Sie arbeitet unmittelbar unter dem Bauherrn, der mit dem Vater des Junkers befreundet ist.
Eifersucht der Bauleute, zunächst auf Bevorzugung. Entdekkung ihres Geschlechts. Aburteilung vor dem Gericht der Bauhütte. Sie wird in der Krypta des Doms eingemauert. Ein Barmherziger tut Gift in den Wasserkrug, der ihr mitgegeben wird.
Herauszuarbeiten ist die Wirkung des, wenn schon nicht offenbaren, weiblichen Elements in dieser rein männlichen Vereinigung. Versagen der Frau der Architektur gegenüber. (Kriegsdienst vermag ein Weib zu leisten, da der Krieg so etwas wie eine naturhafte Sache ist. An der Mathematik zerbricht es.)

1. DER JUNGE, eben entlassene Schauspieler Nikolas Culm (Graf Culm-Wettersbach!) befindet sich in der peinlichsten Situation, vis-à-vis de rien. Durch Zufall (in einer lustigen Gesellschaft befindet sich eine an Migräne leidende reiche Dame) entdeckt er seine magnetischen Fähigkeiten.
2. Die erste Patientin bemerkt, daß Culm voll guten Glaubens in seine Fähigkeit ist. Sie gewinnt Einblick in seine Lage und führt ihm neue Patienten zu.
3. Culms fröhliche Praxis.
4. Der Compagnon, ein Gottsucher.
5. Culm glaubt weiter an sich selbst, scheitert schließlich am unheilbaren Fall einer ernstlichen Erkrankung der Frau, die er liebt. Am Ende wird er Bauer – hat Ehrfurcht gelernt vor den Kräften der Erde.

Weiter Gedanken zu Culm:

Er hat nach dem Tod seines Vaters zugunsten einer viel älteren Stiefschwester auf das Gut verzichtet, weil ihm eine für seine Bedürfnisse reichliche Abfindung geboten wurde. Roman beginnt in dem Augenblick, als Culm mit Erbteil und Bühnenlaufbahn fertig ist. Etwa so:

Culm hatte sein Erbe vertan, wozu es durchaus keines besonderen Lotterlebens bedurft hatte, denn es war nie so fabelhaft groß gewesen, wie es Culm vorgekommen war. Immerhin hatte es genügt, ihm ein paar Jahre dieses entzückenden Müßiggangs zu verschaffen, der ihm auch heute in der Erinnerung noch gut und berechtigt erschien, da ihm auf seinen Schluderwegen soviel Reizendes begegnet war. Außerdem hatte Culm in keiner Weise das Gefühl, müßig gegangen zu sein, und er hatte ganz recht, und wir geben ihm recht: wir machen Front gegen die böse Frau da in Michelsdorf, gegen Culms alte und selbstgerechte Stiefschwester Honoria, Freifrau von Myrthenbach, die behauptete, Culm hätte gebummelt!

DER UNTERGANG VON CARETTO SOPRA RIVAGGIO
Kleiner Roman in zehn Kapiteln

1. BESCHREIBUNG von Caretto, seiner Lage, seiner Ureinwohner und seiner Fremdlinge. (In einem Wagen, der von der Eisenbahnstation nach Caretto fährt, findet sich eine Gesellschaft zusammen, aus deren Gesprächen das alles hervorgeht. Etwa: der Apotheker von C., eine Gemüsehändlerin, ein Künstler, der Theosoph – und die Dame aus Hamburg, die die Quelle des Lebens sucht!)

2. und 3. Die Dame wird von der Freundin empfangen, deren Mann als Künstler in Caretto lebt. Sie sieht sich in der Casa Agnello untergebracht und wird zum Abendbrot ins Haus der Freunde eingeladen. Ihre Erlebnisse dort, alles läßt sich sehr rosig an.

4. Die Dame packt ihr Malgerät aus und beginnt das freie Künstlerleben, das immer ihr Ideal war. Besuche bei der Wahrsagerin, beim Astrologen. Der erste anonyme Brief. Die erste Annäherung von Herrn Kiefer, genannt Carlo. Die Dame strahlt nach beiden Seiten hin Gunst.

5. Der Schreiber der anonymen Briefe erweist sich als ein recht unangenehmer Mann. Er wirft unfreundliche Lichter auf das freie Künstlerleben von Caretto und untersteht sich, die Dame vor der »zersetzenden Atmosphäre des Ortes« zu warnen. Die Dame beschließt, ihm nicht mehr zu antworten und sich ernstlich Carlo zu widmen.

6. Es erweist sich, daß Carlo zwar ein großer Künstler ist, daß er aber säuft. Ihn zu retten scheint der Dame plötzlich eine Lebensaufgabe.

7. und 8. Stadien der Rettung Carlos, und seine Rückfälle. Alles im Rahmen des allgemeinen Faschings von Caretto und vor dem Hintergrund des Volkslebens. Dabei immer der graue Herr. Kleine Erdrutsche.

9. Carlo kehrt seine Vampyrnatur immer deutlicher hervor. Quella, qui sa l'avenire, warnt. Mit dem ersten katastropha-

len Erdrutsch fällt Carlos schlimmster Rückfall zusammen. Auch tut er gar nichts, um die Dame zu retten. Der graue Herr!

10. Der graue Herr erweist sich als . . .! In seiner Gesellschaft verläßt die Dame die Trümmer von Caretto und fährt mit ihm südwärts.

NUR NOTIERT

EINE ERZÄHLUNG schreiben – die Jugend eines Mädchens (tu sais, laquelle), einfangen diesen herben Duft, diese Härte, diese Freiheit, diese Melancholie, diese Religion zu sich selbst.

Eine Geschichte schreiben nur von den Besitztümern eines Menschen und ihren Schicksalen während eines Jahres.

FRAGMENT: DER FIDES-ROMAN

ZUM »FIDES-ROMAN«, 1919

FIDES könnte einmal so denken: Ich habe ein gewissermaßen zeitloses, ja, ein harmloses Gesicht, ich lache auch leicht, selbst im tiefsten Schmerz würde ich lächeln können. Das ist recht gut, man »sieht mir nie etwas an«, dennoch, ich wünschte mir manchmal . . . Und dann denke ich: wenn ich tot sein werde, wenn von meinem stillen Gesicht alle Schleier des Tages gesunken sind, wird dann vielleicht der Mensch kommen, der davon ablesen wird, was ich gelitten habe – was ich jeden Tag, den ich lebte, gelitten habe? Und wollte ich diesem Menschen nicht heute schon dankbar sein?

Dieselbe: Zuerst litt ich erstaunt – ungläubig – mit einem leisen Lächeln und geduldig: denn dies würde ja vorübergehen, alles würde bald wieder ein anderes Gesicht annehmen – nein, *das Leben* war dies nicht. Aber als dann die sorglosen Zeiten zwischen den Schmerzeszeiten immer kürzer wurden, als Schlag auf Schlag folgte und die großen, der Welt sichtbaren für mich kaum noch zu unterscheiden waren von den inneren Erfahrungen des Kummers, die mir meine eigene Natur bereitete – da mußte ich es erkennen, kein Zweifel mehr, das alles galt mir, ich war gemeint, ich war das Ziel des unsichtbaren Schützen, und das Leiden war ein Zustand, nimmermehr ein Zufall.

Und dann, als ich nicht mehr die Hände über mein Haupt hielt, um mich zu schützen – da wurde mir besser.

MATERIAL ZUR KENNTNIS DES CHARAKTERS DER FIDES, 1921

Sie erkannte in jener Zeit ihres Lebens (etwa Mitte der Dreißig), daß keine Einsamkeit so tödlich, so undurchdringlich sei wie die Einsamkeit des schöpferischen Menschen und vor allem die einer schöpferischen Frau. Nach der späten Entwicklung ihres Geistes, der in einem verzweifelten blinden Willen zu dieser Entwicklung die sonderbarsten Sphären aufgesucht hatte, um das ihn fördernde Klima zu finden, nach oder noch während dieser Entwicklung fühlte sie sich umhergetrieben von einem drängenden Bedürfnis nach Mitteilung ihrer selbt, nach Aussprache, nach Austausch, nach Gemeinsamkeit geistiger Berauschung, nach allen jenen Möglichkeiten der Steigerung, die im vertrauten Umgang gegeben sind, im Aufeinander-Eingespieltsein von Intelligenzen, die ihre Kraft aneinander üben.
Sie litt alle Qualen einer unzeitgemäßen Jugendlichkeit, denn ihre Gefährten, ihre Altersgenossen erfreuten sich des satten Zustandes einer abgeschlossenen Entfaltung, oder aber die Veränderungen ihrer Geister hatten einen anderen, gelasseneren Rhythmus angenommen. Sie standen dem dringlichen, angelegentlichen, stürmischen Tempo der Freundin fremd gegenüber – dem Tempo eines vom Eros begeisterten Drangs. Unter den jüngeren Menschen ihres Umgangs aber fand Fides niemand, der ihr genügt hätte – sie war in der schlimmen Lage, eine allzu geringe Auswahl von Menschen zu ihrer Verfügung zu haben.
Gespräche durften ihrer Ansicht nach keinen Abschluß haben. Gespräche waren nicht dazu da, einen Gegenstand zu erschöpfen. Gespräch war die gegenseitige Offenbarung der Seelen, das uns von Gott gegebene Mittel zur Erkenntnis der größten Wunder, war ein musikalisches Element, in dem die Gedanken sich lösten. Sie wollte nicht über ihre Angelegenheiten, ihre Einfälle, Träume, Pläne, Arbeiten und Bücher

oder über die der anderen reden, um sie zur Sprache zu bringen – sondern diese Dinge dünkten ihr so sehr der Ausdruck innersten Wesens, daß das Wort Symbol des Symbols wurde, und ein Gespräch das einzige Mittel, Wesentliches zu erkennen – Dichtung aber ein Ersatz, Monolog, Mitteilung ins Leere hinein auf gut Glück und in der Sehnsucht des Widerhalls.
Sie verdammte ihre Nächsten nicht, daß sie nicht einmal in ihrer Dichtung den immerwährenden Anruf eines Echos vernahmen, sondern sich mit ihrer Kunst auseinandersetzten. Aber sie fühlte sich selbst verdammt und dem unaufhörlichen Rückprall der eigenen Kraft ausgeliefert, einem glühenden Wirbel der eigenen Imagination.
Ihr Einsamkeitsgefühl entsprang den Bedürfnissen einer ungeheuren, aber sehr vergeistigten Erotik. Sie wollte ganz und gar in der Atmosphäre jener zärtlichen Freundschaft leben, die immer *bereit* für den anderen ist – einer Atmosphäre, die die Bedingung auch aller Religion ist.

EIN KAPITEL: NOVEMBER 1918

EIN MANN überholte Fides in der Vorhalle des Saalbaus und stieß die Tür vor sich auf, wie einer, der in sein eigenstes Reich kommt. Er blickte sich durchaus nicht nach ihr um, aber sie beeilte sich, in seinem Fahrwasser zu bleiben, und glitt hinter ihm durch die Menge des bereits überfüllten Raumes, die sich widerstandlos vor ihm teilte. In ihre eigenen traurigen Gedanken gehüllt und durch sie von der Welt geschieden, kam sie sich völlig unsichtbar vor und wie durch Zauber gefeit. »Hinter mir Dunkel – vor mir Helle – ungesehen kam ich von der Stelle . . .« ging es ihr durch den Sinn. Aber dies Gefühl schwand, als sie sich in der ersten Reihe auf einem der leeren Stühle niederließ, die frei gelassen worden waren in der unbegründeten Ehrerbietung, die eine Versammlung von Bürgern stets der ersten Reihe vor dem Podium zollen wird. Sie seufzte ein wenig atemlos, warf einen Blick um sich her, entsann sich gewisser Beziehungen zu einzelnen Gesichtern und grüßte ernst und zurückhaltend. Sodann seufzte sie wieder, diesmal einigermaßen erleichtert, machte eine Bewegung, als wollte sie sich in ihrem viel zu kleinen Muff verkriechen, rieb ihr Kinn zärtlich an dem schmalen Pelzkragen, der auf ihren Schultern lag, und vertiefte sich in die Beobachtung der Männer, die, in gleicher Höhe mit dem Publikum sitzend, den Raum zwischen diesem und der erhöhten Bühne füllten.

Sie umgaben einen langen Tisch, auf dem Zeitungen und Aktenbogen lagen, und in dessen Mitte ein Lesepult aufgerichtet war, das dem eben davorstehenden Bürgermeister bis zu halben Höhe der Brust ging. Er blätterte in Papieren und spähte bisweilen über den Kneifer hinüber in die Menge, als sähe er sie nicht. Er hatte ein trockenes Gesicht mit einer schön gebogenen großen Nase, einen über den Mund hängenden faserigen Schnurrbart und etwas zu langes Haar, das den Ansatz der Ohren verdeckte und hinten an den Kragen stieß. Übrigens trug er einen niedrigen breiten Klappkragen. Sein Name war Stumm. Er war unbeliebt bei der Bevölkerung und die seit acht Tagen regierenden neuen Männer hatten ihn nur aus Klugheit im Amt gelassen, da keiner von ihnen sich genügend Geschäftskenntnis zutraute, ihn zu ersetzen. Rechts von ihm saß ein kleiner grauhaariger Herr, der Justizrat Wolf, dem Stumm von Zeit zu Zeit sein gewichtiges Haupt zuneigte, ohne ihm die Augen zuzuwenden, und dessen von aufgeregten Handbewegungen begleitete Äußerungen er anhörte, ohne eine Miene zu verziehen. Wolf hatte die Versammlung einberufen, der eigentliche Anreger aber war der Rechtsanwalt Holz, ein junger Mann von englischem Äußeren, also farblos und elegant, dessen glattrasiertem Gesicht eine zu kleine und irgendwie falsch eingesetzte Nase alle Bedeutung nahm und der heute auffallend bleich war.

Es waren ferner der Besitzer und die Schriftleiter des ehemaligen »Kuriers für Melde und Umgebung« anwesend, der seit gestern »Der Freiheitsbote« hieß, und in einer Gruppe rechts seitlich des Tisches, gerade vor Fides, befanden sich die Besitzer und Direktoren der großen Werke, unter anderem die Brüder Kolbenhauer, rotbärtig und schwergliedrig, in ihren Bewegungen trotz der eleganten langen Gummimäntel, in die sie gehüllt waren, die ehemaligen Arbeiter nicht verleugnend. John Kolbenhauer trug eine Art von Leichtsinn zur Schau; er wippte mit dem Stuhl und schien nahe daran zu sein, zu pfeifen. Endlich fand er Erleichterung durch Anzünden einer Zigarette und widmete sich nun auch Herrn Herzbruch, dem Direktor der Eisengießerei, dem sein Bruder Christian schon eine Weile zuhörte, während seine vorgebaute Stirn ihm noch tiefer über die Augen zu sinken schien, als es schon seit seiner Geburt der Fall war. Herzbruch zappelte mit Händen und Füßen, seine fast nackt geschorene Kopfhaut schlug Falten, seine Augen quollen vor, seine Nüstern waren weit geöffnet, seine Lippen glänzten feucht und rot aus dem schwarzen Bart. Zuweilen warf er einen Blick ins Publikum, leckte sich den Mund und schien dann Kraft zu neuen Redeströmen geschöpft zu haben. Nicht weit von diesen dreien saß der Regierungspräsident außer Dienst von Höwell, den nicht mehr neuen braunen Überzieher geöffnet, den steifen Hut mit den roten Lederhandschuhen auf dem rechten Knie festhaltend, das linke Bein lang von sich gestreckt und die linke Hand in der Hosentasche. Die Linie seiner Kopfform, in einem ungebrochenen Schwung vom Genick aus den ausgebauten Hinterkopf, das sanft gerundete Stirnbein, die Eulenschnabelnase und das abfallende Kinn umziehend, entzückte Fides ebenso wie der Ausdruck dieses Mannes, der ausgesprochen zeitlos und gleichgültig war.
Im Hintergrund saßen einige Stadträte, darunter der Bankvorsteher Mutz in einem pelzgefütterten Jäckchen, ein klei-

ner knebelbärtiger Alter mit lustigen Äuglein, dem Swinegel aus dem Märchen gleichend, und der Bildhauer Hermes, das lahme Bein mit sorgenvollem Ausdruck reibend und aus seinem schönen blondbärtigen, aber von Entbehrung ausgehöhlten Gesicht schmerzlich in die Menge starrend. Im Rücken des Bürgermeisters endlich hielten sich noch zwei Männer auf. Der eine war der Geheime Justizrat Eberty, groß und stattlich, aber mit abgeplattetem Schädel und von flachem Gepräge der Gesichtszüge. Er schien aus irgendeinem Grunde in heißer Erregung zu sein, lief auf und nieder, stellte bald Holz, bald Wolf zur Rede, faßte den letzteren, der sich achselzuckend von ihm abwandte, bei der Schulter und schien nicht übel gewillt, ihn zu schütteln. Der andere war der Mann, der vor Fides den Saal betreten hatte, er trug ein Hemd mit weichem Kragen und im Knopfloch seines fertig gekauften Anzuges eine knallrote Rosette. Er war blond, von der Farbe, die das Roggenbrot in den Tagen des Friedens gehabt hatte, und sein rotwangiges, blauäugiges Gesicht glich dem eines Mecklenburger Bauern oder eines Ostseefischers der Insel Rügen. Er hatte den Ausdruck eines kaum noch zu ertragenden unschuldigen und verschämten Stolzes, wie er geradeaus blickte, leicht an die Rampe der kleinen Bühne gelehnt, den schreiend bunten Theatervorhang mit Apoll und allen Musen hinter sich. Es war der Gewerkschaftssekretär der sozialdemokratischen Partei, der acht Tage früher vom Brunnen des Marktplatzes hinab der Stadt Melde den Sturz des alten Reiches und den Sieg des Volkes verkündet hatte, das Haupt des Arbeiterrates und somit gegenwärtig der Herr von Melde – es war Holm.

Was nun die Versammlung der Bürger betraf, so überzeugte sich Fides durch leichtes Hin- und Herwenden des Kopfes, bei dem sie niemand in die Augen sah, um nicht grüßen zu müssen, daß sie sich fast überwiegend aus Damen zusammensetzte. Gleich hinter ihr saß die Vorsitzende des Frauenvereins, Frau Meerhold, wie sie schon mit dem Gehör festgestellt hatte, denn diese etwas belegte, vom ständigen Mitleiden erschöpfte Stimme hatte, kaum daß Fides erschienen war, irgend jemand über die »bedauernswerte junge Frau«, die den Mann im Kriege und das zweijährige Kind an Diphtheritis verloren habe, eingehend unterrichtet. Da saßen die Witwen von Offizieren und Beamten, an denen Melde Überfluß hatte wie an Pensionären und Geistlichen im Ruhestand, mit ihren Töchtern, da waren die Lehrerinnen, die barmherzigen Schwestern, die Ehefrauen aller Stände von der kleinen Ladenbesitzerin bis zur Gattin des Regierungspräsidenten, und sahen in allen Abstufungen leichtsinnig, gleichgültig, gespannt oder verängstigt aus. Auf vielen Gesichtern lag der durchsichtige Schatten einer neuen Wichtigkeit, eines bisher unbekannten Verantwortungsgefühls – man sollte wählen – nun wohl, man war zu allem bereit und erwartete, heute abend über die Tragweite dieser Verpflichtung unterrichtet zu werden.

Nach den ersten zehn Minuten legte sich eine Erschöpfung über Fides, der Dunst von schalem Bier und kaltem Tabakrauch, der den ungeheizten Saal erfüllte, griff sie an, und das Gesumm der großen Menge wirkte einschläfernd auf ihre Nerven. Sie dachte eben verzweifelnd, warum sie eigentlich hergekommen sei und nicht daheim in ihrer Sofaecke kauerte, die Füße hochgezogen, ein Buch auf dem Schoß, eine Tasse Tee neben sich und das phantastische duftende Gewölk einer Zigarette in der Luft – » . . . aber so allein«, dachte sie, »und hier sind doch Menschen – deswegen . . .« – als mit einem Male eine scharfe Stimme den gedämpften Lärm übertönte, um Ruhe bat und Begrüßungsworte aussprach. Gleichzeitig mit dem Schweigen, das sich über die Versammlung legte, ward es im Hintergrunde des Saales sehr laut, man hörte Versuche, die Türen zu schließen, Poltern und Schimpfen. Justizrat Wolf, der am Pult stand, sprach indessen unentwegt weiter und forderte, daß man sich zunächst für einen Vorsitzenden entscheide, wobei ein unbezwingliches Lächeln heimlicher Eitelkeit über sein Gesicht zuckte, denn fast im selben Augenblick riefen mehrere Stimmen: »Wolf!« wurden aber sofort überschrien von anderen, die: »Stumm!« forderten, »Stumm!« und zugleich erhob sich dumpf und mächtig wie unterirdisch steigende Lava der Ruf: »Holm!« – »Holm!!« durchbrach die Erdrinde, ergoß sich und überflutete die Minderheit. »Meine Herren und Damen! Ich bitte um Ruhe, ich bitte um Ordnung!« schrie Wolf aufgeregt und erblickte einen weißbärtigen Herrn, der sich still erhoben hatte und ihn ehrbar und verlangend anblickte. »Herr Professor Rehbein hat das Wort.«

Rehbein äußerte sich dahin, daß in einer Versammlung von Bürgern wohl niemand so geeignet sei, den Vorsitz zu übernehmen als der anwesende Bürgermeister, blickte sich vorwurfsvoll um wie in einer rebellischen Schulklasse und ließ sich wieder nieder. Sogleich setzte das Geschrei von neuem ein und wiederum überbrandete Holms Name die beiden anderen. Auf einmal stand Holm auf dem Tisch.

»Meine Herren und Damen!« rief er in das Getöse, das augenblicklich zurückebbte. – »Manieren!« murrte es irgendwo in der Nähe von Fides. Und dann vernahm man ein anderes Getöse, fern, nah – jedenfalls außerhalb des Saales, nun schien es unter den Fenstern, vor denen Fides saß, zu stocken. Indessen sprach Holm:

»Meine Herren und Damen! Ich bin der Ansicht, wir wählen Herrn Justizrat Wolf, den Einberufer der Versammlung, zu unserem Vorsitzenden. Und weil dies eine Versammlung von Bürgern ist, so möchte ich es aussprechen, daß auch wir Genossen, Mann für Mann, uns als Bürger fühlen.«

Er redete sehr sanft, er lächelte dabei mit einem Schein von Verlegenheit, nur auf den letzten Worten lag ein innerlicher, unaufdringlicher Nachdruck. Er hatte kleine Fehler im Satzbau gemacht und sprach die Vokale häßlich und unrein aus. Trotzdem fühlte sich Fides irgendwie von ihm angetan und empfand zum erstenmal an diesem Abend eine Art von

Teilnahme, eine leise Spannung. Als Holm vom Tisch gesprungen war und Wolf nun unumstritten das Pult behauptete, schwoll das Gemurr vor den Fenstern so laut an, daß nur einzelne Worte des Redners zusammenhanglos aus dem Lärm auftauchten. Es schien sich um eine Klarstellung des Begriffs »Bürger« zu handeln, man vernahm etwas von den »alten bürgerlichen Parteien« und dem »Bürger« als Mitglied des Staatswesens, aber plötzlich zuckte er zusammen und für einen Augenblick verschwand sein Kopf vollständig hinter dem Pult, für einen Augenblick nur, aber dennoch genügte diese Bewegung, um ein brausendes Gelächter zu entfesseln, mit dem die Versammlung sich gleichsam erleichterte, denn alle waren zusammengefahren, alle hatten sich geduckt und die meisten Damen hatten sich die Ohren zugehalten.

Ein Schuß war draußen gefallen, scharf wie der Knall einer riesigen Peitsche, und als jetzt das Gelächter erscholl, klirrte eine Scheibe und irgendwo im Saal kreischte es auf. Gleich darauf krachte es, als würde eine verschlossene Tür gesprengt, Füße scharrten und polterten und die bisher völlig leere Galerie im Hintergrund des Saales füllte sich mit Männern und Frauen, oder vielmehr Burschen und Mädchen, die letzteren barhäuptig, karierte Tücher um die Schultern geschlungen, die ersteren den steifen Hut im Nacken, mit Stöcken in den Händen. Sie nahmen ihre Plätze in vollkommener Ordnung ein, befriedigt, den Eintritt erzwungen zu haben. Ein Aufatmen ging durch den Saal, ein paar Damen, die aufgesprungen waren, setzten sich wieder und flüsterten ihren Nachbarn entschuldigend zu, daß man ja auf das Schlimmste gefaßt sein müsse, nicht wahr . . . Fides fühlte, daß auch ihr Herz noch flatterte, und sie blickte auf Holm, der regungslos dastand und die Augen mit einem nachdenklichen Blick zur Galerie erhoben hielt. Dieser Anblick machte sie ruhig. Übrigens schien die Galerie beschlossen zu haben, die Versammlung durch tätige Mitwirkung zu beleben. Wolf

stellte fest, daß das Alte vergangen sei, und man rief oben »Jottseidank!« Wolf tat den Gefühlen eines großen Teils der Anwesenden Genüge, indem er den Zeitpunkt und die Formen dieser Veränderung beklagte und erfuhr die Zustimmung: »Janz richtig, vier Jahre früher wäre besser jewesen!« Er drückte aus, daß an dem Geschehenen nichts mehr zu ändern sei, und daß es nunmehr auf nichts anderes mehr ankomme, als das wankende Vaterland mit allen Kräften zu stützen, und wurde belehrt: »Vaterland is nich mehr, jetzt is alles Republike!« Er räumte ein, daß vieles im alten Staate der Auffrischung bedurft hätte (»Na, oberfaul!«) und daß ein Staatswesen auf demokratischer Grundlage das wäre, was dem Gefühl des modernen Menschen am meisten entspräche, also müsse jeder Bürger bereit sein, sich der neuen Ordnung einzufügen . . . »Na, was bleibt Ihn' denn weiter übrig?« erscholl es, Pfiffe gellten, Stöcke trommelten, und während Wolf seinen Kneifer abnahm und ihn zu putzen begann, indem er mit den Achseln zuckte und verstummte, ward mitten im Saal eine heisere Stimme laut, die rief: »Arbeiter und Parteijenossen! Ich als älterer Jenosse und Arbeiter rate euch, die Redner ruhig ausreden zu lassen, es wird dann später schon jejeißelt wer'n, was jejeißelt werden muß.«
In die hierauf eintretende Stille hinein sprach die Stimme des Bürgermeisters, eine Stimme, die in der Brust ihres Besitzers keinen Resonanzboden zu finden schien und der nur der ostpreußische Tonfall einen Anschein von Belebtheit und innerer Erregung verlieh. Er brachte eine Resolution vor – »Wo bleibt die Marmelade?« wurde hier von oben her vernehmlich gefragt –, und bat die Anwesenden Kenntnis von ihrem Inhalt zu nehmen. Während er die Sätze verlas, ward hinter ihm, wo Eberty, von seinem Havelok umwallt, Platz genommen hatte, erbostes Schnaufen hörbar und Fides sah diesen Mann sitzen gleich einem zornigen Mönch, seine von gelocktem grauen Haar umkränzte Platte glänzte wie eine Tonsur. Bei Punkt vier: »Wir bedauern, daß bei der Umwäl-

zung, deren historische Berechtigung wir anerkennen, Blut geflossen ist,« sprang ein Geheul auf und länger als eine Minute herrschte das Wort »Blut!« über die Gemüter wie ein furchtbarer Vogel, der kreuz und quer über den Häuptern der Versammelten hin und her raste, mit seinen riesigen Schwingen einen heißen, abscheulichen Dunst hinunterfächelte, nackten Halses und den Schnabel von widerlicher Beute behängt. »Wessen Blut?« wurde geschrien. »Von den Offizieren?« »Schinderknechte!« »Wer hat mehr geblutet?« »Unser Blut in die Schützengräben!« »Toter Mann! – Chemin des Dames! – Massenmord!« »Wer hat die Schuld an dem Blut?! – Blut! – Blut!« Fides warf einen Blick nach oben und sah nichts als eine Reihe nackter rötlicher Gesichter, aus deren aufgerissenen Mündern dies Wort: »Blut!« drang wie das drohende Gebrüll von Menschen, die vor Durst wahnsinnig sind. »Und wo ist unsre Marmelade?« schrie eine quäkende Weiberstimme dazwischen. Andere Stimmen nahmen die Forderung auf, Blut und Marmelade vermischten sich, und die Erregung sank in sich zusammen.

»Siebentens: da die monarchische Staatsform gebrochen ist, stellen wir uns auf den Boden der Demokratie und erklären uns im Gegensatz zu aller Anarchie und jeglicher Utopie für die Republik als die geeignetste Verfassung eines zukünftigen Deutschland«, schloß der Bürgermeister und trat beiseite, noch während er hastig sagte: »Herr Geheimrat Eberty hat das Wort«, denn Eberty war schon bei den letzten Worten der Resolution aufgesprungen und stand, asthmatisch nach Atem ringend, hinter ihm, die Arme mit halbgeballten Fäusten fassungslos hebend und senkend. »Meine Herren . . .« sagte er mühsam und stockend und sah mit dem ratlosen Ausdruck eines ungerecht bestraften Kindes in die Versammlung. Auf einmal aber straffte sich seine Gestalt und seine Worte stürzten unaufhaltsam hervor wie ein Katarakt: »Meine Herren und Damen, das schreit zum Himmel! Es ist nicht allein dies, daß in der Zusammenkunft, die ich gestern

mit den Herren Vorrednern hatte und in der das Programm der Versammlung festgelegt wurde, von dieser Resolution noch nicht die Rede war, daß sie also hinter meinem Rücken, meine Herren und Damen, absolut ohne mein Einverständnis eingebracht wurde – nicht allein dies! Ihr Inhalt, meine Herren und Damen, ihr Inhalt gipfelnd in diesem siebenten Punkt, ihr Inhalt ist himmelschreiend! Wir waren vor 14 Tagen noch königstreu, wir sollen heute Republikaner sein – ich, meine Herrschaften, ich bin nicht imstande meine Überzeugung zu wechseln wie einen Rock. Und ehe eine Versammlung deutscher Bürger – ja, Bürger sage ich im Gegensatz zu dem vaterlandslosen Haufen, der dess' Lied singt, des Brot er ißt! – ehe eine deutsche Bürgerversammlung die Republik willkommen heißt, als hätten wir nie ein Herrscherhaus besessen, das unser Wohl und Wehe fünfhundert Jahre geteilt hat, da könnte doch wohl die Stimme der Nationalversammlung abgewartet werden . . . Warten Sie doch ab!« schrie er, als er Wolf skeptisch lächeln sah und schüttelte die Fäuste. »Und wenn sie sich für die Monarchie entscheidet, was tun Sie dann? Machen monarchische Kundgebungen, selbstverständlich . . . Ich sage, oh, ich sage . . . Nein, ich schweige, die Tatsachen sprechen für sich.«
Er warf sich auf seinen Stuhl zurück, und trocknete sich die Stirn, während ein Beifall losbrach, von dem Fides völlig mitgerissen wurde, obgleich sie sich ganz bewußt war, daß sie der aufrechten Erscheinung dieses Mannes zustimmte und weniger dem, was er gesagt hatte. Ja, während die verdrießliche Stimme des Bürgermeisters es jetzt trocken bestritt, daß die Einbringer der Resolution ihre Überzeugung gewechselt hätten wie einen Rock, und feststellte, daß es verschiedene Formen gäbe, dem Vaterland zu dienen, – während er etwas von einem rhetorischen Erfolg hinzufügte, den der Vorredner gehabt hätte, und während die Galerie sich haltlos den Äußerungen ihrer gegensätzlichen Gefühle überließ – (der kleine Stadtrat Mutz knöpfte sein Pelzjäckchen zu, erhob sich

mit der Erklärung, er käme gleich wieder und verließ diesen Ort des Unfriedens vorsichtig auf Nimmerwiedersehen) – währenddessen betrachtete Fides Eberty, der nach Atem ringend vornübergebeugt dasaß, jetzt einmal aufschrie, daß, wenn er einen rhetorischen Erfolg gehabt habe, er diesen nicht gesucht hätte, dann aber wieder zusammensank und die Augen in einer seltsamen haltlosen Weise wandern ließ, – da spürte sie plötzlich, daß dort ein Weinender saß, ein Entwurzelter und Vertriebener.

Der Rechtsanwalt Holz sprach, der Präsident von Höwell sprach, – der letzte, ohne die Hand aus der Hosentasche zu ziehen und über die Versammlung hinwegsehend, – Fides hörte nicht mehr zu, sie las auf einmal in den Gesichtern der Männer, die ihrem Auge erreichbar waren, Eberty war ihr zum Dolmetsch geworden. Alte Offiziere mit dem Eisernen Kreuz von 1871 auf der Brust, – dort der alte Superintendent Brandt, auch Rehbein, der die Lippen verbittert zusammenkniff, sie alle umwitterte die Tragik von Schiffbrüchigen, von Schiffbrüchigen, die keine Robinsonkräfte mehr fühlten, und die das Eiland der Errettung nur betreten würden, um darauf zu sterben, wenn anders sie dem aufgeregten Gewässer nicht vorher unterlegen waren. Indessen war der Rechtsanwalt Holz aufgestanden und sprach mit unbewegtem Gesicht sein Bedauern über die streitbare Tonart aus, in der die Versammlung sich äußere, eine Versammlung, die einberufen worden sei, damit die Bürgerschaft gemeinsam – »gemeinsam, meine Herrschaften, gemeinsam!« Stellung zu den Ereignissen nehmen möge. »Das ist es ja, was uns fehlt!« rief Eberty dazwischen, »Einigkeit! Gemeinsames Vorgehen in unserer Sache! Aber Sie, Sie geben klein bei, Sie ducken sich vor der Linken!« schrie er, durch nichts gereizt als durch einen Blick in Wolfs Satyrgesicht, das ganz ernst dem Publikum zugewandt war und dennoch zu grinsen schien. Wenn nun der Regierungspräsident von Höwell sich erhob, und mit leidenschaftsloser Stimme feststellte, daß er befugt sei, auszuspre-

chen, daß er und seine Freunde sich unentwegt weiter in den Dienst des Vaterlandes stellten, was auch kommen möge, – wobei er auch jetzt weder die Hand aus der Hosentasche zog noch die Versammlung ins Auge faßte, es war, als ob er den hier anwesenden Teil des Vaterlandes jedenfalls gründlich verachtete, – so ging dies fast völlig in der Unruhe, dem Gelächter und Hohngeschrei unter, das im Hintergrund des Saales tobte und aus dem nun wieder die gellende Stimme des älteren Arbeiters und Genossen von vorhin stieg, diesmal entschieden, um seine Absicht »zu geißeln was zu geißeln war« auszuführen. Fides hörte noch, wie eine Damenstimme in der Nähe schaudernd flüsterte: »O Gott, das ist mein Portier!« aber dann wurde es merkwürdig still, bis auf die Bravorufe, die der Redner von der Galerie erntete.
Man sah geradeaus, man verzog keine Miene, man tat, als hörte man nicht, als sei man nicht da – ja, was sollte man auch machen, denn dies . . . Hatte man es gewußt oder nicht, daß hier Kinder sich die Abfälle aus der Garnisonsküche geholt hatten, weil ihre Mütter in die Munitionsfabrik gehen mußten und nicht für sie sorgen konnten? Hatte man es gewußt oder nicht, daß hier ein Hauptmann gewesen war, der Schindluder mit Familienvätern trieb und seinen Leuten an die Halsbinde fuhr, wenn sie beim langsamen Schritt versagten? Als ob ein Mann in den Vierzigern, der sich die Knochen in der Werkstatt oder in der Fabrik steif gestanden hatte, wohl noch so gelenkig sein könne, wie einer von achtzehn – »aber wehe, wenn die Kniebeuge nicht klappte, da war kein Schimpfwort groß genug und es mochte beim Sonntagsappell sein, wenn Mutter und Kinderchens dabei standen und auf Vatern warteten!« Ob man die Geschichte von der alten Frau kannte, die in ihrer Dachkammer erfroren war – »wo waren denn da die vornehmen Damen mit die Glaćehandschuhe, die sonst so schnell bei der Hand sind, das Elend von den Arbeitern zu lindern? Aber Kohlen schleppen für ein altes Mensch, das nich mehr kann – nee, is nich!« Hatte man einmal davon

gehört, wie die Offiziere im Felde gelebt hatten? »Von die reinen Delikatessen«, aber der gemeine Mann, er hatte Dreck fressen dürfen und das sei hier eben dasselbe gewesen, denn hatten die Herrschaften etwa aus der Mittelstandsküche Essen holen lassen? Natürlich, aber nicht etwa für sich, nein, prost Mahlzeit! Nur für die Dienstboten! – An dieser Stelle ging ein merkliches Wogen der Entrüstung durch die anwesenden Hausfrauen, eine dicke Dame erhob sich, sah sich keuchend vor Empörung einen Augenblick in der Runde um und sank kraftlos wieder nieder, während ein ältliches Fräulein, das bisher jedem Redner und so auch diesem letzten durch leidenschaftliches Kopfnicken seine Zustimmung zu erkennen gegeben hatte, sich plötzlich besann und ein eben begonnenes Nicken geschickt in ein Schütteln herumschwenkte, indem sie die Augen zum Himmel hob und dann dem Blick des Bürgermeisters zu begegnen suchte.

Mit der Erwähnung der Mittelstandsküche schien der Mann seinen Höhepunkt erreicht zu haben, seine scharfe Stimme verstummte, sein Gesicht tauchte unter, er schien auf seinem Stuhl gestanden zu haben. Dafür erhob sich ein anderer Kopf über den Köpfen der Menge, ein dicker roter Kopf mit kleinen gutmütigen Augen, aber was er hervorbrachte, war wie eine eintönige, bitterliche Klage, es war wie der Gesang des Windes im Telegraphenmast, und es war Fides, als hörte sie Hunderttausende so armer wurzelloser, ihrer Zweige beraubten Bäume im Lande das gleiche Lied singen. Als Holm jetzt wieder auf den Tisch sprang, sah sie zu ihm auf, als erwartete sie die Lösung eines schrecklichen Rätsels von ihm, denn er stand dort so ruhig und lächelte, es war, als würde Frieden von ihm ausgehen müssen. Was er gesagt hatte, daran erinnerte sie sich später nicht im einzelnen, er hatte sehr sanft damit begonnen zuzugeben, daß er sich in die Gefühle vieler Anwesenden hineinversetzen könne und daß er im allgemeinen die Leute mehr schätzte, die nicht von gestern auf heute aus Royalisten zu Republikanern geworden

wären. Den kleinen Stachel dieser letzten Worte drückte er sich offensichtlich selbst in die Haut und das darin enthaltene Gift – war es gleich nur ein Tröpfchen – begann in ihm zu wirken; er warf den Kopf ein wenig zurück, seine Haltung wurde freier und seine Worte – schlecht ausgesprochene, verstümmelte Worte – brachen sich Bahn und stürzten so schnell und heiß aus seiner Brust, daß man vergaß auf ihre Gestalt zu achten.
Dieser Mann sprach aus einer leichten Trunkenheit des Geists heraus und war sich des Sinnes seiner Rede kaum noch bewußt, so innig glich sie einem Selbstgespräch der Gedanken. Er lachte, er breitete die Arme aus, ja, er liebte diese Menschen, die er endlich besiegt glaubte – nun sie sich ihrer bösen Rechte begeben hatten, wollte er sie an sein Herz nehmen wie alle seine Brüder und sie sollten es lernen, glücklich zu sein. Freilich erinnerte auch er sich – oh, er erinnerte sich gut! Und nun sagte er es auch, sagte, was gestern noch hart und schmerzend in ihm gelastet hatte, zählte Ungerechtigkeiten auf, gab seine eigenen Erfahrungen mit dem überwundenen System zum besten: hatte ihn nicht einer der hier anwesenden Herren selbst einmal zu einer hohen Geldstrafe verurteilen müssen, gewiß zu seinem eigenen Bedauern – »Oh, bitte!« rief hier Eberty scharf, »wenn es Ihnen nicht unangenehm war, ich hatte nichts zu bedauern!« – wegen eines Paragraphen, der Lustbarkeitssteuer, – »ein Vortrag, ein belehrender Vortrag von mir, meine Herrschaften, sollte der Lustbarkeitssteuer unterliegen!« – eines Paragraphen, der nie Rechtsgültigkeit erlangt hatte, wie es sich hinterher herausstellte. »Wie meinen Sie?« wandte er sich jetzt liebenswürdig zu Professor Rehbein, der ihm zu Füßen saß und soeben zornig etwas zu ihm hinaufgezischt hatte. »Histörchen! Was sollen uns die Histörchen?!« wiederholte Rehbein laut. »Ach so!« sagte Holm etwas betroffen und richtete sich wieder auf, aber als er weitersprach, war der Schwung seiner Rede gebrochen. Die eisige Erstarrung der

Versammlung vor ihm schien ihn ebenso zu lähmen wie der lärmende Beifall der Galerie, er sprach noch einige nicht recht zusammenhängende Sätze von der Zukunft und dem Geist der Arbeiterschaft, wozu er marionettenhaft mit dem rechten Arm emporzuckte und ein rotes Handgelenk aus dem zurückrutschenden Ärmel steigen ließ. Plötzlich sah er sich beschämt um, blieb mit den Augen hilfesuchend an der beifallnickenden Dame hängen, murmelte etwas wie »Na ja, also . . .«, und kletterte von dem Tisch hinunter. Eine Minute später lehnte er an seinem alten Platz wie vorher, nur daß der Ausdruck des Glücks nicht mehr auf seinem Gesicht vorhanden war, er sah trotzig und gleichgültig aus, und Fides bemerkte, daß er die herabhängenden Hände abwechselnd öffnete und schloß; er ballte Fäuste und um seinen kindlichen Mund zitterte etwas.

Zweiter Teil

WEGE OHNE WAHL

Zwischen dem fündundvierzigsten
und dem fünfundsechzigsten Jahr
(1930–1950)

»Das Wunschkind« erscheint 1930. Die Zustimmung, die ihm zuteil wird, ermutigt I. S., in der Nähe des Starnberger Sees mit geborgtem Geld und Vorschüssen ein kleines Haus bauen zu lassen. Ihre Hoffnung, ihr Mann werde sich vorzeitig pensionieren lassen, um sich allein seiner schriftstellerischen Arbeit zu widmen, erfüllt sich 1934 aus nicht vorausgesehenen Gründen: Heinrich Wolfgang S. legt sein Amt nieder – nach einem Jahr ständiger Auseinandersetzung mit den sogenannten »Deutschen Christen«. Die Familie übersiedelt nach Starnberg.
Ende 1934 stirbt der Bruder Willy S., ein Ereignis, das I. S. ähnlich stark bewegt und beeinflußt wie der Freitod des Vaters. In fünf Jahren intensiver Arbeit entstehen neben anderen Veröffentlichungen der Roman »Lennacker« (1938) und die Erzählung »Unser Freund Peregrin« (1940).
Während der Jahre des Zweiten Weltkriegs schreibt und veröffentlicht I. S. nur drei Biographien romantischer Autoren. Erste kleine Stücke erzählender Prosa erscheinen nicht vor 1950.
1945 nach Kriegsende sterben Heinrich Wolfgang S. und Emmy S., die Mutter von I. S. In dem Starnberger Haus leben nun mit der Hausherrin ihre Tochter und deren vier Kindern, vier Jahre lang auch der aus der Kriegsgefangenschaft heimgekehrte Sohn.

1930

GESPRÄCH mit Gerda v. B., bei dem ich ihr schließlich vorwerfe, daß sie ihr schmerzliches Erlebnis (das übrigens nicht näher bezeichnet wurde) nur als Frau, nicht als Künstler erlitten habe. Ich sagte, sie habe die Welle über sich hingehen anstatt sich von ihr tragen lassen. Um mir selbst klar zu werden, was ich mit diesen, im Augenblick ganz aus Intuition geschöpften Behauptungen meine:
Es gibt negatives und positives Leiden. In der Überzahl leiden die Menschen negativ, das heißt, sie werten den Zustand des Leidens nicht aus. Leiden ist immer eine Folge von Enttäuschung – man hat sich zum Beispiel getäuscht, indem man sich bis zu seinem zweiundzwanzigsten Jahr vorstellte, daß man sein Leben lang ein gesunder Mensch sein würde und muß dann vom dreiundzwanzigsten an als Krüppel weiterleben – man hat sich getäuscht über einen Menschen, über seine eigene Begabung, über das Leben überhaupt. Man ist nun ent-täuscht, das heißt der Täuschung enthoben, sieht den tatsächlichen Zustand – und nun setzt das Leiden ein, entweder, indem man der großen Enttäuschung entgegenarbeitet und sie in viele kleine Teilenttäuschungen zerlegt, oder indem man auf einmal resigniert. (Man kann diese beiden Einstellungen auch als erstes und zweites Stadium erleben.)
In jedem Fall einer Enttäuschung werden Kräfte frei: jene, die bis dahin auf den Gegenstand der Täuschung gerichtet waren

– im Fall der Erkrankung auf die Formgebung eines Lebens in Gesundheit – im Fall der Verarmung auf die Gestaltung eines sorglosen Daseins. Folgt der Enttäuschung der Zustand des negativen Leidens, so beginnen diese nicht mehr zurückgehaltenen Kräfte abzuströmen, und es geschieht dem Leidenden wirklich ein Abbruch an Vitalität. Das Leiden zehrt an ihm, er ist ihm hingegeben, ausgeleert.
Der Künstler kann nicht so leiden, kein produktiver Mensch leidet in dieser Weise. Er schaltet die freigewordenen Kräfte durch einen Akt der Phantasie um, sei es auf einen ganz neuen Gegenstand, sei es, daß er den Gegenstand seiner Enttäuschung so, wie er nun ist, festhält und sich ihm anpaßt, um ihn wieder als Reflektor nutzen zu können.

1932

Wenn das Gefühl und das Wissen von der höheren (kosmisch bedingten) Gesetzlichkeit, unter der das menschliche Leben steht, stärker entwickelt, allgemeiner verbreitet wäre, würde kein Mensch mehr wagen, »Romane« zu schreiben. Diese Kunstform unterliegt der Gesetzlichkeit einer *niederen* Ebene, der sogenannten psychologischen, die, was ihre Äußerungen betrifft, nur symptomatisch gewertet werden kann, als Auswirkung von Vorgängen in oberen Sphären. Erst, wenn der Roman die Höhe der alten großen Epen erreichen würde, die *alle* auf der *Ebene der großen Gesetze* spielen, hätte er eine geistige Daseinsberechtigung.
Jeder Künstler deutet seine eigenen, auf ihn allein beschränkten Erlebnisse so lange durch, bis sie die Transparenz allgemein gültiger Symbole erreicht haben.

1933

ALBI ERZÄHLTE MIR DIES ÜBER MEYRINKS TOD:

Meyrinks einziger Sohn war im Winter 31/32 beim Skilaufen verunglückt und hatte sich die Wirbelsäule derartig verletzt, daß die Ärzte ihn aufgaben. Meyrink, der sich selbst einmal durch Yoga-Übungen von einem angeblich unheilbaren Leiden geheilt hatte, gab ihn nicht auf. Er konzentrierte alle seine Kräfte darauf, den Jungen zu retten; ob er ihn selbst zum Üben anhielt, weiß ich nicht. Jedenfalls erreichte er es zum ungläubigen Staunen der Ärzte, daß der Sohn im Frühjahr so weit war, sich an Krücken fortbewegen zu können.

Jetzt aber trat im Vorgang der Heilung ein Stillstand ein. Ungreifbare, unüberwindliche Hindernisse schienen sich zusammenzuballen, an denen der Wille zerbrechen mußte. Monatelang ging der Vater vergebens dagegen an: der Zustand des Sohnes änderte sich nicht.

An einem Julimorgen war der junge Mensch verschwunden. Man suchte ihn tagelang, und fand ihn endlich in der Nähe eines Platzes im Walde, an dem er als Kind oft mit seiner Schwester gespielt hatte: tot – mit geöffneten Pulsadern.

Er hat nicht als Krüppel weiterleben wollen, hieß es. (Ich meine: der gleichsam aufgehaltene Tod hat sich eben einen Durchbruch erzwungen!)

Etwas Seltsames geschah, während sie ihn suchten. Meyrink wurde von einem Freund angerufen, der ihm mitteilte, er sei an dem Tag, als der Sohn verschwunden war, mit seinem Auto durch Starnberg gekommen, und er habe – es war in der ersten Frühe – jenseits des Ortes einen jungen Menschen überholt, den er für den jungen M. gehalten habe. Er schlug vor, Meyrink möchte mit ihm zusammen denselben Weg fahren, um diese Spur aufzunehmen.

Sie machten sich auf, und hielten auf der stillen, kaum begangenen Waldstraße den Wagen bald erschrocken an, weil

eine regungslose Gestalt am Wegrand lag. Es war ein Toter – ein Arbeitsloser, der hier seinem Elend erlegen war: im Alter des jungen M., und ihm in allen Zügen ähnlich.
Meyrink nahm das Schicksal seines Sohnes hin als der Mann, für den der Tod als Zustand kein Ende, sondern einen Übergang bedeutet. Er richtete sein ganzes Streben jetzt darauf, mit dem Hinübergegangenen in Verbindung zu kommen. Es gelang ihm nicht. Er brach schließlich darüber zusammen.
Er litt so, daß der Arzt dringend wünschte, ihm die Schmerzen wenigstens zu erleichtern. M. lehnte aber alle Betäubungsmittel entschieden ab. Als der Arzt es Frau M. nahelegte, ihm in der Suppe oder in Getränken Morphium beizubringen, verbat sich dies der Kranke am selben Tag, ohne daß ihm von dem Rat des Arztes etwas mitgeteilt worden wäre. Er überzeugte die Frau, daß er den Tod bei vollem Bewußtsein erleben *müsse.*
Das Wasser stieg in seinem Körper, er schlief nicht mehr, konnte nicht mehr liegen, war unsagbar gequält. In diesen letzten Tagen hat M., der sein Leben lang das Christentum in den offiziellen Erscheinungsformen schroff abgelehnt hatte, geäußert (so wie einer, der das Mysterium einer Erkenntnis vor dem letzten Verstummen mitteilt): »Christus ist das Einzige.«
Seine letzten Worte aber waren: »Der Tod ist furchtbar.«

ICH NOTIERE auch, was ich über den Tod von Hans Prinzhorn hörte, der in diesem Sommer zum großen Kummer seiner Freunde starb.
Nachdem sein Leben während der letzten Jahre sonderbar zerfahren und anscheinend ohne ein unverrückbares, Kräfte ausstrahlendes Zentrum gewesen war (dies mein eigener Eindruck von dem Mann, dessen Plan es war, zu primitiven Völkern zu gehen, um »den Ur-Traum zu suchen«), lernte er

im vorigen Jahr die junge Freundin des blinden Dichters H. kennen und gewann die Überzeugung, das Mädchen müsse aus dieser Bindung gelöst werden. Natürlich spielte Leidenschaft auf beiden Seiten mit. H. hing unsagbar an der Frau, es gab schlimme Kämpfe; schließlich ging Pr. mit ihr nach Italien. Sie wollten nach der Rückkehr heiraten. Pr. aber erkrankte nach der Ankunft in München an einem Typhus, den er sich in Rom geholt haben mußte – und ist dann daran gestorben. (Daran?)

Haben wir einen Begriff von der dämonischen Dynamik in den Leidenschaften der Blinden (und Lahmen!)?

Und daß man als Krüppel eigentlich nur die Wahl hat, ein Heiliger zu werden oder ein »Hexer«?

Ich denke daran, daß der zwerghafte, verwachsene v. d. T. zu Agnes gesagt hat, er hütete sich davor, mit Haß an Menschen zu denken, weil er schreckliche Wirkungen solcher Gedanken erfahren habe (Todesfälle).

Klages, den Prinzhorn als seinen Meister grenzenlos verehrte, war in München, während Pr. im Schwabinger Krankenhaus lag, weigerte sich aber, den Kranken zu besuchen.

1934

EIN UNSAGBAR kristallener Herbst, der zu höchster geistiger Klarheit verpflichtet. Ganz langsam wachse ich wieder in meine Arbeit hinein. *Wachbleiben* ist alles.

Denkübungen; nicht im Steinerschen Sinn, sondern als Versuch, einen Überblick über die Möglichkeiten und Formen geistiger Vorgänge zu gewinnen. Verstehen, warum man sich selbst immer wieder davonfließt. Es müssen wohl auch diese Jahre des körperlichen Übergangs sein, die eine verhängnisvolle Neigung zur Dumpfheit begünstigen. Dumpfheit zeugt bei mir immer Angst; entschlossene innere Sammlung gibt Klarheit und Ruhe.

Ich beginne wieder am »Lennacker« zu schreiben, dem Buch des protestantischen Pfarrergeschlechtes, in dessen Geschichte sich die ganze Entwicklung der evangelischen Kirche spiegeln soll. Es ist ein inspiriertes Buch, wofür ich dankbar bin. Das Wunschkind war auch eines. Ich bemerke diesen Charakter an gewissen Zügen, die gewiß nicht »von mir« sind, im Sinne, als hätten sie erdacht werden können.

EINE ORDNUNG DES GEBETS

1. Beim Erwachen: Das Gebet für den eigenen Weg, das innere Gespräch mit dem Engel – Meditation über die Aufgaben des Tages: Ansaugen von Kraft.
2. Ausstrahlen von Kraft auf die Nächsten durch Gebet für sie: 9 Uhr.
3. Geistige Einordnung und Kraftdurchdringung mit Volk und Land in Fürbitte für Volk und Land: 11 Uhr.
4. Mittagsgebet 12 Uhr: Planetengebet, Einordnung in den Sphärenschwung. Sonne.
5. Bewußtmachung Europas und der Wünsche für Europa. (Während der Nachmittagsruhe.) Den Kontinent zu Bewußtsein bringen.
6. Einfühlung in den Erdball, in die Menschheit.
7. Vor dem Einschlafen: Kosmisches Gebet.

1935

NACH DEM TOD VON WILLY S.

Dass mir diese Krankheitszeit Willys, so schwer sie für ihn war, doch zu den kostbarsten Erinnerungen an ihn gehört, das liegt daran, daß er mich damals wirklich gebraucht hat und daß in dieser Zeit beschlossen eine kurze Periode großer

Nähe und Zärtlichkeit liegt, so, wie wir es sonst einander zu zeigen scheuten. Seine rührende Dankbarkeit für alle selbstverständliche Pflege und Fürsorge, seine kindlichen Selbstanklagen (». . . und ich habe gesagt – ach, *was* habe ich gesagt . . .«) – sein angstvoll leidenschaftlicher Ausbruch einmal: »Es soll nie, *nie* wieder etwas zwischen uns treten!« – das alles ist mir jetzt in der Erinnerung wie das Beste, was ich von ihm besitze. Dies *war da* auf dem Grund unserer Beziehung, daß wir von unserer Zusammengehörigkeit *wußten.* Und daß sie sich so viel seltener positiv äußerte als in gegenseitiger Kritik und Auseinandersetzung, daß sie, wenn diese schwiegen, sich besonders während der letzten fünfzehn Jahre in gegenseitiger Toleranz mehr kund tat als in voller ausgeglichener Harmonie – das mußte wohl so sein, weil wir doch unter sehr verschiedenen geistigen Gesetzen standen, weil – um es kurz und technisch mit einer Formel von Jung zu umschreiben – er zum extravertierten, ich zum introvertierten Typus gehörte oder gehöre. In uns beiden aber überkreuzen sich die Züge der Typen auch, jeder von uns hat Gebiete, auf denen er stärker nach innen oder außen gerichtet ist als der andere, und auf einen erschöpfenden Ausdruck läßt sich unsere gegenseitige Spannung gar nicht bringen.

Gewisse Augenblicke jener Krankheitszeit –: wie er mit seinem starken bewaldeten Oberkörper halb entblößt wegen des Armverbandes auf dem großen chinesischen Bett lag und dabei so kindlich und gut wirkte; wie er so schwach und zitternd auf dem Stuhl im Eßzimmer saß, ehe Heinrich mit ihm in die Klinik aufbrach und ich mich so ängstigte, wie das ablaufen würde; wie ich dann täglich in dem winzigen Klinikzimmer bei ihm war, und es war doch etwas wie geborgene Zufriedenheit in ihm; dann, wie er wieder zu Hause war, jetzt in Georgs Zimmer, und das Grammophon stand in seiner Nähe, und bei der Bolero-Musik fiel ihm die Geschichte vom »Himmlischen Jerusalem« ein, zugleich angeregt durch die Landkarte der Mittelmeerländer, die über dem Bett hing. Dann seine unbefriedigenden Flirts mit Frl. v. H. und mit der kleinen Kanadierin, und im Zusammenhang damit Depressionen und der böse Abend, an dem er sich plötzlich so erschütternd über seine Einsamkeit aussprach – immer dazwischen sagend: »Vergiß, vergiß alles wieder!« – Ach, mein Willy, ich konnte Dir nichts Rechtes zum Trost sagen, ich konnte Dir ja auch nicht helfen, Dir das, was Du brauchtest, nicht geben – aber vergessen – vergessen werde ich diese Stunde und Deine arme klagende Stimme in Ewigkeit nicht.

TRAUM

Frühlingshügel, lichte aufstrebende junge Bäume, Bach, weiß schäumend. Weidende Giraffen. Gefühl von Willy, Gewißheit, er ist nun »bei den Tieren«. Zugleich Austausch mit ihm, ohne ihn zu sehen. Er sagt, dies sei eine Oase, dahinter Afrika. Auch Papa und Hans Meyer seien hier, beschäftigt mit dem bevorstehenden abessinischen Krieg, und zwar: beschäftigt mit der Versöhnung der Rassen. Das hieße, sie würden in die Körper von Afrikanern übergehen. Ich frage ängstlich, ob wir einander denn jemals wiedersehen würden, er bejaht es ausdrücklich. Ich sehe einen afrikanischen Knaben mich anblicken wie Daûd aus dem »Sang der Sakije«.

Er deutet auf meinen Traum vom Mittelmeerbecken und seinen Anrainern, er meint es wie Cadiz, Bolero, große Syrte, Inselmeer, Nildelta, himmlisches Jerusalem. Er sagt, er sei ja immer sehr »zuständlich« gewesen – auch H. sei so, und ich – vielleicht »ein wenig zu aktiv«.

1938

EINE der seltsamen Erkenntnisse im Halbschlaf, die einem dann im wachen Zustand kaum noch zugänglich – wenn schon tröstlich – sind:
Den Körper, alle Organe abbauen und durch die Bücher der Schrift (inhaltlich) zu ersetzen, so daß der Tod nichts mehr zu töten vorfindet, denn *dieses* Herz, *diese* Lungen, ja diese Organe eines irdisch-unirdischen Stoffwechsels – dieser ganze Körper aus zu Licht gewandeltem Wort ist ganz unsterblich.

DAS BEZEICHNENDE an diesen Vorstellungen war, daß es nicht galt, die Person zu »vergeistigen«, sondern: die Person durch ein Allgemeines und Unvergängliches zu ersetzen.

TRAUM

ICH STEHE auf einer Brücke über einen nach beiden Seiten kaum übersehbaren Strom. Es ist dämmerig, eben noch hell genug, die große starke Strömung des matt glänzenden Wassers erkennen zu können. Von dieser Strömung geht eine monoton an- und abschwellende Musik aus, wie vom unaufhörlichen Schwingen ungleich gespannter Metallsaiten. Die mächtigen tiefen Klänge liegen in der Mitte des Stroms, die helleren gegen die Ufer zu. Das Klingen ist aufeinander abgestimmt zu einer mich durchdringenden Harmonie.

1939

HEUTE MORGEN merkwürdiger Traum: daß ich ein hölzernes Rad, das in der Wandnische eines großen, mir fremden Raumes stand, in Gang bringen mußte.

Eigentlich war es ein System von mehreren, zusammenhängenden Rädern, ich glaube, einem großen und zwei kleinen. Das große lief vorwärts und die kleinen rückwärts. Sie waren durch Treibriemen verbunden, waren aber aus gelbem Holz und liefen nur um der eigenen Bewegung willen. Die Bänder waren in Unordnung, die Räder stöckerten, wollten nicht funktionieren. Es gelang mir aber, sie in Gang zu bringen, und endlich *schnurrte das ganze nur so.*
Ich hatte dafür (im Traum) sehr widersprechende Erklärungen: einmal, daß es sich um ein sakrales Gerät handele, etwas wie eine Gebetsmühle – und dann, daß gewisse körperliche Vorgänge damit zusammenhingen.

WENN DU Wert darauf legst, geschont zu werden und umgeben mit Wärme und Freundlichkeit: hüte dich, in deiner Arbeit erfolgreich zu sein. Die Menschen verzeihen es dir nie. Wenn du dazu das Unglück hast, *als Frau* erfolgreich zu arbeiten, wird ihre primitivste Rache darin bestehen, dich fühlen zu lassen, daß dein Mann bemitleidenswert ist. Und diese Art von Rache beherrschen raffiniert alle alten Jungfern beiderlei Geschlechts.

1940

AM DIENSTAG nach Ostern war Albrecht Goes da, dem ich in einer Pause des allgemeinen Gesprächs sagte, daß ein Novalis-Bund mehr Sinn haben würde als die »Gesellschaften« zum Gedächtnis anderer Dichter. Ein solcher Bund würde unter der Devise stehen: »Oh gehet aus auf allen Wegen und ruft die Irrenden herein!«
Die Mitgliedschaft käme einem Bekenntnis zum Geiste, einer Verpflichtung zum Leben im Geiste gleich. Es würde sich das Ziel ergeben – ob erreichbar oder nicht, das ist nicht entscheidend –, den von Novalis angetretenen Weg in seiner Nachfolge zu Ende gehen zu wollen.

Das Leben des Novalis war ein Entwurf, der seine Vollendung gar nicht in einem Einzeldasein erreichen konnte. Dieser Entwurf weist auf zukünftige Phasen der europäischen Menschheit hin. Er setzt einen neuen Universalismus, eine neu gewonnene Harmonie des Weltbildes voraus, vor allem aber eine neue Religiosität, die von einem Einzelnen in ihren Elementen nur ahnungsweise vorgelebt werden kann.

1942

Es geht nicht so weiter, daß ich Abend um Abend verliere, daß ich die einzigen Stunden vollkommener Ruhe und Ungestörtheit verschwende und der Gelegenheit des Zumirselberkommens dermaßen ausweiche. Die Zeit ist von so furchtbar zersetzender Wirkung auf das innere Leben, daß Selbstbesinnung mehr denn je das Gebot der Selbsterhaltung ist. Ich fühle mit Grauen, wie wehrlos man allmählich gegen gewisse Gewalten der Auflösung wird, die das ganze vergangene Leben und das Ich in Frage stellen und untergraben. Dies ist zweifellos Dämonie und nicht nur Dämonie des Krieges im weitesten Sinne. Die Selbsterkenntnis, die sich unserer schonungslos bemächtigt, darf nicht dazu führen, daß wir in Passivität versinken. Ich glaube, daß die Wochen und Monate, während derer ich Georg in diesem furchtbaren russischen Winterkrieg wußte, mir für eine Weile den Rest gegeben haben. Allmählich, ganz allmählich werde ich mich wieder zurechtfinden, und, wie immer in meinem Leben, einzig durch Arbeit.

Wie lässt sich die Lehre vom Karma und der Seelenwanderung als die eines Läuterungsprozesses der *einzelnen* Seele durch die Jahrtausende mit der enormen Bevölkerungszunahme in Einklang bringen? Woher kommen, um es primitiv

auszudrücken, woher kommen die Seelen, die sich nach jener Lehre inkarnieren?
Ich habe schon früher über diese Frage nachgedacht und bin zu keinem anderen Schluß gekommen, als daß man dann annehmen müsse, daß entweder große Nachschübe noch niemals inkarnierter Seelen aus dem Kosmos stattfinden – oder daß das vorhandene Seelenmaterial gleichsam »gestreckt« werden müßte – daß um Zentren von starker Beseeltheit Kreise von golemartigen Lebewesen sich bilden, die von der Seelenhaftigkeit des Zentrums mitleben und von ihr dirigiert werden.
In beiden Erklärungen ließen sich Hinweise für die weitgehende Entseelung der Gegenwart finden, denn auch die erstmalig inkarnierten Seelen wären in ihren Lebensäußerungen notwendigerweise primitiv. Hier liegt viel Material zur Erklärung von Zeiterscheinungen.

1943

Ich sitze noch auf in Erwartung eines Fliegeralarms, der vielleicht gar nicht kommen wird. Monatelang habe ich nichts niedergeschrieben – vielleicht schon ein Jahr lang – so ist es, länger als ein Jahr. Eine seelische Lähmung, vielleicht begann sie mit dem ersten Angriff auf München, nahm gradweise zu mit der zunehmenden Zerstörung unserer Städte. Die Kraft reicht eben für die notwendigsten Funktionen aus.

Das sehnsüchtige Bedürfnis, wieder zu einem bewußten Leben und *Er*leben zurückzufinden, glimmt mit etwas wie ohnmächtigem Beharrungsvermögen in mir weiter, ohne daß ich seit langem die Kraft fand, ihm Genüge zu tun. Seit dem Herbst 1938 – also seit fünf vollen Jahren – lasse ich alles über mich hinweg oder an mir vorübergehen, ohne etwas festhalten oder in eigenes Leben verwandeln zu können.

JA, »KÄMPFEN und arbeiten« – jeder Tag ist ein Kampf um die Arbeit! Es wäre vielleicht eine Erlösung, wenn man sich entschließen könnte, bis auf weiteres nur noch manuelle, körperliche Arbeit zu tun. Es gibt Tage, an denen jeder Brief, der geschrieben werden muß, zur schweren Aufgabe wird. So ein Tag war heute unter dem Druck der Nachricht über den furchtbaren Fliegerangriff auf Berlin von gestern abend.

1945

WAS JETZT untergeht, ist immer nur »Römisches Reich deutscher Nation« – Abendland, Abendland! Deutschland kann nicht untergehen – denn es war noch nie da. Nur als Fiktion, als Traum, als Ahnung war es da und warf seinen Abglanz in diese Welt, die wir Deutschland *nannten,* und die seit 30 Jahren einem so fürchterlichen Läuterungsverfahren unterzogen wird.

UNTER LUDWIG dem Frommen und unter seinen einander bekämpfenden Söhnen entschied (nach Ranke) »das Bewußtsein des Heerbanns, daß die Macht des Reiches auf ihm beruhe und eine Schlacht für das Gemeinwesen verderblich ausfallen müsse, mehrmals die Lage.« Wennschon nicht jedesmal für dieselbe Partei – auf den Lügenfeld 833 für die Söhne, bei Blois 834 für Ludwig.
Eine ähnliche Forderung versiegelte seit 1939 Unzähligen unter uns die Lippen gegenüber den Verbrechen, die aus der Korruption der Regierenden, der schleichenden Machtergreifung der Gestapo kamen: es hätte bedeutet, dem Heer in den Rücken zu fallen, solange die Schlacht noch im Gange war. So empfand der »anständige deutsche Mensch«, der, wie Th. Mann einst schrieb, zwar »national, aber ganz unpolitisch« sei, und, fügen wir hinzu, zumeist weniger intellektuell als naiv.

Dieser Mensch wollte nicht den Sieg, aber doch einen Frieden auf Grund der Unbesiegbarkeit der deutschen Waffen und die Erhaltung des deutschen Selbstbestimmungsrechts. Und danach, so träumte dieser *Idiot*, sollte die *innere* Reinigung kommen. Ich gehörte zu diesen Idioten.

WIR HABEN nicht die Macht – wir haben die *Realität* des Bösen unterschätzt. Mögen die Folgen uns eine unaustilgbare Lehre sein für alles, was noch vor uns liegt.
Seit dem Zeitalter des Rationalismus: die Unterschätzung der Realität des Bösen in der Welt. In unserem Fall ist es wohl Mangel an Selbsterkenntnis, wenn wir die Macht des Bösen unterschätzten, nicht glauben wollten, daß »so etwas«, die ungeheuerlichen Verbrechen in den Konzentrationslagern, »bei uns möglich sei«: Mangel an Bewußtsein der in der eigenen menschlichen Natur angelegten Möglichkeiten.

DAS SCHLIMMSTE ist, wie es mir oft bis zur Verzweiflung bewußt wird, daß ich Mama und Heinrich nach all der Not, Angst und Entbehrung der Kriegsjahre kein besseres Leben, so wie sie es gebraucht hätten, mehr habe schaffen können! Daß ihre letzten Eindrücke von dieser Welt so unbarmherzig waren. Aber dann muß ich mir klarmachen, daß dies doch wohl *mein* Schmerz allein ist – daß sie hierunter nicht leiden, jedenfalls jetzt nicht mehr. Vielleicht empfanden sie es im Anfang als Enttäuschung, ehe sie sich der Möglichkeiten ihres neuen Zustandes ganz bewußt wurden.

DIE ABGESCHIEDENEN. Sie versuchen, mit meinem Kopf über ihr Leben nachzudenken, sich zu erinnern. Das ist oft schwer – kann aber »organisiert« werden.

Auf Grund welcher inneren Verfassung kam es auch bei sonst einsichtigten Menschen zur anfänglichen Anerkennung des NS oder doch zu einer toleranten Einstellung?
Passivität. Die Neigung, sich einem als unabwendbar angesehenen Schicksal zu unterziehen.
Mangelndes Selbstvertrauen. Man meinte, sich keine richtige Beurteilung der Natur der »Bewegung« zutrauen zu können.
Unterschätzung der Macht und vor allem der Realität des Bösen. Mithin Mangel an Wirklichkeitssinn.
Mithin auch Mangel an wahrer Erkenntnis des Guten. Triebhaftes Gutsein aus Gewohnheit ist latentes Schlechtsein.
Scheu vor Dissonanzen; Wunsch, mit der Umwelt im Einklang zu bleiben. Daraus ergab sich falsche Duldsamkeit.
Blinder Glaube an gewisse Leitworte und Ideale der Tradition, die der NS als Tarnung benutzte. Neigung, diesen Leitworten und Idealen die eigene Gesinnung zu unterstellen und sich damit zu begnügen.
Falscher Stolz, dem eigenen Blut, dem eigenen Volk nichts Schlechtes zutrauen zu wollen. Das schlug um in Schönfärberei und führte zur Entschuldigung aller Beweise des Gegenteils dieser vorgefaßten Meinung.

Von all dem Grauenhaften, was sich über das Kriegsgeschehen hinaus während der letzten Jahre begab, ahnten wir nur und hatten – so wahr mir Gott helfe! – keinen deutlichen Begriff. Es hat sich seit Mai 1945 herausgestellt, daß diese Ahnungen der Wirklichkeit nicht einmal schattenhaft entsprachen, und wir *wissen* jetzt, *welche* Kehrseite unser Leben – das Leben des deutschen Volkes als einer Einheit – seit 1933 hatte. Diese nachträgliche Einsicht ist geeignet, zunächst alle Tatkraft zu lähmen.
So dürfte der graue Gerichtsmorgen, der heute über Deutschland aufgegangen ist und an dem die elf Todesurteile von

Nürnberg vollzogen wurden, uns in der Vorstellung der seelischen Verfassung der Hingerichteten nicht stärker beeindrucken, uns nicht aufwühlender zum Erlebnis werden, als jene Erkenntnis der Schand- und Greueltaten, die sie zum mindesten wissend zuließen, des Regimes der Zwecklüge und der unmenschlichen Härte und Grausamkeit, dessen Verantwortung bei ihnen lag – selbst wenn etwa einzelne von ihnen bei ihren Befehlen nur das Ziel eines befriedeten Reiches im Auge gehabt haben und sich die Methoden der Befehlsausführung nicht bewußt gemacht haben sollten. (Woran zu zweifeln ist. Diese Unwissenheit wäre dann doch »Verdrängung« gewesen.)
Mitleid also ist hier nicht am Platz, es würde einem Ausweichen in Sentimentalität entsprechen.
Warum aber haben die beiden Kirchen nicht einen allgemeinen Buß- und Bettag auf dieses Datum angesetzt?! Die Tatsache, daß sie es versäumten, zeugt von ihrer fürchterlichen Wirklichkeitsferne.
Der Gleichmut, mit dem die Öffentlichkeit diesen Tag herunterlebte, ist grauenhaft!

Wieder erscheint mir alles nur als Vorbereitung – als sei mir in diesen einundsechzig Jahren erst das Material angewiesen worden, aus dem ich später einmal etwas Ganzes zu gestalten hätte. Aber dies ist wohl nur dafür bezeichnend, daß über diesem meinem Leben die Signatur des Künstlertums stand – mag sie durch meine Kräfte so bedingt wie nur immer zum Ausdruck gekommen sein. Künstlertum setzt eine ungeheuer verzweigte, vielfältige Verwandtschaft zu *allen* Reichen der Schöpfung voraus, die aber im weitesten und im tiefsten Sinne *formal* ist und eben im Erkennen und Erfassen der *Signaturen* besteht. Ich habe das früher einmal ausgedrückt in der Zeile: *Viel* Arbeit habe ich *erkannt* – doch *wenig* habe ich *getan.* Wobei ich denn doch vor mir selbst unterschlug, daß ein gewisses Arbeitsergebnis des Erkennens immerhin vorliegt.

Sonderbare Deutlichkeit mancher Traumgestalten – wie heute früh die des sehr hübschen, etwa achtzehnjährigen Jungen, der Blumen zu »zeitgemäßen« Preisen verkaufen wollte. Er trug einen Matrosenanzug mit langen Beinkleidern, aber nicht als Berufstracht, sondern als sportlicher Amateur und hatte eine enganliegende Kappe auf. Später, als er mir die Blumen zeigte, war diese Kappe weg und da hatte er halblanges, ganz hellblondes Haar, das ihm einen etwas sentimentalen und mädchenhaften Ausdruck gab. Mit Kappe hatte er mir besser gefallen. Ich hatte sofort den Eindruck, daß er nicht aus Not, sondern weil er für eine private kleine Lumperei Geld brauchte, auf diesen Blumenhandel verfallen war und überlegte, wieviel ich ihm schenken sollte, um ihn wieder los zu werden. Dabei erwog ich – im Traum! – die jetzigen Zigaretten- und Kaffeepreise. (20 Zig. 100 RM., 1 Pfd. Kaffee bis zu 1000 RM!)
Ich hatte ihn im Gespräch mit Mama, die leider wieder nur schattenhaft durch den Traum glitt, angetroffen, und in einem niedrigen, aber hellen Raum, dessen Fenster auf den See hinaus sahen. Er stand mitten im Raum, dann aber saß er am Boden in einer Ecke. Er zeigte mir die Blumen, die er dort abgelegt hatte, sehr hübsche, aber etwas merkwürdig gebundene Sträuße, darunter ein Rosenstrauß, der mich entzückte, er war durch Bänder mit anderen Sträußen und geheimnisvollen kleinen Gegenständen verbunden. Der sollte 120 Mk kosten, und ich wußte, daß ich ihn nicht kaufen wollte, aber ich dachte immer: was soll nur werden, er braucht doch Geld – und er sah mich von unten her aus seiner Pagenfrisur so töricht erwartungsvoll an.

Ich träumte heut in den Morgenstunden, ich ginge mit einem kleinen Spielzeugsegelboot in der Hand am Ufer eines sehr dunklen Gewässers – eines Havelsees oder sehr breiten Flusses – um es »schwimmen zu lassen«; hatte aber keinen Bindfaden und wollte es nicht davonschwimmen sehen. So ging ich in der kindlichen Gewißheit, ich würde einen finden, ganz unten am schlammigen schwarzen Rand des Wassers, wo Pfützen standen, abgebrochene Zweige und nasse glitschige Steine lagen, und neben mir zog das Wasser so dunkel, träge und unerbittlich dahin. Auf der anderen Seite stieg das Ufer waldig an und ich hörte Arbeitsgeräusche von Spaten und Hacken – wußte: dort ist der große Steinbruch, in dem unsre jungen Dichter, wie Steinborn – (Steinborn – Steinbruch?) – jetzt hart arbeiten müssen. Wie ich erwartete – denn ich *kannte* diesen Weg am Ufer entlang! – kamen dann zur Linken die Stufen, die zur Straße hinaufführten. Ich stieg empor und erkannte, daß die Geräusche, die ich gehört hatte, doch eine andre Ursache hatten. Es war eine Art Kapelle am Wege, und hier war ein Mann damit beschäftigt, eine Vorrichtung zur Aufstellung einer lebensgroßen Heiligenfigur zu treffen: als Modell der Figur diente ihm ein schönes, gar nicht sehr heilig aussehendes Mädchen, das den einen Fuß in eine Schlinge wie in einen Steigbügel setzen mußte, um eine bestimmte Stellung einzuhalten. (Übrigens handelte es sich um »die heilige Rosa« – gibt es die?) Nun kam ich mit meinem Schiffchen an, dessen ich mir noch einmal recht bewußt wurde – es hatte ein so gutes Segel und ich hatte es selbst gemacht! – und bat um einen langen Bindfaden, um es schwimmen lassen zu können. Der Mann ging bereitwillig ins Innere des kleinen Gebäudes – nur der Vorraum war Kapelle – um einen zu holen, und indem ich ihm folgte, sagte ich zur Erklärung: das Schiff ist nämlich für meinen Jungen! – In dieser Beziehung des *Schiffes* auf *Georg* sehe ich den Sinn dieses Traumes und eine gute Vorbedeutung seiner Heimkehr.

1947

NICHT NUR um die Dauer des eigenen Erdenlebens sinken die Gestorbenen nach rückwärts in die Vergangenheit, sondern sie sinken durch die Jahrhunderte der Kulturschichten, die Jahrtausende der Erd- und Menschheitsgeschichte zurück, müssen sich von allem lösen – ablösen – auflösen – bis der Zustand reiner Leere erreicht ist, aus dem der Kreislauf von neuem beginnen kann.
Das Wunderbarste auf diesem Wege ist wahrscheinlich das ihn begleitende Erleben: das plastische Erleben *aller* Formen, die es gibt, der animalischen und vegetabilen Lebensformen und der anorganischen, mineralischen – endlich der rein geometrischen.
Das sind tröstliche Ahnungen, für die ich nicht dankbar genug sein kann.
IM NACHDENKEN über die Berechtigung einer künstlerischen, dichterischen Betätigung, wie sie mein Leben nun einmal ausgefüllt hat, ergibt sich mir diese Berechtigung aus der Erkenntnis, daß die dichterische Durchdringung und Darstellung der Welt für mich der einzig mögliche Weg zur *Bewußtwerdung* nicht nur dieser Welt, sondern auch meiner selbst war. Er war und wird sein, solange ich noch weiterlebe, *meine* Form, die Welt, die Menschen und mein Ich zu meditieren.

1948

TRAUMFRAGMENT: Ich war in einem Raum, in dem ein großer, kreisrunder, gedeckter Tisch stand, an dem Eugen Diederichs und Lulu (von Strauß und Torney, Anm. d. Hrsg.) saßen wie Gastgeber, und an dem wir auch Platz nahmen. Wir begannen schon zu speisen, als mir mit Schrekken einfiel, daß Lulu ja in meiner Begleitung gewesen war und

mich gebeten hatte, sie hier einzuführen: eine *andere* Lulu, als die hier mit ihrem toten Mann zu Tische saß, und doch dieselbe – eben Lulu. Ich sah mich reuevoll um und da stand sie auch: eine schmale, dunkel gekleidete Erscheinung, jugendlich, etwa so, wie ich sie 1910 kennengelernt hatte, sie sah mit einem Ausdruck von Demütigung und Leidenschaft auf das Paar, den großen Eugen und die *andere* Lulu, denen ich sie nun mit verwirrtem Stammeln vorstellte, und die ganz unberührt schienen – gelassen, irgendwie übermenschlich . . . Lulu ging zögernd auf sie zu.
Ich wachte auf und erlebte es nicht, daß die eine Lulu nun mit der anderen verschmolz, aber so wäre es wohl weitergegangen. Lulu ist ja eigentlich schon gestorben, als Diederichs 1930 starb. Wie mag es ihr gehen? Ich schrieb ihr heute, am 20. September ist ihr 75. Geburtstag.

1949

MAN SOLLTE in diesem Jahr einen Essay schreiben: Goethe, unser geliebtes Verhängnis!
Er hat zuviel für uns abgemacht und in zu weitem Umfang!
Möglicherweise hat er die zur Verfügung stehende geistige Potenz der Deutschen auf Jahrhunderte im voraus verbraucht.
Ist es nicht geradezu monströs: seine Vollkommenheit auf dem Hintergrund der allgemeinen deutschen Mickrigkeit?!
Dieses Mißverhältnis kommt bei keiner anderen Nation vor.
Goethe: das sanfte Ruhekissen des deutschen Geistes.
Er hat es uns so verflucht bequem gemacht, indem er alles, was man überhaupt in den Bereich des Denkens einbeziehen kann, bereits gedacht und ausgesprochen hat, ehe wir nur begonnen hatten, zu merken, daß man denken kann. Es ist sozusagen alles von ihm vorverdaut. Alles hat er uns weggefressen.

Er hat stellvertretend für mich gedacht und gedichtet, empfindet der »gebildete« Deutsche. Also strengt er sich nicht mehr an, der gebildete Deutsche.

ÜBER ERNST JÜNGER

(Hier folgt eine Zusammenfassung aus den Aufzeichnungen verschiedener Jahre, die I. S. selbst vorgenommen hat. Sie begegnete E. J. 1941 in Paris. Sie hatte mit einer öffentlichen Vorlesung in der französischen Hauptstadt dafür gezahlt, daß sie ihren Sohn noch einmal vor seinem Abtransport an die russische Front sehen konnte.)

DIE EIGENTLICHEN deutschen Dichter des Jahrhunderts: Loerke und Benn. Bei ihnen ist Zukunft, bei Loerke vielleicht am meisten – Ansätze, die auf Künftiges hinweisen.
Und *der* große deutsche Schriftsteller dieser Zeit: Ernst Jünger.
Die immer wieder verkündeten, Thomas Mann und Hermann Hesse, sind Repräsentanten einer abgeschlossenen Vergangenheit, des ausklingenden neunzehnten Jahrhunderts. Ihre Hauptwerke im Hinblick auf den Gehalt an Zukunftskeimen sind grandiose Bankerotterklärungen.

WAS JÜNGER betrifft – im Grunde ist er wohl doch nur in die Literatur geraten wie ein neugieriger Elementargeist in eine magische Falle. Er ist wie ein in diesen Bereich verirrter Falter, der nun verzweifelt an den gläsernen Wänden auf und nieder tobt und dessen Versuche zu entkommen man aus Unkenntnis seiner Species für geistige Akrobatik hält und dumpf bewundert oder mißvergnügt kritisiert. Es traut sich keiner, ihn fest anzufassen, wegen des Farbenstaubs auf den Flügeln und überhaupt – weil er so fremdartig ist.
Hierzu einige Aufzeichnungen aus Tagebüchern:

November 1941. – Ernst Jünger – ich traf ihn vor 14 Tagen in Paris bei Prunier, wir hatten uns bei dem Tee-Empfang im Deutschen Institut zum Essen verabredet. Es war der 25. X., ein Samstag, sehr schönes Herbstwetter. Als ich von der Madeleine aus die Rue Duphot hinaufging, sah ich das Restaurant »A la Cigogne«, wo ich 1926 einmal mit Mad. H. de Saxe sehr hübsch aß. »Chez Prunier« war ich zum erstenmal und fragte denn im I. Stock etwas verlegen nach dem »officier allemand«. Es war keiner vorhanden – ja, es war einer dagewesen, in Zivil, war schon wieder gegangen. Nun gut, j'attendrai, und man gab mir ein Tischchen in einem Raum, wo Meerlandschaften an den Wänden hingen und wo an einem anderen Tisch ein Herr, der wie Paul Valéry aussah, nur robuster, die Comoedia las. Ich bestelle mir eine halbe Haute Sauternes, ich bestelle mir das teuerste Menü, weil es nun einmal mein vorletzter Tag in Paris war und mein erstes Essen bei Prunier, und bin beim Kaviar, als mein Officier allemand erscheint, den Pour le mérite um den Hals und ein wenig nervös, wie es mir vorkommen will. Ich bin wieder überrascht von seiner Kavalleristengestalt – drahtig, nicht sehr groß – und dem auf den ersten Blick ganz unauffälligen militärisch gescheitelten Kopf – davon, daß von der ganzen Erscheinung doch das unbestimmbar Bezwingende ausgeht, das auf einen verkleideten Kalifen schließen und die Kellner strammstehen läßt. Mein Kellner ist auf einmal sehr beflissen, bemüht, auf die Wünsche von Monsieur einzugehen, der dann schließlich dasselbe Menu bestellt wie ich und es nur um eine Omelette bereichern läßt, denn es stellt sich heraus, daß es außer Kaviar nur noch ein Selleriegemüse und Obst enthält. Jünger trinkt Rotwein.

Nun unsere Unterhaltung. Er spricht vor sich hin, ohne mich anzusehen, richtet nur zuweilen ganz unerwartet den Blick voll auf mich. Frage- und Antwortspiel. Welches ich für das beste meiner Bücher halte? Doch wohl »Das Wunschkind«? Wiederholte Beteuerung, daß er nichts von mir gelesen habe,

überhaupt nicht viel von weiblichen Autoren, obgleich er (sehr betont!) die Droste sehr hoch schätze. Welches Lebensalter halte ich für am fruchtbarsten, literarische Arbeit betreffend? Zu welcher Tageszeit arbeite ich?
Ich versuche, ihn meinerseits durch etwas wesentlichere Fragen zum Reden zu bringen, und es kommen auch ein paar schöne Einzelheiten von seiner brasilianischen Reise zu Tage, über Schmetterlinge, Kolibris, ein Vogelspinnenabenteuer. Ich weiß, daß wir uns in einer anderen Umgebung als in dieser, die konventionell und mondän ist, wahrscheinlich erstaunlich intensiv unterhalten würden, aber ich kann nichts dazu tun. Er schlägt vor, in ein Café zu gehen, vielleicht in derselben Erkenntnis. Es ist schön, mit ihm durch die Straßen um die Madeleine herum zu gehen. Die Soldaten grüßen den Pour le mérite, daß es eine Art hat, der Hauptmann bringt die Hand kaum hinunter vom Mützenrand. Wir betreten eine Buchhandlung wegen der Cahiers von Gide, die ich suche und auch hier nicht finde; dafür kann ich ihn auf eine Schrift über Huysmans aufmerksam machen, die er denn auch mitnimmt. (Nachher fragte er ganz erstaunt: Wie kamen Sie eigentlich darauf? Er war froh, sie gekauft zu haben.)
Im Café führt er mir ein bißchen seine Manier, mit Kellnerinnen umzugehen, vor, es ist anscheinend sein Stamm-Café. Wir haben dann ein fragmentarisches Gespräch über den Tod. Er zeigt mir den Entwurf zu einem Ex libris, den er für sich gezeichnet hat und zu einem Kupferstecher bringen will: ein Stern, der durch Wolken bricht, mit einem lateinischen Motto. Es ist, ich kann es nicht anders empfinden, eine merkwürdige Vertrautheit zwischen uns, als kennten wir uns seit langem – ich ahne nicht, ob er das auch so empfunden hat. Wahrscheinlich nicht, jedenfalls würde er es nie zugeben.
In mir war von unserer ersten Begegnung im Deutschen Institut an große Ergriffenheit über sein Dasein, zugleich mit völligem, bewußten Verzicht darauf, mich ihm gegenüber geltend zu machen. Ich habe noch nie eines Menschen

Besonderheit und geheime Größe so stark empfunden und ihm gleichzeitig so gelassen zugesehen, fast als sei ich eine Landschaft, in der er sich bewegte, ohne sie zu begreifen. Ich ließ ihm Raum, und es war etwas wie Glück, zu erleben, daß das möglich war.
Nicht, um Nachteiliges, nur um Charakteristisches festzuhalten, notiere ich noch einige Details unserer Unterhaltung: Wie ich mit Heinrich Seidel verwandt sei? Ein Idylliker übrigens, was ihm, Jünger, gar nicht läge. So – er sei meines Vaters Bruder – die Begabung käme also von dieser Seite. Dies mit einer Betonung, die ihre Resonanz durch die vorangegangene Bemerkung über das Idyllische erhielt.
Ich meinte, dies sei noch gar nicht gesagt. Schließlich: woher eine Begabung »komme« sei doch vielleicht nebensächlich der Frage gegenüber, was der Träger der Begabung mit diesem ererbten Instrument angefangen habe. Ich wollte damit sagen, daß bei der Entfaltung und Anwendung einer Begabung die charakterliche, temperamentsmäßige Eigenart ihres Trägers ausschlaggebend sei, die seine Erlebnisfähigkeit und seinen persönlichen Ausdruck bestimme – nicht *die* Ausdrucksform, die diese Begabung, falls sie eine Familienbegabung sei, in der vorangegangenen Generation angenommen habe.
Auf welches Argument er nicht einzugehen beliebte.
So – ich hätte also meinen Vetter geheiratet und darum meinen Mädchennamen beibehalten. Das wäre aber natürlich eine Selbsttäuschung, denn in Wirklichkeit trüge ich *doch* den Namen meines Mannes . . .
Ich erwähnte das Buch über Linné von Hagberg und sagte, daß ich es so gern gelesen hätte. (Es ist für mich ein herrliches Buch!)
Ja, Linné, meinte er – besonders seine Meinung über die Frau! Die wäre außerordentlich. (Linnés Stellung zur Frau entspricht dem Frauentyp, auf den sich seine praktische Erfahrung beschränkte.)

Zu dieser Art kleiner Provokationen läßt sich nur sagen: Schad't ja nichts – aber was soll das?!
So etwas gehört nicht in die Unterhaltung zwischen Erwachsenen, es ist der Ton eines jugendlichen Onkels, der seine im Backfischalter stehende Nichte reizen und an ihrem Widerspruch seinen Spaß haben möchte. Aber sollte man annehmen, daß diese Manier hier partieller menschlicher Unreife entspringt, also einem auf pueriler Entwicklungsstufe verharrendem Verhältnis zur Frau?
Gewisse Stellen des Kriegstagebuches (»Gärten und Straßen«) geben allerdings der Annahme Raum, daß hier etwas wie Selbstgenügsamkeit, Primitivität der Bedürfnisse, Verzicht auf Nuancen innerhalb der menschlichen Beziehungen – kurz etwas raffiniert Barbarisches die Grundlage der Erlebnisfähigkeit bildet. Sollte es ein Künstlertum geben, das mit der Präzision einer Maschinerie arbeitet – einer unendlich verfeinerten, aber eben doch einer Maschinerie wie der eines Registrierapparates für äußerste Sinneseindrücke, die mittels »subtiler Jagd« erfaßt werden?

Tagebuch vom September 1949:
Las gestern und heute fortwährend in Jüngers »Strahlungen« – mit zwiespältigen Gefühlen. Es stehen fabelhafte Dinge darin, gedanklich, psychologisch, zeitgeschichtlich – Bemerkungen zu Literatur, Geschichte, Naturwissenschaft. Die Formulierung kristallen – das alles versteht sich von selbst. Aber – wozu die vielen privaten, persönlichen Aufschlüsse? Was gehen uns seine Frauengeschichten an, seine Stimmungen, seine körperlichen Anfälligkeiten – warum gibt er sein Erlebnis beim Tode seines Vaters – seines Sohnes preis? Diese Art von Veröffentlichungen haben nach dem Scheiden ihres Verfassers von dieser Ebene ihre Berechtigung – als Einblick in die Welt eines noch Lebenden verursachen sie ein Gefühl der Peinlichkeit, wie bei einer unfreiwilligen Indiskretion. Liegt dieser Hemmungslosigkeit sich der Öffentlichkeit so

unvermittelt – ich meine, ohne die Transformation des Gedichtes oder einer episch, einer dramatisch gestalteten Figur – darzubieten nicht ein gewisser Exhibitionismus zugrunde? Ein aus der Sehnsucht nach Sympathie, nach Kontakt und aus anderen, nicht unbedingt zu bejahenden Elementen, ja, auch aus Eitelkeit und Gefallsucht, aus Koketterie, zusammengesetzter Trieb?

Die Parallele zu Carossa liegt nahe. Er und Jünger sind einander sehr verwandt, obwohl keiner von beiden das wohl wahrhaben würde. Alles, was sie schreiben, ist unmittelbare, wenn schon durch dichterische Diktion gebrochene *Ausstrahlung* ihres Selbst. Carossa ist bestenfalls ein Mondstein – Jünger ein Diamant.

Ich weiß immer noch nicht, ob dieses Vorwegnehmen einer Wirkung durch persönlichen Zauber, die bisher den Nachlaßveröffentlichungen vorbehalten war, nicht doch eigentlich abzulehnen ist. Wenn *das* Schule macht – wie furchtbar könnte das werden!

Die Welt der Poesie ist älter,
Als Worte sind und Wehgeschrei –

Ich sehne mich nach den Uranfängen
und danach, daß mein Geist fruchtbar werde –

Saturnische Substanz –
Solarisch Feuer,
Jupiters Glanz,
Merkur am Steuer –

Aller Götter Vater ist der Tod.

Du wirst gelebt, du hast kein eigenes Leben . . .

HIERONYMUS, HALBERSTADT

Er ist sehr alt. Dies Antlitz ward längst Hülle.
Dahinter ist der Engel schon gereift –
Und wartet nur, daß von des Glanzes Fülle
Der Tod den letzten Schleier streift.

Versprengte Engel im Menschengeschiebe . . .

Durch Wissen muß das Herz hindurch. Und Furcht
Ist nur der graue Anfang des Erkennens.

Ich wollt', ich brauchte nichts,
Allein das reine Brot,
Mit dem Gott mich genährt
In endlosem Gespräch.
Satt seines Gnadenlichts
Fühlte ich keine Not,
Nichts wär, das mir gebräch',
Wenn dieses mir gewährt. –

Dir Welt, nicht abgewandt,
Bin ich Gott zugewandt,
Ich bin in seiner Hand,
Ich weiß es nun.
Gott lächelt drüber hin,
Daß ich sein eigen bin,
Er wußte es von je.
Es kann mir gar kein Weh
Noch etwas tun.

Motiv: Immer, wenn der König bei Tische ist, kommt beim Höhepunkt des Mahles ein alter Diener mit einem leeren Teller zum König, wenn diesem eben serviert wird, und fordert Speise für »den Bettler vor der Tür« – vielleicht den verlorenen Sohn –

Um der Armen willen, mein Kind,
Um der Armen willen, die Gottes sind.
Beklage dich nicht, mein Kind,
Und laß dir genügen –

In sanften Gesprächen
Wandern,
Unter Platanen.

O Berg, wie bist du Berg!
Denn keiner ist mit dir.
Du bist der einz'ge Berg
In dieser Ebne hier!

Kleine Spende,
Großer Berg,
Leg ich dir zu Füßen nieder . . .

Kreaturen!
Eilt herbei!
Nehmt meinen Krückstock
Und das Ei!

Dieser Jünger ohne Meister,
Lieber Leser, was beweist er?
Vieler Meister Sterne funkeln.
Aber erst des Jüngers Jünger
Sind der wahre Seelendünger.

Keltern solltest du Gott aus allem, was du geerntet,
Doch von den Trauben hast dich, Verschwender, genährt.

Noch liegt viel Mühe zwischen uns und unseren Zielen –
Wir möchten wieder Kinder sein und spielen.

NOTIERUNG EINES RHYTHMUS:

Ich möcht's noch einmal einem sagen,
Der's recht vernimmt und nicht vergißt . . .

KINDERGEDICHT, BRAUNSCHWEIG

Windmühlenberg, alter Windmühlenberg,
Unter den Bergen warst du ein Zwerg –
Aber wer dich mit Kinderfüßen erklomm,
Zu dem sagtest du freundlich: Komm,
Komm und ich zeige dir die Welt,
In die Gott hat dich hingestellt.

Der braunroten Ziegeldächer Gewimmel,
Mittendrin ragen wie Riesen gen Himmel
Sanct Magnus und Sanct Blasius,
Martinius und Egisius,
Sanct Petrus, und fern Sanct Katharin –
Taubenschwärme schwenken und ziehn,
Um die alten Türme, um Giebel und Dachgeschoß,
Und das Dach mit dem Wagen drauf, das ist das Schloß.

Windmühlenberg über der Bäume Wipfel,
Damals hattest du noch einen Gipfel,
Von dem sah man nach Süden, Windmühlenberg,
Bis zur Windmühle hinter dem Zuckerberg,
Und weithin über kornschweres Land,
Bis dort, wo der Harz am Horizont stand.
Den Brocken zu sehen, das befriedigte sehr,
Doch in der Nähe warst du viel höher als er!

Tief gesättigt mit Schlummer, das heißt, von Träumen reich gespeist –

An sich zu halten – mehr ist nicht zu lernen,
Die Kraft, die sich ergießen will, zu stau'n . . .

Verschüttet sind die Quellen: die, an der zum letztenmal der Bruderkuß getauscht ward – die, aus der die Schlange trank . . .

GEWISSHEIT

Ach, ihr Überlebenden,
Wie wenig
Ich euch beneiden werde!
Wie still
Ich schlummern werde.
Wie kühl die Erde
Auf meinem Herzen sein wird . . .

Viele sind,
Die ertragen nicht des Todes Namen.
Wüßten sie doch,
Daß nur Träume sind
Schlummernder Toten,
Spiegelungen –
Nur wer wirklich gelebt,
Ersehnt den Tod,
Wen das Leben
Völlig verzehrt –
Kerze stirbt leicht.
Das Feuer bleibt.

WILLY S., GESTORBEN 1934

Wir haben über den schwarzen Heimatwäldern
Das Wintergestirn des Jägers steigen sehn –
Was tun wir noch auf den abgeernteten Feldern?
Wir wollen sie unseren Kindern lassen und gehn.

Wir brauchen nicht mehr Daunen, Linnen und Wolle
Für diesen Schlummer, der uns betörend traf,
Wir sinken in die aufgebrochene Scholle,
Wir ziehen sie eng um unseren trunkenen Schlaf –

Oh welches Bette, mein Bruder, oh welche Wiege,
oh welche Träume, mein Bruder, oh welcher Mohn.
Es ist durchlitten, wir sind inmitten
Der süßen Erde – uns ward der Lohn.

Es ist der Teich im Wiesengrunde,
Wo sich die Natter sonnensatt
In hoher Julimittagsstunde
Siehlt auf dem breiten Mummelblatt –
Es ist der Sommertanz der Falter
Um Kälberkropf und Distelblust –
Der Sommer steht ja ohne Alter,
Nur wir – wir haben fortgemußt.

Der Bach aus seinem Kieselbette
Dringt eisig in den lauen See,
Und drüber strahlt der Berge Kette
Kristallblau unterm jungen Schnee.
Es sind des Wassers Zärtlichkeiten,
Es ist der goldne Kuß des Lichts,
Von uns zu zweit erkannt vor Zeiten –

Nun hat alles seine Bedeutung gewandelt,
Gar nichts ist mehr das, was es war durch lange,
In das Netz des Herzens verflochtene Jahre.
Da der Frühling aus der Erde versteinertem Schoße
Quellen aufbricht – ach, ist mir jede Blume,
Jeder Vogelruf nur Laut noch und Zeichen,

Lockruf, Botschaft geheimnisvoller Verheißung.
Träumend folg' ich, bin in Tränen getröstet,
Weiß euch drüben, wie ich euch weiß im Vergangnen,
Liebend, lächelnd, mich geduldig erwartend.

BESTAND

Fragst du mich, was denn nun bliebe
In dem ertrinkenden Licht –
Selbst die unsterbliche Liebe
Wandelt ihr schimmernd Gesicht –
Wird doch aus Blüten die Traube,
Quillt aus der dunklen der Most –
Saugt aus dem Becher der Glaube
Heiliges Blut sich zur Kost –
In dem gerüttelten Siebe
Sammelt sich Gold und Smaragd.
Und die unsterbliche Liebe
Dient dem Getreuen als Magd.

(Erstfassung des Gedichts »Unter dem
Abendstern«, *Gedichte,* 1955, S. 250)

Wenn der Abend gekommen sein wird,
Das große Wochenende des Lebens,
Wenn wir ganz einfach
Das Unerledigte liegen lassen –
Unbeantwortete Briefe –
Wenn wir vergessen die vielen Briefe,
Auf die nie Antwort kam,
Wenn wir hinter uns abschließen,
Langsam
Noch die kurze Strecke nach Hause gehen,

Um dann
Dort zu bleiben –
Wenn wir –
Ganz einfach –

Dort, beim Betrachten der Farben,
Der Formen, beim Prüfen der Töne,
Sind wir nur Töchter und Söhne,
Mütter und Väter nicht mehr –
Wissen nicht mehr, daß wir starben,
Haben des Lebens vergessen,
Wollen nicht trinken, nicht essen,
Lieben uns ohne Begehr –
Und der verwandelte Glaube
Will nur den Fisch und die Taube,
Nur noch das Korn und die Traube –
Kelch und Kirche nicht mehr . . .

(Erstfassung des Gedichts »Zukunft«,
Gedichte, 1955, S. 270)

Das Kommende ergießt sich ins Vergangene,
Oh ungeheurer Schwall, gestaut am Heute –

Durchs Wissen muß das Herz hindurch, und Furcht
Ist nur der große Aufgang des Erkennens.

Wo bist du, Schlaf, aus dem man tief genesen
Mit frohem Herzen wie als Kind erwacht?

Willst du mir nicht Botschaft geben
Wohin du gestorben bist . . .

Erwache nur – ob der Morgen auch bitter schmeckt –

MIT EINER FREUNDIN

Einst im rosigen Dämmer
Auf Gänseblümchenflur
Waren wir schaumige Lämmer,
Noch vor der ersten Schur.

Heut sind wir zwei alte Kröten,
Fett und ein wenig trist.
Und reden ohne Erröten
Von allem, was menschlich ist.

Es kommen die Herbstzeitlosen,
Wenn die Wiese abgegrast.
Längst verwehten die Rosen –
Das sind so die Metamorphosen,
Mit denen das Leben spaßt.

ZUKUNFT

Dichtung ist besser als Lehre –
Singen besser als Dichtung,
Denn die ewige Richtung
Weist allein die Musik.
Wenn die Lehrer verstummen
Und die Dichter nur summen . . .

NOTA

Worüber traurig ich auch immer bin,
Ich blase blauen Rauch darüber hin.
Der Rauch verschwebt, die Wolke lichtet sich:
Es ist noch Tag, und das verpflichtet mich.

CAFÉ-NOTIZ, HOFGASTEIN

Heute, an einem Sonntag zu Ende April, den der Himmel mit einem ausgiebigen Schneefall gefeiert hat, ist das Cafehaus auch nicht besser besucht als an den Tagen vorher. Der einzige Unterschied ist, daß ein paar Eingeborene herumsitzen, die sonst nicht zu sehen sind, und sich nicht nur an Kaffee und Kuchen, sondern auch an dem Anblick der Fremden erlaben.

Es ist nicht eben »große Welt«, was sie da zu sehen bekommen, die braven Jungen in den graugrünen Joppen, die rundlichen Ehefrauen im Staat, die Herren Honoratioren, der Apotheker, der Forstadjunkt, und wer sie alle sein mögen. Da ist ein Tisch, um den eifrig redende Männer mit Charakterköpfen sitzen, ein paar grüne Häupter unter ihnen mischen sich nur bescheiden in die Unterhaltung ein – und völlig schweigen die Damen, denn sie wissen, was sich gehört.

Da sind die einzelnen Herren und die einzelnen Damen, alte Herren zumeist und Damen von Umfang, die melancholisch über alten Zeitschriften brüten, denn auch auf diesem Gebiet hat die Saison noch nicht begonnen. Da sind die Damen, die Anschluß suchen, in allen Ehren, versteht sich, und solche, die Anschluß gefunden haben, untereinander und auf der Grundlage unerträglicher Langeweile. Diese letzten sind dabei, sich gegenseitig die Geschichte ihrer Leben und Leiden zu erzählen, und diese Paare erwecken den Anschein kämp-

fender Grillen: der redende Teil triumphiert, der zuhörende unterliegt mürrisch, wenn schon mit höflicher Fassung.
Da sind auch Ehepaare – wie wenig sie sich mitzuteilen haben! Nun, das ist natürlich.
Die Eingeborenen, bescheiden von einem zum anderen starrend, mögen sich zunächst damit unterhalten, festzustellen, ob es den Fremden anzusehen sei: warum sie die Kur brauchen, nämlich. Bei vielen, ja bei den meisten muß man sich sagen, es kann dies sein oder jenes, von außen ist es nicht zu erkennen. Aber einige hinken ganz ehrlich, und da weiß man doch, woran man ist: Rheumatismus, Gicht, Ischias oder auch eine alte Kriegsverletzung, ja, es sind die Beine.
Das ist so die Sonntagsstimmung im Caféhaus des kleinen Gebirgsbadeorts zu Ende April, wenn es die vergangene Nacht durchgeschneit hat. Die beiden Kellnerinnen eilen umher, setzen die Schalen Mélange, die Portionen Kaffee mit oder ohne, die Kännchen Berliner – das ist Kaffee mit Rahm in der Nebenrolle – klappernd auf die Marmortischchen und tragen die leeren Gefäße davon, um dann dem Gast sogleich zwei unentgeltliche Gläser Wasser hinzustellen: wodurch er nun als zahlreif charakterisiert ist.
Von draußen sehen die beschneiten Berge hinein, und wer zum Fenster rückt, blickt über das Tal, dessen Schneedecke schon am Vergehen ist, und hört die Amsel in der Spitze des halben Kastanienbaums singen.

DER MANN, DER FORT GING

ICH HABE anderswo versucht, von einer gewissen Frau Berngruber zu erzählen, die das Ziehkind, das sie ganz als ihr eigenes betrachtet, plötzlich der rechten Mutter wiedergeben soll. Die gleiche Frau B. erlebt es im Frühjahr 1936, daß ihr (um 5 Jahre jüngerer) Mann, er ist 68, eines Tages davongeht und nicht wiederkommt.

Er ist immer etwas wunderlich und sehr verschlossen gewesen. Jetzt drohte ihm, obgleich er ein tüchtiger Mann war, seines Alters wegen Arbeitslosigkeit. Er macht sich im Frühjahr daran, die kleine Wohnung neu instandzusetzen, weißt und streicht alles schön, sagt zur Frau: »Das mach' ich noch, dann verschwind' ich.«

Auf ihre Gegenrede läßt er sich nicht ein. »Du gehst zu deinen Leuten nach München, wenn ich amal nit wiederkomm«, sagt er zu ihr, »bleibst vierzehn Tag dort, bis nimmer geredet wird. Wenn's mich gefunden haben, läßt du mich verbrennen.«

Sie regt sich auf, erzählt alles einer Freundin. Die nimmt es nicht ernst, beruhigt sie.

Acht Tage später, an einem Sonntag, fährt Frau B. zu einer Kommunionsfeier nach M. Als sie gegen zehn heimkommt, ist der Mann noch nicht daheim; die Tochter sagt, er sei mit dem Rad fort, hätte sie mitnehmen wollen. Auch die Freundin ist da; niemand beunruhigt sich. Frau B. macht das Bett des Mannes, das noch vom Morgen her verwühlt ist, sie macht es nur oberflächlich zurecht, meint: »Wenn er so spät kommt, wird er gar nicht merken, daß nicht aufgebettet ist.«

Derweil, meint die Freundin, wie sie später davon erzählt, hat er schon gar kein Bett nimmer braucht . . .

Herr Berngruber ist jetzt acht Tage abgängig. Man hat ihn zuletzt an jenem Sonntag in Schäftlarn gesehen. Man hat herausgefunden, daß er sein Rad in Icking eingestellt hat. Leute wollen am Sonntagabend einen Mann in den Isarkanal haben springen sehen.

Frau Berngruber hat Besuch von ihrer Schwester, einer Siebzigjährigen. Die rät ihr: »Tu di net aufregen, den finden s' am End' erst in zwei, drei Jahr . . .«

Frau B. erzählt mir: Als ihrer Mutter erster Mann im Sterben lag, waren fünf Kinder da. Der Sterbende sagt zur Frau: »Mach dir keine Sorgen, Frau! Die beiden Kleinen hol ich nach.«
Zehn Tage darauf stirbt das jüngste – drei Wochen später das etwas ältere Kind.
Die Frau geht zu den Kapuzinern in Landshut und erzählt es dem Kaplan. Ihr Mann ist ein »Skalpulier« gewesen, was wohl eine Laienbruderschaft ist; Mitglieder tragen das »Skalpulier«, früher ein auf Brust und Rücken gelegtes Amulett, jetzt eine Münze (wie Frau B. sagt). Der Kaplan meint: »Hätt' er das Skalpulier umgehabt, so hätt' er die Kinder gleich mitnehmen können.« Er hatte es in der Sterbestunde merkwürdigerweise nicht um.
Der Mann ist der Frau dann noch zweimal erschienen – einmal, als sie in der Kirche kniete und betete; da ist er zu ihr getreten, gekleidet, wie er in den Sarg gelegt worden ist, und hat gesagt: »Beichten wär' auch nicht schlecht!«
Das andere Mal hatte sie Streit mit ihrem zweiten Mann gehabt, und der schlief allein in der Kammer unter dem Dach. Da ist der Erste an ihr Bett gekommen und hat ihr »nur so« mit der Hand übers Haar gestrichen. Seitdem ist's mit dem Anderen leichter gewesen.
Dieselbe Frau lag einmal wieder in den Wehen und litt sehr. Da erschien ihr die Muttergottes am Fußende des Bettes, ein schönes Kind auf dem Arm. Sie setzte das Kind auf das Bett und es kroch zu der Frau hinauf, bis sie es greifen und liebkosen konnte. Dann aber wollte es fort, und sie ließ es, und es kroch wieder ans Fußende, wo die Heilige wartete und es wieder aufnahm und mit ihm verschwand.
Das Kind, das die Frau dann zur Welt brachte, war ein besonders schönes liebes Kind. Aber es wurde nicht älter als vier Jahre – dann hat es die Muttergottes wieder geholt.

Fanny B., die sechzehnjährige Tochter unserer Zugehfrau, ist bei meiner Schneiderin Frau W. in der Lehre.

Das Mädchen arbeitet zunächst gut, läßt dann aber nach. Frau W. beklagt sich. Die Mutter will es nicht wahrhaben, läßt nichts auf ihr Mädel kommen. Die Situation spitzt sich zu.

Eines Tages arbeitet Frau W. bei uns, es ist Samstag, am Nachmittag kommt Frau B. zum Putzen. Hemmungslos betritt sie die Kammer, in der Frau W. an der Maschine sitzt. Aber Frau W. war vorbereitet und hat sich alles zurechtgelegt.

Jetzt kommt einmal *alles* zur Sprache, die falsch eingenähten Ärmel und die Art, wie d'Fanny die feinen Stoffe anpackt, daß sie hinterher ganz schmutzig sind (»Die feuchten Händ' von der Fanny!«). Es wird gesagt, daß sie stets ein »Widerum« hat, und daß sie anderthalb Stunden für Wege braucht, die in zwanzig Minuten zu erledigen wären. Es bleibt nicht unerwähnt, daß sie gesagt hat: »Wenn mei Mutter mich schlägt, nachher lach i!« – und daß sie erzählt hat, wenn der Vater sie vom Baden abholte, teilte er ihr immer gleich mit, wie die Mutter gelaunt sei.

Frau W. fragt mit erhobener Stimme, ob das etwa eine Erziehung sei? (Mir hat sie erzählt, neulich habe der Vater d'Fanny geschlagen, daß ihr das Blut heruntergelaufen sei, und hernach habe die Mutter noch eine Stunde mit der Fanny gestritten, ohne sie von irgendwelchen falschen Ansichten bekehren zu können: dies zum Beweis für den Eigensinn der Fanny.)

Frau W. ist bleich und entschlossen, Frau B. schwimmt alsbald in Tränen, gibt aber keineswegs etwas zu und bestreitet alles: die Innung soll entscheiden – nämlich, ob der Lehrvertrag von Frau W. erfüllt werden muß. Frau W. aber ist schon verärgert dadurch, daß die Fanny immer als Argu-

ment anführt: »Ich hab' ja den Vertrag, mir kann nix geschehn.«
Frau W. wünscht, daß die Fanny einmal vier Wochen Landarbeit tun möchte, um *arbeiten* zu lernen. Frau B. sagt, wenn das Kind jünger wär, tät sie sich mit ihm vor den Schnellzug werfen . . .

ERFAHRUNGEN VON H. E.
IN EINEM MÜNCHENER KRANKENHAUS

Sie wird mit einem Bruch eingeliefert und gleich operiert. Dann kommt sie in ein Zimmer mit vier anderen Frauen. Die Schwester, mit der sie noch kein Wort sprach, führt sie ein: »Da kommt a lustige Frau!«
Eine der Mitkranken fragt sie, was ihr fehlt. »Ach, daran ist mei Onkel g'storben!«
Gegen Abend geht eine Schwester durch die Zimmer und fragt: »Was geht ab?« Man kann sich alles holen lassen: Bier, Wein, Rum, Aufschnitt. Eine der Frauen hat immer Sekt, eine andere befiehlt der Schwester, als sie Tee bringt, mit Bezug auf H. E.: »Geben's der Frau von meinem Rum in den Tee!«
Die eine Frau wird sonntags von einer vierzehnköpfigen Familie besucht: Mann, Kinder, Geschwister, Eltern, Schwiegereltern. Sie sitzen um das Bett herum, der Mann hat zwei Pfund Aufschnitt mitgebracht, in Zeitungspapier eingewickelt, und breitet ihn auf der Bettdecke aus. Es wird Bier geholt, alle langen zu.
Eine Kranke, die Witwe eine Schutzmanns, erzählt von ihrem Seligen, der Wolfgang hieß und »Gangerl« genannt wurde. Die Roten haben ihn seinerzeit erschossen. Sie ist bis nach Berlin gegangen, um eine Pension zu bekommen, und hat es auch erreicht. Infolgedessen hat sie ihre ursprüngliche Meinung über die Preußen geändert.

Eine Zeit ihres Lebens hat sie in Amerika an der Grenze zwischen USA und Kanada einen Ausschank gehabt, zur Zeit der Prohibition. Jetzt lebt sie als »Empfangsdame« bei einem Dentisten. Der Dentist besucht sie oft, darf aber nie gleichzeitig mit ihrem Sohn kommen, der Schutzmann ist wie sein Vater. Wenn sie zur Behandlung das Zimmer verlassen hat, verständigen sich die anderen Damen über diese markante Erscheinung.

KLEINE REISE

Es WAR im November, aber die Tage waren noch klar und feucht-golden, die Wälder rot, die Hügel am Horizont veilchenfarben. Ich kam gegen Abend in eine dunkle Stadt, die mir fremd war. Der Dienstmann, dem ich meine Sachen zu tragen gab, wollte mich in einem Nonnenheim unterbringen, aber die Pförtnerin nahm mich nicht auf: es seien noch zuviel Gäste von Allerheiligen her im Hause, sagte sie und blickte unter dem starren weißen Rand ihrer Haube streng über meinen grauen Hut, welcher hübsch war, hinweg. Mir konnte das im Grunde nur recht sein, ich ließ mich nun in ein weltliches Gasthaus führen, ließ meine Habe dort und machte mich wieder auf, denn es war gerade Messe in dieser Stadt. Niemals aber habe ich eine traurigere und stillere Messe gesehen! Sie war in einer Baumallee aufgebaut, und am Eingang stand zwar, wie es sich gehört, ein Mann, der Luftballons, Pfeifen, Blashörner und Mundharmonikas feilhielt, auch gab es mehr als einen Stand mit Lebkuchenherzen, Schmalzgebäck, Bergen rubinroten und smaragdgrünen Zukkers, von Kokosnüssen, Datteln und Feigen zu schweigen, aber die Verkäufer waren stumm und verschlossen, die Leute schoben sich gleichgültig hin und her, ohne Kauflust zu zeigen, und nur ein Trupp kleiner Jungen trabte aufgeregt kreuz und quer von Bude zu Bude: sie schienen aber nicht gern gesehen zu werden.

Es gab übermäßig viel Wollwarenhändler auf dieser Messe. Sie hatten ihren Kram in sinnverwirrend ähnlicher Weise aufgebaut, immer hing eine riesige Unterhose zur Rechten, und waren gestrickte Wollwesten in gleichen Haufen getürmt. Es gab zwei Japaner, keine Prachtstücke ihrer Rasse, sie wären gern scheußliche Täßchen und Lackdöschen losgeworden, auch metallene Aschenschalen und ähnliches, aber sie ließen es sich nicht anmerken, sie hockten hinter ihren Tischen wie aus gelbgrünem Speckstein geschnitten. Den größten Erfolg hatte eine Dame mit einem kühnen Tiroler Hut, die etwas, was sie Fichtennadelgeist nannte und zum Luftverbessern anpries, gleichzeitig freigiebig und unter vielen Scherzen über das ihren Stand umdrängende Volk hinspritzte, wobei sie immer bestimmte Personen, mit denen sie's besonders schalkhaft meinte, aufs Korn nahm: dies war der einzige Platz, an dem selbstvergessene Festfreude und etwas wie Jubel herrschte.
Ich erhandelte mir ein rostfreies Taschenmesser mit zwei Klingen und einem Korkenzieher, man weiß nie, wozu man es unterwegs haben muß. Dann aber verließ ich diese traurige Messe und bog in dunkle Stadtgassen ein, die sich zuweilen zu einem Platz erweiterten, in dessen Mitte ein Brunnen oder ein Denkmal stand, und wo die schattenhaften Umrisse der Dächer manchmal verschollene edle Bauformen ahnen ließen. Hier kamen Männer von der Tagesarbeit nach Hause, Frauen liefen mit Körben, Netzen und Krügen über die Straße, das Abendbrot zu besorgen.
Dann läuteten auf einmal die Glocken vieler Kirchtürme, gerade als ich die Brücke betrat, die in weitem Bogen den Strom und seine Uferstraße überwölbte. Im schwarzen Wasser spiegelten sich nicht nur die Brückenlaternen, sondern auch die erleuchteten Fenster der kleinen steilen Häuser an den Uferhängen; es mochten auch wohl große Kähne dort unten angelegt sein, ihre roten und grünen Lichter, ihre ruhig glühenden Lukenaugen schwankten sacht auf der schwarzen

Flut. Große steinerne Heilige standen in Ausbuchtungen des Brückengeländers, es war kaum mehr von ihnen zu erkennen als der schwere Faltenschwung ihrer Gewänder, als ihre ungestüm schreitenden Füße, ihre emporgeworfenen Arme. Nur die Muttergottes in ihrer Mitte war deutlicher sichtbar, da brannte ein ewiges Licht, und der goldene sternenbesetzte Reif ihres Heiligenscheins schimmerte schwach. Blumenopfer lagen zu ihren Füßen, aber von den vielen, die jetzt über die Brücke hasteten, hatte keiner Zeit, sich um die Heilige zu kümmern. Einsam rang sie ihre Hände zu einem dunstigen Sternenhimmel empor.

Auf dem anderen Ufer aber mochten sich Hügel erheben, deren Körper nun mit der Nacht in eins verschmolzen waren, denn zwischen Dächern und Sternen, scheinbar frei schwebend im dunklen Raum, hingen dort Lichter über der Stadt. Am anderen Morgen sah ich, daß eine graue Veste über den braunen Hängen der Weinberge lag.

Nun war ich hungrig und ging gleich in das nächstbeste Wirtshaus, das bei der Brücke zu finden war. Die Gaststube hatte weißgescheuerte Holztische, das gefiel mir sehr gut. Ich bestellte mir einen Schoppen Wein, einen gebratenen Fisch und Salat dazu: selten hat es mir so geschmeckt, oder doch nur auf anderen Reisen, wenn ich jeweils das aß, was in jener Landschaft besonders gedeihlich war und dem Volke dort mundet.

ALTWEIBER-FRAUENSOMMER

Die alte Frau im Mond spinnt

Die Zigeunersche bettelt die Bäuerin an um Brot, um Speck. Die Bäuerin sagt: Ich habe selbst nichts. Ihr Kind, das dabeisteht, sagt: Du hast ja doch! Da hebt die Zigeunersche drei Finger und verwünscht die Frau, der von da an alle Schweine eingehen.

Leichenwasser vor die Tür gießen, um jemand zu schaden.

Wer einen weißen Sperling sieht, stirbt.

Kurz ehe der Krieg ausbrach, sah eine alte Frau am Himmel Helm und Schwert.

ERSCHEINUNGEN, DAMALS

Die alte Frau Ecke Kronen- und Mauerstraße, die dort auf einem Feldstuhl sitzend die BZ verkaufte. Sie sah sehr slawisch aus, trug ein Kopftuch, ihr regungsloses Gesicht. An der gleichen Ecke der alte gelähmte Mann im Rollstuhl, der Schnürsenkel und Zündhölzer verkaufte. Er war sehr groß, aber in sich zusammengesunken, konnte den Kopf nicht heben und sah einen aus grauem Gesicht mit zynischem Ausdruck an.
Ecke Kronen- und Friedrichstraße: Der kleine flinke Kerl mit Überzieher und steifem Hut, der Spielzeug feilbot, kleine Wagen und Blechfiguren auf dem Asphalt fahren ließ und laufen – auch Mäuse hatte, die an der Hauswand hinaufstiegen.
In der Leipziger Straße: Der Blinde mit dem schönen Schäferhund. Der Blinde hatte ein glatt rasiertes, rosiges Gesicht mit Augen, die halb geschlossen das Weiße sehen ließen. Er trug die gelbe Binde mit den Punkten am linken Arm. Das Gesicht immer halb emporgerichtet. Auch er saß auf einem Feldstuhl.
Eingang U-Bahn bei der Dreifaltigkeitskirche: Die alte Frau, die dort bei jedem Wetter die Abendzeitungen verkaufte und ihr »Achtuhrabendblatt! Achtuhrabendblatt!« bellte.
An der Mauer der Dreifaltigkeitskirche in der Kanonierstraße, gegenüber dem großen Buttergeschäft und der feinen Geflügelhandlung sah ich in den Abendstunden, wenn es schon dunkel war, zuweilen eine sehr alte Frau an einen

Pfeiler gelehnt auf dem Pflaster sitzen, wie ein Haufen alter Kleider, einen halb gefüllten Sack neben sich. Sie schien zu schlafen. Manchmal dachte ich, sie wäre tot. Ich redete sie einmal an, sie reagierte gar nicht. Vielleicht war sie betrunken, aber wahrscheinlich nur erschöpft.
Die kleine Alte, die durch eine Krankheit nicht gerade aufgerichtet gehen konnte, und die, *das Kreuz im rechten Winkel abgebogen,* durch die Friedrichstraße zu schuffeln pflegte. Die dort gewerblich stationierten Mädchen nannten sie »Die Seuche« und waren abergläubisch daran interessiert, sie zu unterstützen. Sie betrachteten sie wie einen Leichenwagen – wenn man ihr begegnete, brachte sie Unglück, ging sie in der gleichen Richtung, dann schadete es nichts. (Nein, umgekehrt: Die Gefahr bestand, wenn sie einen überholte! Man mußte sie dann seinerseits überholen, umkehren und ihr entgegengehen, in entgegengesetzter Richtung bleiben. *Dann* konnte nichts passieren.)

SPRACH-KEIME

GEWISSE Redensarten, die sich auf alle möglichen Situationen anwenden lassen, und aus denen man wie aus chemischen Formeln bestimmter Art auch alles mögliche entwickeln kann:
»Es stand nicht dafür.«
»Man ist ja schließlich auf alles gefaßt, aber . . .«
»Ich werde mir den Mund nicht verbrennen – aber deswegen sind die Dinge ja doch vorhanden . . .«
»Ich dachte mir ja mein Teil . . .«
»Natürlich gibt es Schlimmeres . . .«
»Es ist nun mal nicht anders . . .«

RELIGION, KIRCHE, THEOLOGIE

RELIGION ist das Lebenselement der absoluten Seele, so wie die planetarische Atmosphäre das der animalischen und vegetativen Erscheinungen ist.

DIE GÖTTLICHEN Gebote scheinen den aus der Natur sich ergebenden Gesetzen in vielen Stücken zu widersprechen. Alle Handlungen etwa, die dem Triebleben entspringen, entsprechen stets der Naturgesetzlichkeit, aber nur selten und bedingt dem göttlichen Gebot. Dies ist der Beweis, daß die Schöpfung noch nicht abgeschlossen – daß Gott noch am Werk ist. Wir ahnen gelegentlich, worauf er hinauswill, und diese Ahnung fassen wir in unsere Formulierung dessen, was wir uns überordnen als göttliches Gebot.

AUCH IN FÄLLEN, die dem Ziel am nächsten kommen: zwischen Moralgesetz und Erfüllung, auch zwischen jeder höheren Lebensplanung und ihrer Ausführung bleibt ein Raum der Ungenauigkeit, Unbestimmtheit, Unzulänglichkeit.
Daran gemessen decken sich Naturgesetz und Anwendung stets besser, und häufig exakt nach den Berechnungen.
Dies sollte als Beweis betrachtet werden, daß die im höheren Menschentum verkörperte Schöpfung sich noch im Zustand des Chaos befindet, während die natürliche Schöpfung abgeschlossen ist.

IM »ZUFALL« und im »Wunder« wahrt sich Gott seine Willensfreiheit.

EINE RELIGION, jede Glaubenslehre kann erst dann als überlebt bezeichnet werden, wenn ihr selbst gesetzes Maß durch ihre Gläubigen voll erfüllt worden ist.
Das Christentum – also das Evangelium Christi in seiner unlösbaren Verbindung mit dem prophetischen Judentum und der Paulinischen Auslegung, nicht unbedingt die Kirche mit ihrer zeitbedingten Abhängigkeit von der jeweils regierenden Theologie! – wird *niemals* in diesem Sinn als überholt erklärt und abgetan werden können.

VON GOLGATHA aus betrachtet sind alle zeitlichen Entfernungen aufgehoben. Vergangenheit und Zukunft bilden mit den sie verkörpernden Erscheinungen einen Kreis der Gegenwärtigkeit, deren Mittelpunkt das Kreuz ist.

DIE ANTINOMIE des christlichen Dogmas (Prädestination – Freier Wille) rührt davon her, daß hier zwei einander von Grund auf widersprechende Geistesrichtungen verschmolzen werden sollten. Ihre Extreme (Stumpfe Ergebung – Werkheiligkeit) kennzeichnen ihre Bedingtheit im menschlichen Verstand. Ihre Überwindung geschieht nur durch *Gnade* – das heißt durch *Liebe.*

KIRCHE bedeutet nicht: Gegensatz zu Welt. Der Gegensatz zu Welt ist: Reich Gottes.
Kirche bedeutet nicht Reich Gottes. Kirche sollte das Grenzgebiet sein, in dem eine Durchdringung der beiden Gegensätze angestrebt wird.
Kult ist die Lebensäußerung der Kirche. Kunst ist die Sprache des Kults.
Was die Kirche vermittelt, geht den Menschen an, wie er von seiner Mutter Leib gekommen ist.

Ich will – das ist im christlichen Sinn immer nur: Ich bin bereit.

Die Kirche als einen Bestandteil der guten alten Zeit auszuspielen, geht nicht an. Wer heute für sie eintritt, sollte sich vorher fragen, in welcher Weise er an ihr beteiligt ist, ob es ihm wirklich rein um den Inhalt geht oder um einen Ausdruck seines Ressentiments.

Welchen Gebrauch hast du von der Kirche gemacht, als sie noch unangefochten existierte?

Die Kirche hat es dazu kommen lassen, daß das Christentum immer weniger der Sauerteig war und das Salz, sondern daß es im Teig der Welt zur vereinzelten Rosine wurde. Es stand dann jedem frei, die Rosine nicht mitzuessen – Christentum wurde Geschmackssache.

Wenn die Kirche bleiben will, muß sie eine kluge Jungfrau, eine demütige Magd werden, eine Brüdergemeinde in gegenseitiger geistiger Handreichung. Sie muß auf Theologie verzichten und sich unmittelbar an das Evangelium halten.

Theologie ist der Ausweg des Unglaubens in ein »Als ob« des Glaubens.
Theologie ist die Beugung des Glaubens unter Gesetze menschlicher Vernunft, und darum die Aufhebung des Glaubens.
Theologie ist Rechtfertigung des Glaubens, und darum Gotteslästerung.
Theologie ist Raisonnement.
Theologie ist Anwendung menschlicher Methoden und Maßstäbe auf das Wesen des Unbedingten und Höchsten.
Vielen Pfarrern wird sie zum Deckmantel ihrer inneren Verödung, ihres Mangels an *persönlicher* Glaubenserfahrung.

CHRISTENTUM kann nur vom Leben her begriffen werden, nicht vom Intellekt.

GREGOROVIUS sagt vom Erzengel Michael: »Der Kultus dieses semitischen Schutzgeistes war aus dem Judentum in die christliche Mythologie hinübergenommen worden . . .« So ein Satz ist erschreckend oberflächlich. Ein Kultus wird nicht willkürlich übernommen. Die Macht, der er gilt, erzwingt ihn sich, setzt ihn durch. Und dann: hier wird die Bedeutung der jüdischen religiösen Erlebniskraft für den europäischen Kulturkreis nicht einmal geahnt – jedenfalls nicht einmal angedeutet.

EINE KULTURATMOSPHÄRE, in der das religiöse Element sich aufgelöst und verflüchtigt hat, sei es auch in höchste Dichtung und Kunst, sie kann nur noch Surrogate der ursprünglichen geistigen Lebensantriebe vermitteln.

DIE AUSWIRKUNG des Pietismus bis in unsere Zeit hinein bestand unter anderem in einer Verflachung des Sündenbegriffs.

AM ENDE des Lebens kommt es wohl nur darauf an, daß der Mensch reif, geduldig, sanft, demütig und unerschöpflich liebevoll geworden sei – nicht darauf, auf welchem Weg das zustande gekommen ist, ob als Erfolg bewußten Strebens oder durch die Wirkung des Leidens.

JE ÄLTER man wird, desto klarer wird einem die Lehre von der Erbsünde. Sie ist Altersweisheit – wie jedes Dogma. (Und da es, dieses Dogma, als solche erworbene Weisheit allmählich mit in die »Erbmasse« übergeht, steht in der Gefahr aller Dogmen: Selbst zur Erbsünde zu werden.)

Es GIBT Ärzte, die Krankheit nie am eigenen Leibe erfahren – Pfarrer, die niemals gesündigt oder gelitten zu haben scheinen.

PEDANTERIE und Snobismus: beide sind entgeistigte Orthodoxie.

GRÄFIN X.: »Ich lese jetzt die Evangelien . . . Es ist *hochinteressant,* als ob Christus schon alles für diese Zeit vorausgewußt hätte!«

AUCH SATAN hat seine Märtyrer.

NICHT JEDES Leiden verdient den erhabenen Namen einer Passion. Passion ist *das* Leiden, das um anderer willen durchgestanden wird.

GIBT ES Grade der Übertretungen?

DAS, WAS von uns weiterleben wird, das Selbst, wird vermutlich in unausdenkbarer Beziehungslosigkeit zu der jeweils durch den Tod verlassenen Welt stehen.

ALLTAG

WIR WERDEN in das Fleisch (nebst Gebein und sonstigem Zubehör) hineingeboren, und – o mein Gott! – wie schwer ist es, sich darin zurechtzufinden!

EINES der entscheidensten Erlebnisse im Übergang aus der Kindheit ist, daß die bestehende Welt nicht ihren Sinn in sich selbst hatte – wie das Kind annahm. Ihre erfüllte Dichte dehnt sich, löst sich auf. Es bilden sich weite, leere Räume. Es entsteht Angst.

BLENDUNG durch allzu große Nähe – das tritt meist zwischen miteinander lebenden Menschen ein. Sie können einander nicht mehr deutlich erkennen. Ich meine nicht eigentlich Abstumpfung durch Gewohnheit. Es ist ein Geblendetsein gegenüber der einzigartigen *Qualität* des seelischen Lichts jedes Einzelnen.

ÜBER DIE Einfältigkeit der Engel und die Vieldeutigkeit der Menschen: Je eindeutiger in seinen Zielen und Motiven der Mensch wird, um so heiliger oder auch höllischer wird er. Mittelmäßigkeit ist immer Unentschiedenheit.

MEHR ALS der Tod kann ja keinem von uns zustoßen. Innerhalb dieser Grenze: Welche Spielarten des Leidens!

VERWECHSLE den Schmerz nicht mit seiner Ursache – mit dem, was ihn seiner Ansicht nach hervorruft.
Der Schmerz ist nur bei dir.
Er hat nur mit dir zu tun. Was ihn veranlaßt, was ihn hervorruft, ist nicht in ihn einzubeziehen. Das existiert unangefochten von seiner Wirkung weiter, unberührt.
Leiden ist einzig die Folge deiner ererbten oder schicksalsmäßigen Veranlagung zur Reizempfindlichkeit – die eine hohe Veranlagung sein kann.

DIES, daß die Ursachen unberührt von den Wirkungen existieren: eine grausame, aber heilsame Einsicht.

NICHTS RÄCHT sich gefährlicher als verdrängte Geistigkeit.

WIR KÖNNEN uns (uns selbst!) nicht außerhalb der Materie denken. Das Ich ist körperlos nur vorstellbar. Auf die Form des Körpers kommt es dabei nicht an. Sie könnte ebensogut eine Ätherkugel sein wie ein gasförmiger Leib in Menschengestalt.

Wenn du anfängst, dich selber mit dem Bilde zu verwechseln, das sich die anderen von dir machen: *Da liegt Gefahr!*

Es gibt nichts Besseres als die Verständigung von geborenen Eremiten. Keiner würde je den Kreis stören, den der andere um sich gezogen hat.

Die meisten Menschen verhalten sich zu dem, was sie sein und leisten könnten, wie photographische Negative zum abgezogenen Bild.

Im Baedeker von Paris, Rom oder Florenz lesen, oder auch im großen Ploetz – das läßt Raum für eigene Vorstellungen, Erinnerungen, Kombinationen, kann genußreicher und fruchtbarer sein als die Lektüre aller einschlägigen Literatur.

Die Variationen der Lebensmöglichkeiten. Wo werden sie entworfen – wer ritzt die Bahnen ins Feld und setzt die Seelen hinein? Am Ende ist es dann so: dies, gerade dies Leben sollte einmal verwirklicht werden, und du warst dafür ausersehen und mußtest es auf dich nehmen. Das wäre auch eine Form von Prädestination.

Vielleicht ist dies die schwerste Aufgabe des Alters: Das vergangene Leben zu bejahen – nicht so sehr, soweit es vom freien Willen abhing, als anzuerkennen, daß auch die Irrwege notwendig waren. Die Irrwege, die Umwege –

Die Überzeugung (ein *Gefühl* der Überzeugung), daß das Ich im Augenblick scheinbaren Verlöschens an anderer Stelle wieder aufflammt. Sich fortsehnen aus der Inkarnation – aus *dieser* Inkarnation. (Natürlich zu verwerfen, immerhin –)

»Und woran arbeiten Sie jetzt?« »Wie immer – an der Vorbereitung meiner nächsten Inkarnation . . .«

Alles ist immer nur Vorbereitung. (Übrigens unter Umständen ein gefährlicher Grundsatz!)

Sonderbare Vorstellung, daß in Anbetracht der illusorischen Natur des Zeitbegriffs eine Wiederverkörperung ebenso in einem »vergangenen« Zeitalter wie in einem »zukünftigen« erfolgen könnte.

Die innere Welt wird unaussprechlich – dann müssen wir um Gottes willen schweigen.

Die Seele bereitet sich, *einfach* zu werden. Dann ist das Ziel nicht mehr fern.

Im letzten Stadium lebt man zwar ganz aus Erinnerungen – aber es bilden sich keine neuen mehr. Das Erleben hat keine Zeit mehr, sich niederzuschlagen, zu setzen, zu klären.

Wir können gar nicht oft genug über die Einzigartigkeit meditieren der einzelnen Menschen, mit denen wir leben und umgehen.

Mit beginnendem Alter verliert sich die Abhängigkeit von Sympathie oder Antipathie. Dafür stellt sich eine stärkere Empfindlichkeit für die moralische Atmosphäre eines Menschen ein.

O dass wir diesen Abstand durch den Abgrund des Todes nötig haben, um ganz zu erkennen, *was* ein Mensch war – was er bedeutete – was er für uns gewesen ist.

Denken, Wollen, Vorstellen wird unsere Art der Fortbewegung nach dem Tode sein, so wie es jetzt Gehen, Fliegen, Fahren ist. Räumliche Entfernung ist nach dem Tod aufgehoben. Nur noch geistige Räume.

Im Tod verzichten wir auf den Körper, soweit er stofflich ist. Das Formprinzip aber ist der Seele immanent, und also wird sie sich aus *dem* Stoff, der ihr nun angewiesen wird – auf den sie nun angewiesen ist –, einen ihrer Individualität entsprechenden neuen Körper bauen, der der Ebene angemessen ist, auf der sie nach dem Tod existiert.

Die eigentlichen Gespräche finden erst nach dem Tod eines der Gesprächspartner statt. Sie brauchen deswegen nicht einseitig zu sein.

HANDWERK, KUNST

Von Walter Pater wird gesagt, daß sein Verständnis (gemeint ist wohl Einfühlung) immer größer gewesen sei als seine fachlichen Kenntnisse. C'est ca. Intuition, vor-angelegtes Ahnen, das sich zu Wissen steigert und durch angelernte Kenntnisse höchstens bestätigt werden kann.

Lernen, Kenntnisse erwerben kann man immer. Immer lassen sich Eingebung, Intuition, wissenschaftlich nachprüfen, ergänzen, korrigieren. Nur angelerntes Wissen aber, ohne Intuition, ohne Fingerspitzengefühl, ohne die Fähigkeit, zu assoziieren, Querverbindungen herzustellen: das ist Dressur. Aber natürlich gibt es Wunder der Dressur.

Nachdenken über die Funktionen, die einzelne Gruppen menschlicher Begabungen im Gesamtorganismus der Menschheit ausüben. Kunst, auch Dichtung, hat die Aufgabe der Hormonbildung.

Mit Goethe erreicht die durch die Reformation eingeleitete Säkularisation der Kultur ihr Ziel. Er ist Schlußstrich, Summe einer abgeschlossenen Kultur. Seither . . .

Um Träume erfinden zu können, muß man das Gesetz des Traumes kennen. Es ist das Gesetz einer anderen Ebene als jener der Natur. Man kann es im empirischen Sinn nicht erlernen. Man erfährt es ahnend, trägt diese Erfahrung im Gefühl. Darum erfindet man Träume nicht, man träumt sie – *er*träumt sie.

Knospenhafte Sprache der Kinder. Die Worte sind noch ganz unbelastet von den in ihnen beschlossenen Möglichkeiten. Kinder reden eindeutig. Erwachsene gebrauchen Worte meistens mit Vorbehalt, bewußt oder unbewußt. Die Erfahrung der Nuancen behindert sie.

Alle Kunst ist kristallinisch, insofern ihre Gebilde in der Mutterlauge der allgemeinen Laute, Bewegungen, Farben, Naturformen und der menschlichen Sprache zusammenschließen. Dichtung aber ist eigentlich aus zweiter Hand, da Sprache – oder das Wort – schon an sich ein Kunstgebilde ist.

Seit wir Goethe als überliefertes Kulturgut – als »ererbt von unseren Vätern« – mit in unseren geistigen Stoffwechsel aufnehmen sollen, scheinen die damit beauftragten Organe zu streiken. Hier ist alles zu sehr »vorverdaut«. Seit etwa 1850 beginnt dann auch der geistige Vitaminmangel der abendländischen Menschheit, dem sie so dringend abzuhelfen sucht.

Autoren wie Ringelnatz oder Kästner bleiben auf einer gewissen Ebene ihrer Entwicklung stehen und bilden diese Plattform aus, spezialisieren sich. Gut und nötig – aber mir liegen Erscheinungen wie Morgenstern mehr. Er konnte auch, was jene beiden können – aber er begnügte sich nicht damit, bildete es keineswegs aus, bildete überhaupt keinen Zweig seiner Arbeit *bewußt* aus – und stand gerade deswegen am Ende da wie ein gewachsener Baum in der Fülle von Gestalt und Frucht.

Gewisse Gedichte sind nur als Übung zu betrachten: weniger als Kunst- denn als Meditationsübung. Etüden über bestimmte Themen, Werkstücke.

Es gibt eine Sorte von Schriftstellern, die von einer gewissen geistig-mechanischen Produktivität ist. Eigentlich reproduzieren diese Autoren nur Eindrücke, ohne sie im geringsten zu modifizieren, zu formen, zu verarbeiten. Kennzeichen ihrer Mentalität ist eine geradezu mörderische Banalität und Selbstzufriedenheit. In ihrem Umkreis erstirbt geistiges Leben, wird nachhaltig niedergewalzt. Tiefste Verstimmung ist das Ergebnis eines Zusammenseins mit ihnen.

Arbeit erscheint mir als ein Kondensierungsvorgang. Aus einer gas- oder dampfartigen, wogenden Fülle von Vorstellungen Assoziationen, Ahnungen und Geschichten wird ein verhältnismäßig geringfügiges, aber konkretes, greifbares Stück Prosa gewonnen.
(»Intuition ohne Intelligenz ist nur ein Verkehrsunfall«: Paul Valéry)

Novalis – Keats – Katherine Mansfield – Thomas Wolfe – Lawrence – Klabund –: welch himmlisches Stimulanz muß die Krankheit, an der sie alle jung starben, in sich bergen, um *das* zu zeitigen!

EINFÄLLE UND DEFINITIONEN

Elfenbein – Korallen – Ebenholz und verwandte Hölzer – Sprudelstein, Marmor, Meerschaum – ist in der Konsistenz dieser Stoffe Verwandtschaft?

Es wird dem Menschen leichter, sich als »schwarzes Schaf« zu bezeichnen als zuzugeben, daß er ein Schaf gewesen ist.

JEMAND, dessen Lebensarbeit eine »Geschichte der Winde« wäre, der großen Winde wie Bora, Mistral, Föhn – was für ein geo-psychologisches Thema. Denn was richten die Winde alles an –

BEDENKE: Der Verkehr zwischen den Inseln der Archipele – vor allem im Stillen Ozean oder in den Gewässern Insulindes –, dieser Verkehr entzieht sich der Kontrolle der Kontinente. Es ist tröstlich zu wissen, daß doch noch Privatleben möglich ist.

NICHTS ist unverzeihlicher als Harmlosigkeit – dort nämlich, wo sie sich im Stand der Unschuld behauptet, nachdem sie unermeßliches Unheil angerichtet hat. Einfalt ist nicht unter allen Umständen heilig – am wenigsten dort, wo sie nicht nur ohne Demut, sondern im Gegenteil voller Dünkel ist.

DIE JÜNGSTE Generation ist immer insofern älter und in gewissem Sinne erfahrener als ihre Eltern, als sie ein höheres Stadium des Menschheitsalters darstellt. Dieses höhere Alter und dieser Zuwachs eines Erbes an Erfahrung bedeuten für den Einzelnen einen latenten Besitz, eine Potenz, die individuell entfaltet und wirksam gemacht werden muß. Doch genügt schon das Vorhandensein der Potenz, um das Überlegenheitsgefühl zu erklären, das sich dem Alter gegenüber gelegentlich ungeduldig äußert. Man darf das nicht ohne weiteres verwerfen. Die Jugend ist uns um *die* Erfahrung voraus, die in der Summe unserer Irrtümer und ihrer Folgen geschlossen liegt.

EIN VATER über seine Söhne: »Die woll'n doch was haben, die woll'n doch was mitmachen, die woll'n doch nicht immer bloß studieren . . .«

DAS GROSSE Glotzen – Zeichen geistigen Wiederkäuens.

Ein Sohn über den Vater: »Mei Vadder ischt im vorige Kriech gefalle, oder eigentlich geschtorbe an oiner Erkäldung, wie'r dahoim war . . .«

Eine gute Magd ist eine Gabe von Gott. Man bekommt sie erst, wenn man ihrer würdig ist.

Der Verstorbene, der der ihm gewidmeten Gedenkfeier beiwohnt und sich vorkommt wie der einzige Lebendige.

Die Zimmerlinde Mathilde. Die Geschichte beginnt mit einer Anzeige im Stadt- und Landboten: »Wer nimmt während des Winters meine Zimmerlinde in gut beheizte, liebevolle Pension? Sie heißt Mathilde und ist sehr gutartig, aber zwei Meter hoch.«

Motiv für eine Apologie des Reisenden: Fremder Alltag ist süß.

ZUM »MASKENVERLEIHER«

EIN JUNGER Mensch kommt zum Studium in eine große Stadt (Berlin), und findet Quartier in einem Mietshaus, das einem alten, vielzerklüfteten Felsenbau gleicht. Es ist ganz unmöglich, Überblick über seine Bewohner zu bekommen.
Der Hausverwalter, der auch die Mieten einzieht, ist ein alter Mann, der zugleich ein Masken- und Kostümverleihgeschäft betreibt, das von mittleren Bühnen und außerdem zur Zeit des Karnevals von aller Welt in Anspruch genommen wird.
Der Student hat ein billiges Zimmer bei einer Witwe gefunden, die eine Schneiderwerkstatt auf demselben Stockwerk betreibt, auf dem auch Herr Wendehals wohnt, der Hausverwalter.
Die Witwe heißt Frau Hindersin, hat eine Tochter Martha und beschäftigt vier hübsche Lehrmädchen.
Unten im Haus sind eine Apotheke und ein Ausschank, oder feiner, eine Austern- und Weinstube mit Flaschenverkauf. Der Student kommt dahinter, daß beide Unternehmen unter unmittelbarer Aufsicht des Verwalters betrieben werden. Auch ein »Bankier« hat da sein Büro, und es gibt einen Tabakladen. Vorder- und Hinterhaus haben je fünf Stockwerke.
Das Maskenverleihgeschäft hat seine Räume im dritten Stock, durchgehend für beide Häuser. Im Vorderhaus stößt es an die Räume der Frau Hindersin. Dort werden für Wendehals auch

Kostüme genäht und geändert. Im Hinterhaus ist die Wohnung des Musiklehrers Morgenroth.
(1932. Erste Notiz für den in den fünfziger Jahren geschriebenen Roman »Michaela«)

Ich möchte die »Nachgelassenen Papiere« des Freiherrn Veit von Harvesthus herausgeben, mit einem Vorwort unseres Freundes Peregrin: Abhandlungen, Dialoge, Fragmente. Darunter befände sich eine Abhandlung über die Erziehung der Frau. Ferner ein Essay »Amadeus oder Die Kunst, zu frühstücken«.
Nein! Sondern: »Gold im Munde oder Die Kunst, zu frühstücken«.

Ein Buch »Jesus in der Gebärde« – aus allen Evangelien die Stellen, in denen man Ihn körperhaft erblickt.

Herbst 1943. Andeutungen eines Entwurfs zu einem Requiem für die zerstörten deutschen Städte.
Es beginnt mit einem Aufruf der Städte, und der Antwort aus jenseitigen Sphären.
Rostock – Lübeck – Hamburg – Essen – Düsseldorf – Bochum – Köln – Mainz.
Es werden nicht alle genannt, sondern am Anfang nur jene, gleichsam vertretungsweise, die am meisten gelitten haben.
Aus den einleitenden Klagegesängen muß sich das Urbild der deutschen Stadt und ihres Lebens ergeben.

FRAGMENT: FÜNF KINDER ALLEIN

In der Einöde Birkenmoos war an einem Silvestertag zwischen zwei Kriegsjahren die Bäuerin begraben worden. Sie hatte am Weihnachtsabend ihrem fünften Kinde das Leben gegeben. Drei Tage hatte sie fiebernd in tiefer Erschöpfung gelegen, von der dreizehnjährigen Anna gepflegt, die auch das Neugeborene nach den Anweisungen der Wehmutter versorgt hatte. Das Unglück hatte es gewollt, daß der Arzt im nächsten, eine ganze Wegstunde entfernten Dorf selber krank an dem schleichenden Übel lag, das die Menschen hinter den Schlachtfeldern zu Tausenden hinraffte. Als die Hebamme sich entschloß, nun doch einen anderen aus der Kreisstadt zu rufen, war es zu spät gewesen. Wahrscheinlich aber hätte auch raschere Hilfe hier nichts mehr ausrichten können.

Die Birkenmoosbäuerin war im Aufbruch gewesen, als sie in die Entbindung hineinging. Wochen vorher hatte sie im Hause alles geordnet und sauber gemacht, und wenn diese Tätigkeit auch durch die Aussicht auf das gerade in die Weihnachtszeit zu erwartende Wochenbett gerechtfertigt schien, und wenn sie selbst auch immer nur diese Erklärung dafür bereit hatte, so entsannen die Kinder sich jetzt sehr wohl der Reden, mit der die sonst so schweigsame Mutter die Arbeit begleitet hatte, und in denen immer Mahnung und Hinweis darauf gelegen hatten, wie alles in Haus und Garten, in Stall und Scheune zu halten sei und immer gehalten werden müsse. Nun dauerte der Krieg schon über ein Jahr; ebenso lange war der Vater im Felde und seit den letzten Novembertagen war keine Nachricht mehr von ihm gekommen, nachdem er bis dahin ganz regelmäßig von sich hatte hören lassen. Er war im März noch einmal zur Feldbestellung zu Hause gewesen.

Als die Ernte geborgen war, hatte die Unrast der Bäuerin begonnen. Die Kinder wußten es noch gut und sie sprachen flüsternd davon, als sie in dieser Silvesternacht in der Dunkelheit bei dem erkalteten Herd saßen. Da hatte sie das Scheunendach ausbessern lassen, obgleich der Vater gemeint hatte, der geringe Schaden könnte gut noch ein Jahr lang bestehen bleiben. Sie hatte soviel Kraut eingestampft, soviel Fleisch eingesalzen, als müßten die Vorräte bis tief ins Frühjahr hinein ausreichen. Als der Lorenz murrend gemeint hatte, man hätte das zweite Schwein ruhig noch fetter werden lassen und dann nach Weihnachten noch einmal schlachten können wie doch bisher immer, hatte sie nur gesagt: »Ich weiß, was ich tue.« Sie hatte die Leinwand zerschnitten, die schon ein halbes Jahrhundert, noch von der Großmutter gesponnen, in gerollten Ballen im Schrank lag, und hatte Bettücher genäht und Hemden für ihre Buben; aber die für den Flori hatte sie um ein Vielfaches größer gemacht, als er sie brauchen konnte, hatte sie gewaschen und gebügelt in den Kasten getan und zu Anna gesagt, daß er sie übers Jahr tragen sollte, denn bis dahin sei er versorgt. Dann war sie über ihre eigene Wäsche, ihre eigenen Kleider gegangen, hatte Röcke, Jacken und Schürzen zertrennt und geglättet, hatte den Töchtern Maß genommen, hatte zugeschnitten und genäht bis tief in die Nächte hinein.

Dies, sagte Anna flüsternd in die vom Schneelicht vor den Fenstern matt aufgehellte Dunkelheit hinein, sei das Schlimmste gewesen: zuzusehen, wie die Mutter das Gewand zerschnitt, als würde sie selbst nie mehr eins brauchen. Doch, der Vater würde ihr neues Zeug aus dem Krieg mitbringen,

habe sie immer gesagt, redete der siebenjährige Flori dazwischen. Ja, wohl habe sie das gesagt, meinte Anna, aber das habe sie eben nur so gesagt. Sie, Anna, habe das immer gewußt. Es war, als müßte jetzt einmal alles ausgesprochen werden, was während der letzten Monate formlos und dunkel auf dem Herzen des Mädchens gelastet hatte. Nicht nur für das Kleine habe die Mutter alles vorbereitet und hingelegt, so daß es nichts brauchen würde bis ins dritte oder vierte Jahr hinein – auch für die Großen habe sie vorsorgen wollen, denn sie habe gewußt, daß sie nicht würde dableiben dürfen und sie habe gewollt, daß die Anna das auch wüßte. Daß sie sterben würde, das hätte sie nicht gesagt; aber wenn sie das nicht gemeint hatte: warum hätte sie denn dann der Anna alles so genau angegeben, wie der Herd zu behandeln und wie dies und jenes Gericht zu bereiten sei; wie sich beim Waschen Seife ersparen lasse, und daß nicht vergessen werden dürfe, das Leder der Schuhe einzufetten, damit sie länger hielten. Und dann habe ihr die Mutter gezeigt, wie ein kleines Kind zu baden, zu wickeln, zu tränken sei, ja, an der Puppe habe sie ihr das immer wieder gezeigt.
Jetzt weinte das Mädchen und vielleicht war das gut. Es schluchzte in seine Schürze hinein und achtete nicht darauf, daß der Flori und die Maria nun auch anfingen, zu schluchzen. Es war ein Jammer über alle Maßen, der die dunkle Küche erfüllte, und dem Lorenz, der am Fenster stand und die Zähne zusammenbiß, tropften die Tränen heiß über die Wangen. Dann aber brachte er alle zum Schweigen. Er war durch die Küche gegangen, hatte die Tür zum Gang einen Spalt breit geöffnet und hinausgelauscht. »Anna!« sagte er nun, und als sie ihn nicht gleich zu hören schien, lauter: »Anna! Das Kind!« Die beiden Mädchen wurden wie mit einem Schlag ruhig. »Bist Du still, Flori!« sagte Anna und griff um die Schulter des Knaben: »Horch!« Gleichzeitig stand sie vom Stuhl auf. Das dünne heischende Weinen des Neugeborenen ließ keinen Gedanken an die eigene Verlassen-

heit, an den heißen ratlosen Schmerz in der eigenen Brust mehr ins Bewußtsein dringen.
Anna schluchzte im Gehen noch einmal auf und fuhr sich mit der Schürze übers Gesicht. Sie durchquerte die dunkle Küche mit sicheren Schritten und nun flammte Licht auf, denn Lorenz hatte in der Stube den Schalter gelöst. Maria und Flori waren der Schwester gefolgt. Anna beugte sich über den aus Weidenzweigen geflochtenen Wagenkorb und schob mit behutsamer Hand das rotgewürfelte Deckbett zurück. Alle vier Geschwister standen und sahen auf das Jüngste hinunter, dessen kleines rotes Gesicht mit den zugekniffenen Augen in einer wilden Qual des Hungers und andren Unbehagens hilflos verzogen war, während das dunkel beflaumte Köpfchen sich in das weiche Polster hineinwühlte und die winzigen Fäustchen in der Luft umherfochten. Das Schreien des Kindes war so furchtbar, weil der Widerhall ausblieb, jene Stimme des mütterlichen Trostes, der Zärtlichkeit und der Verheißung, deren Antwort das Hungergetön des Säuglings sonst zum Teil eines Wechselgesanges werden läßt, und endet in Einklang und Erfüllung. Gleich verwandten Geschöpfen in ähnlicher Verlassenheit am selben Strand ausgesetzt, wenn schon bereits mehr an das harte Gestade gewöhnt und mit seinem kargen Boden vertraut, so nahten allein die Geschwister, so neigte Anna sich über das blind nach einer tropfenden Brust umhersuchende Gesicht des Kindes – so standen sie alle niederblickend und wie gebannt von Ratlosigkeit vor diesem Schmerz, der soviel tiefer, unzugänglicher und ohnmächtiger war als der ihre. Auch Anna, die gewillt war, zu helfen und die wußte, wie das zu geschehen hatte, selbst Anna war diesen Ausbrüchen des Geschöpfes, das die Mutter ihr in den Schoß gelegt, gegenüber zunächst jedesmal von Furchtsamkeit überkommen.
Wie jedesmal, so überwand sie auch jetzt den Augenblick des Zurückschauderns mit einem tiefen Aufseufzen und indem sie den weichen Mund zusammenpreßte. Entschlossen schob

sie die Linke unter Nacken und Schultern des Kindes, griff mit der Rechten über den kleinen Körper und schob diese Hand unter das Wickeltuch. Auf dem einen der beiden Betten lag das trockene Wickelzeug bereits ausgebreitet: so hatte die Mutter es sie gelehrt, so hatte Anna es von Anfang an tun müssen und die Hebamme hatte es gutgeheißen. Sie trug das Kind dorthin, legte es nieder und begann von neuem aufseufzend das schwierige Werk des Trockenlegens, das nun doch heute schon soviel besser gelang als gestern und ehegestern. Daß Maria die Betten im Korb umwenden sollte, sagte sie dabei über die Schulter zurück, und ob nicht Lorenz ihr die Saugflasche holen wolle, die gewärmt in einer Heukiste steckte. Als das Kind endlich wieder im Korbe lag, als das Geschrei jählings in ein zufassendes Schnalzen, Glucksen und zuletzt in beseligte Stille, emsiges Saugen übergegangen war, da atmete das Zimmer – das ganze Haus atmete Befriedigung, Sättigung. Anna stand zur Rechten des Korbes und hielt die Flasche; Flori und Maria standen auf der anderen Seite und schauten ernsthaft, neugierig und vielleicht etwas neidvoll. Lorenz, der am Fußende stand, staunte dumpf auf den kleinen Bruder hernieder. Er fühlte eine bisher unbekannte Achtung vor seiner Schwester, da sie sich einer Aufgabe, die ihn selbst mit Verlegenheit, ja mit Grauen erfüllt haben würde, anscheinend völlig gewachsen zeigte: denn was in Annas Herzen war, die Bangigkeit und das Zagen, das erkannte er nicht. Das Gefühl solcher Achtung dem jüngeren und schwächeren Mädchen gegenüber, dem er sich bisher immer überlegen gewußt hatte, war ihm aber so neu und so fremd, daß er sich seiner unwirsch erwehren zu müssen meinte. Er brummte, daß er nun zu Bett ginge und schob sich zur Türe hinaus, um auf dem finsteren Gang sogleich wieder vom Elend der Verlassenheit überfallen zu werden, das sich in dem Augenblick auf ihn geworfen hatte, als der Herzschlag der Mutter verstummt war, und das nur dann von ihm ließ, wenn er in die Nähe jenes Wiegenkorbs kam.

Wie er die Stallaterne anzündete, die unter der Stiege hing – wie er die Haustür verriegelte und über den Gang nach dem Stall zu ging, erlag er wie an jedem der letzten Abende beinahe der ziehenden Versuchung, umzukehren und sein Nachtlager in der Stube bei den Geschwistern zu suchen, anstatt im Verschlag neben den ruhenden Tieren, wo er schon geschlafen hatte, als der Vater noch dagewesen war. In der Stube hatte Anna indessen die Geschwister geheißen, sich niederzulegen; sie waren zu müde und zu verstört, um wie gewohnt Widerspruch zu erheben.
Das Kleine machte immer längere Pausen im Saugen und zog nur noch, aber dann um so heftiger, wenn Anna die Flasche behutsam bewegte, als wollte sie sie nun wegnehmen. Endlich kam nur noch Luft heraus, es gab pfeifende Tönchen und plötzlich gaben die gierigen kleinen Kiefer den Sauger frei: der Wastl schlief. Seine Hände ruhten angezogen und geballt neben dem Kopf, das gerötete Gesichtchen war gleichsam geschlossen wie der Kelch einer Blume am Abend. Anna stopfte das Deckbett um den kleinen Körper fest ein und blickte sich leer im Zimmer um, als käme sie mühsam wieder zum Bewußtsein des eigenen Daseins. Als sie den dunklen Augen ihrer Schwester begegnete, die wach und groß auf ihr ruhten während von Flori nichts mehr zu sehen war, als der krause Haarschopf, tief in das Kissen gewühlt, kam sie ganz wieder zu sich und ging hastig an die letzten Verrichtungen des Tages: die Flasche zu spülen, frische Windeln zurechtzulegen, den Wecker zu stellen, denn, konnte man sich darauf verlassen, daß der Lorenz sie rechtzeitig wecken würde, um beim hungrigen Erwachen des Kindes bereit und gerüstet zu sein? Als sie endlich das Licht ausdrehte und im Dunklen in das Bett kroch, das neben dem der beiden Geschwister stand, wäre sie mit der letzten Bewegung des Hinlegens auch schon eingeschlafen, wenn nicht wie aus weiter Ferne Marias Stimme nun zu ihr gedrungen wäre: »Anna!« und noch einmal: »Anna!« »Ja?« murmelte Anna, mit unendlicher

Mühe die Stimme aufbringend, die das Wort verlangte – »Ja . . .« seufzte sie. »Anna – ich fürcht' mich so . . .«
Anna war wieder ganz wach. Jetzt war es ihr, als hätte sie tief und lange geschlafen, als wachte sie zum erstenmal seit Stunden voll auf. Das war nicht leicht. Das war fürchterlich. Denn jetzt war alles, was seit dem Weihnachtsabend geschehen war und was untertags höchstens bruchstückweise aus dem Gedächtnis aufstieg, auf die Vorstellung eindrang, plötzlich in seinem ganzen schrecklichen Zusammenhang wieder da. Nicht mehr war sie, waren die Geschwister, das Haus geschieden davon – nicht mehr ging die unbegreifliche Veränderung die Mutter allein an: offenbar und unausweichlich gewiß war es jetzt, daß die Welt in einer noch nicht faßbaren Weise verändert war.
Die Kinder von Birkenmoos hatten es niemals sehr reichlich gehabt, was Nahrung und Kleidung betraf. Daß sie aber immer satt geworden waren, daß sie niemals gefroren hatten, daß in Haus und Hof bei aller Dürftigkeit jene sanfte Ordnung gewaltet hatte, die das Leben mit anscheinend unabänderlicher Sicherheit durchdrungen hatte – daß dies durch den Vater, durch die Mutter gekommen war, hatten sie das jemals gewußt? Und da kaum etwas verändert gewesen war, nachdem der Vater in den Krieg gemußt hatte, da also die bewegende, ausstrahlende Mitte des Lebens in der letzten Zeit völlig in der Mutter beschlossen war: wie sollte ihnen allen jetzt nicht zumute sein, wie es Lorenz empfunden hatte, der nun in dem Verschlag bei den Tieren lag und verstört wie noch nie auf die Geräusche ihrer schwerfälligen Leiber, auf das Rascheln des Strohs, das gleichmäßige Malmen ihrer wiederkauenden Mäuler horchte, oder wie Maria, die zu Anna hinüber in das andre Bett schlüpfte und sich aufschluchzend an dem schmächtigen Körper der Schwester festklammerte? Als könne sie dadurch den eigenen Sturz in die Leere aufhalten, erwiderte Anna diese Umklammerung. »Nicht fürchten!« flüsterte sie angstvoll, »nicht fürch-

ten . . .« Wie aus einer Kehle begannen die beiden Mädchen zu schluchzen, jedes die Stimme an der Schulter des andren erstickend.

Da sie nun aber so lagen, begab es sich für sie und ebenso für den Knaben in der finsteren kalten Kammer neben dem Stall – daß das, was ihnen zunächst als das Furchtbarste hatte erscheinen wollen, was sie aber um nichts in der Welt hätten laut werden lassen – daß die Vorstellung der Mutter in ihrem Sarg in der Erde, mehr und mehr zur Besänftigung, zur Linderung ihres Grauens, zum Trost der Verlassenheit wurde. Die Mutter lag ja nicht im Friedhof des Dorfes zwischen den andren Gräbern, bei anderen Toten. Die Mutter hatte es am letzten Tag ihres Lebens der Hebamme gesagt, und dann hatte sie es noch dem Pfarrer mit versagendem Atem bittend ans Herz gelegt: daß sie auf dem Hofe begraben sein wollte, nahe an der Mauer des Hauses, an der Stelle, wo Haus und Stall aneinander grenzten, mit dem Haupt zum Hause, mit den Füßen gen Westen, gen Abend gebettet. Der Pfarrer hatte mit dem Bürgermeister darum kämpfen müssen, um ihn von der Berechtigung dieses Wunsches zu überzeugen. Daß er selbst gehalten war, diesen Wunsch vor der Kirche als heidnisch zu verdammen, das machte er mit sich selbst aus und mit dem, den er als über der Kirche herrschend wußte. Der Totengräber war vom Dorf nach Birkenmoos gekommen und hatte sein Werk, an das er mürrisch und unter allerhand Gerede gegangen war, sorgfältig und in Schweigen vollendet, denn unter der Arbeit mochte es ihm zu Bewußtsein gekommen sein, wie es um die Einöde Birkenmoos stand, und daß die Mutter nicht fort konnte.

Nun, da Anna schon zum drittenmal in dem Bett zur Ruhe gegangen war, in dem die Mutter ihr Leben zu Ende geschlafen hatte, in diesem Bett, zwischen dessen Pfosten die Kinder allesamt in Blut und Schmerzen geboren waren – da die kleine Maria sich aus dem danebenstehenden Bett, das das Bett des

Vaters war, zu ihr geflüchtet hatte, nun waren sie erst wehrlos dem Zugriff des Grauens erlegen, das aus dem Abgrund der Vergänglichkeit aufsteigt. Es war die kleine Maria, die zuerst ruhiger wurde, mochte nun durch die körperliche Nähe der Schwester eine Ahnung von Geborgenheit über sie kommen – mochte die Entladung des gespannten Herzens sich bei ihr schneller vollzogen haben, als bei Anna, aus der neben allem andren die dumpfe Angst vor der neuen Verantwortung schrie. Maria verstummte denn und fühlte plötzlich, daß sie sehr schläfrig wurde. Daß die Brust der Schwester unter immer neuen Ausbrüchen des Jammers erbebte, wurde ihr jählings unheimlicher als alles andre. Sie löste sich aus der gegenseitigen Umklammerung, richtete sich auf dem Ellbogen auf und blickte in der Stube umher, die von der milden Dämmerung der draußen glitzernden Schneenacht erfüllt war. Der Flori und der Wastl schliefen fest. Maria wollte gern auch schlafen. Sie neigte sich über die Schwester: Anna hatte das Gesicht ins Kissen gepreßt, aber ihr Weinen war nicht zu ersticken. Maria legte ihre Hand auf Annas Schulter, sie schüttelte sie sanft. »Geh, Anna – geh«, sagte sie vorwurfsvoll, »wenn die Mutter dich hört . . .«

Sie hatte diese Worte eines kindischen schmollenden Überdrusses noch nicht ausgeredet, als ihr der Kopf auf das Kissen sank und sie halb lallend zu Ende sprach, um mit einem tiefen Seufzer in Schlaf zu fallen. Anna hatte sie gleichwohl verstanden. Sie horchte verwirrt, wobei sie den Atem anhielt, so daß auch das Schluchzen zum Stillstand kam. »Was sagst du, Maria? Was hast von der Mutter gesagt?« stammelte sie, von dem sogleich neu einsetzenden Weinkrampf unterbrochen. Aber Maria antwortete nicht. »Sag's noch einmal – sag es doch noch einmal!« bettelte Anna und tastete mit der Hand nach der tränennassen Wange des Kindes. »Hast du gemeint, die Mutter kann uns noch hören?« Maria drehte unter der Berührung heftig den Kopf weg, und nun seufzte sie schlaftrunken auf und warf sich auf die andre Seite herum. Anna begriff, daß hier nichts zu erwarten war. Sie setzte sich im Bett auf, strich die verwirrten Haare aus dem Gesicht und versuchte, sich mit den Handrücken die Augen trocken zu reiben. Dann schlang sie die Arme um die hochgezogenen Knie und starrte in den bleichen Glast, der die vertrauten Geräte der Stube unförmig und fremd hervortreten ließ. Es war jetzt, da das bittre Weinen verstummt war, unsagbar still, es war die Stille die Anna überirdisch geheimnisvoll war, als bedeute sie die Vorbereitung eines sich lautlos öffnenden Wunders. Sie hielt den eigenen Atem an und vernahm nun, zart wie das Lispeln von Gräsern im Wind, den wehenden Atem der beiden größeren Kinder. Dazwischen hob und senkte sich ein dritter Hauch, winzig schwirrend wie der gläserne Flügellaut eines unsichtbar auf und niederschwebenden Insekts. Anna wußte, das konnte nur Wastl sein, und eine drängende Versuchung befiel sie, aufzustehn und ihn zu berühren, vielleicht unter dem Vorwand, nachsehen zu wollen, ob er gut zugedeckt sei. Wenn sie es unterließ, so war es durch die zwingende Müdigkeit, die sie erst heftig frösteln und dann zurücksinken ließ. Sie zog das Deckbett über die Schultern und lauschte noch ein paar Herzschläge lang mit weitgeöffneten Augen in die steigende Mitternacht. Die Mutter war gar nicht fort. Sie lag bei den Grundmauern des Hauses, sie war eins mit dem Haus, sie war nah. Wenn sich etwas im Hause regte, das war nichts Fremdes, nichts Furchtbares: das war sie. Anna schlief ein. Lorenz im Stall war nun auch nicht mehr wach. Er lag mit dem einen Arm hinter dem Kopf auf dem Rücken und nach seiner sich ruhig hebenden und senkenden Brust tastete ein Strahl des spät noch aufgestiegenen Mondes. Die Tiere ruhten jetzt auch, kaum daß ihre schweren Leiber sich einmal bewegten, daß eine Kette klang, Horn an Holz scheuerte, ein Huhn auf der Stange den Flügel spreizte. Ging eine Tür irgendwo? War das ein Schritt hin und her? Es lauschte kein menschliches Ohr.

Als die Weihnachtsferien zu Ende waren, ließ Anna der Lehrerin durch Maria mündlich und ohne weitere Erklärungen mitteilen, sie könne in Zukunft nicht mehr in die Schule kommen. Obgleich Maria recht wohl in der Lage gewesen wäre, die Erklärungen, die Anna nicht für nötig befunden hatte, von sich aus zu erteilen, verharrte sie den unwilligen Fragen der Lehrerin gegenüber in einem Schweigen, das wie Verstocktheit wirkte. Mit ihr schwieg die Schar der übrigen Kinder, und erst als die Lehrerin, die während der Ferien nicht im Dorf gewesen war, zu schelten und zu drohen begann, erhob sich eins der größeren Mädchen und meldete, daß in Birkenmoos die Mutter gestorben sei, und daß die Anna nun kochen und das kleine Kind warten müsse. Hierauf geschah der Maria, die inzwischen zu weinen begonnen hatte, eine öffentliche Genugtuung und die Frage nach Annas Schulbesuch kam vor den Kindern nicht mehr zur Erörterung. Die Lehrerin eröffnete einen Briefwechsel mit amtlichen Stellen, der sich wochenlang hinzog, und der im März seinen endgültigen Abschluß mit der behördlichen Entscheidung fand: Anna brauche in Anbetracht der besonderen Umstände die Schule nicht weiter zu besuchen. Ostern stand nahe bevor und zu diesem Zeitpunkt wäre Anna ohnehin aus der Schule entlassen worden. Als Maria ihr das Zeugnis heimbrachte, in dem neben der Begutachtung ihrer Leistungen in den Schulfächern auch eine ausführliche Bezugnahme auf die Tatsache enthalten war, daß die Schülerin schon vor Ablauf des letzten Schuljahrs hatte entlassen werden müssen, da stand Anna in der Küche und schälte Kartoffeln, während auf dem Feuer ein Kessel mit Kinderwäsche dampfte und im Wagen der Wastl schrie. Anna nahm das Papier mit nassen Fingern entgegen und schob es ungelesen in den Tischkasten. As sie es nach Tagen beim Aufräumen wiederfand, studierte sie es nachdenklich und brachte es dann in der Kommode unter, wo schon mehreres lag, was sie während der letzten Monate Stück für Stück dem Zugriff der jüngeren Geschwister entzogen hatte: eine Puppe, und auch ihre Schulhefte und das Lesebuch. Wenn sie noch bis vor kurzem gemeint hatte, sie müsse diese Dinge aufheben, da sie sie wieder in Gebrauch nehmen würde, so fühlte sie jetzt, da sie das Zeugnis dazulegte, daß das alles nun nur noch Andenken waren, ebenso wie das Gebetbuch der Mutter und das kleine goldene Kreuz, das die Mutter am Sonntag getragen hatte. Anna fühlte einen leichten Krampf in der Kehle, als sie die Schublade zuschloß. Sie war gern in die Schule gegangen, sie hatte gern mit der Puppe gespielt.

Der Wastl ließ sich in gar nichts mit einer Puppe vergleichen. Er war äußerst kräftig und benahm sich, sobald er Hunger hatte oder sobald ihm etwas nicht paßte, wie ein aufs Trockene geschleuderter Fisch: er zappelte und schnellte sich hin und her, er war gar nicht zu bändigen. Anna war schmächtig und zart und für ihr Alter nicht eben groß. Da sie der Mutter schon seit Jahren hatte zur Hand gehen müssen, war sie an Arbeit gewöhnt und in ihren mageren Armen, in den schmalen Schultern steckte mehr Kraft, als es scheinen mochte; aber die unversehens auf sie geladene Verantwortung strahlte den Druck, den sie auf das noch völlig kindliche Herz ausübte, auf den Körper aus. Anna war in diesen Monaten immer so müde, daß sie alles, was sie tat wie im Traume vollbrachte, ja es war eigentlich so, daß sie selbst gleichsam ausgelöscht war und daß mit ihren Füßen, ihren Händen, ihrem ganzen dürftigen, aber so gehorsamen Körper ein fremder Wille hantierte wie mit einem gefügigen Werkzeug.

Die Hebamme hatte ihre Besuche eingestellt, nachdem der Wastl heil durch die ersten Wochen hindurchgekommen war: sie hatte ja nicht nur an diesen Säugling zu denken, wie sie Anna beiläufig erklärte. Anna hatte es in stummer Ergebung vernommen. Wie sollte sie etwas, was die Frau Berngruber meinte, in Frage stellen oder gar versuchen, die Frau Berngruber umzustimmen? Vierzehn Tage lang hatte sie sich an die Gewißheit der Besuche der Allwissenden, Sicheren und ohne Zweifel sehr Mächtigen geklammert, wie an eine Mauer, an der sie sich im Dunklen entlangtasten konnte. Sie hatte zu vermeiden gewußt, sich einzugestehen, daß die Mauer eher ein Ende nehmen würde, als der Weg und die Finsternis, und daß sie demnächst unweigerlich allein würde weitergehen müssen, den Wastl auf dem Arm, den Flori an der Hand und Maria als unberechenbare Begleitung, keinesfalls aber als Hilfe in ihrem Gefolge. An den Lorenz dachte sie in diesem Zusammenhang nicht, der Lorenz kam für das Vieh, das Holz und die Feldarbeit auf und schließlich auch für sich selbst, soweit es diese Pflichten betraf. Der Lorenz würde auch durchkommen, wenn sie nicht für ihn kochte und ihm die Hemden wusch. Wenn der Lorenz nicht gewesen wäre, wenn das Vieh unversorgt bliebe, kein Holz kleingemacht würde und keiner sich um die Äcker gekümmert hätte – das wäre so unausdenkbar, daß Anna gar nicht darauf verfiel, es sich vorzustellen. Der Lorenz war da wie das Dach über ihr, wie das Haus. Er war da, solange sie denken konnte: aber die Kleinen hatte sie alle ankommen sehen. Vor allem den Wastl – es war ja niemand dagewesen, der Berngruberin Handreichung zu tun, als Anna, und Anna hatte ihm das erste Bad gerichtet, Anna hatte als ratlose bebende Zeugin miterlebt, wie der Wastl sich aus der Mutter trennte und wie der letzte ächzende Schrei der Geburt abgelöst ward von dem gurgelnden Jammer, der gellen Klage aus der Kehle des Kindes. Über dem allen aber hatte die Berngruberin gewaltet wie aller Mütter Mutter.

Jetzt waren die Besuche der Frauen vom Dorf zu bestehen, jeden zweiten Tag sprach eine andere vor, da galt es denn ohne eine Miene zu verziehen Ratschläge hinzunehmen und Rede und Antwort zu stehen. Es war kein Trotz in Anna, auch dünkte sie sich nicht klüger, als die Bäuerinnen, die Mütter waren, und die den Wastl mit zweifelhaften und mitleidigen Mienen begutachteten, um dann Erfahrungen zum besten zu geben die alle auf eins herausliefen, nämlich, daß kein Mensch wissen könnte, ob ein Kind am Leben bliebe, ob es nun bei der Mutter tränke oder aus der Flasche. Denn es war alles schon vorgekommen, Siebenmonatskinder von dreieinhalb Pfund Gewicht, die heute Soldaten waren – und zehnpfundschwere Buben, die nach ein paar Wochen ausgelöscht waren wie Kerzen, deren Docht im Wachs erstickt und nicht brennen kann. Der Wastl nun war weder zu leicht noch zu schwer; er war eben richtig, er hatte Aussichten, dableiben zu dürfen, es kam darauf an, wie Anna sich anstellen würde, darauf kam alles an. Anna sagte ja, sie fragte nichts, sie redete überhaupt kein einziges Wort, sie sagte immer nur ja, denn das schien ihr das sicherste und vor allen Dingen war es notwendig, die Frauen nicht zu erbittern und ihnen keinen Anlaß zu bieten, ihren Besuch auszudehnen. Es kam ihr nicht darauf an, daß die eine Gevatterin sie einfältig hieß und die andre ungeduldig sagte: Jetzt sagst schon wieder ja, und ich hab doch gefragt, wie oft daß du ihn baden tust deinen Buben und ob du's Wasser nicht zu warm nehmen tust oder zu kalt!« »Ja«, sagte Anna leise und blickte der Frau so aufrichtig ins Gesicht, daß der nichts übrigblieb, als »In Gottes Namen!«' zu sagen und aufzubrechen, nachdem sie sich noch einmal prüfend in der wohl aufgeräumten Küche umgeblickt hatte. In einem Winkel drückten sich Flori und Maria herum und lugten hervor wie scheue Tiere. Auch sie sagten: »Ja!« und sonst nichts, obgleich die Besucherin gefragt hatte, ob sie immer brav wären, und dies fand nun Anna im stillen unberechtigt. Ihr kam es nicht darauf an, was für eine Meinung von ihr unter den Frauen im Dorf herrschte, ihr kam es nur darauf an, daß sie bald wieder mit dem Wastl und auch mit dem Flori und Maria ganz allein wäre, dann war alles gleich einfacher.

Es kam vor, daß der Wastl gerade dann zu schreien anfing, wenn er besichtigt werden sollte. Er hatte den ganzen Tag in voller Zufriedenheit ruhig verbracht, und nun, da eine große schwarze Gestalt sich über ihn neigte, begann er zu tönen und zu klagen, als sei er das am meisten vernachlässigte Kind auf dem Erdboden. Solches Geschrei war schlimm genug anzuhören, wenn Anna allein mit ihm war und ganz genau wußte, daß ihm nichts fehlen konnte; in Gegenwart einer Fremden jedoch war die Luft sogleich von Argwohn erfüllt, daß dem Kinde zweifellos etwas fehlen müßte. Wie sollte ein Mädchen von vierzehn Jahren auch wissen, was ein Säugling beanspruchen konnte! – Dieser Argwohn genügte, um in Anna die quälende Unruhe hervorzurufen, vielleicht wirklich etwas versäumt zu haben. Was Flori und Maria betraf, so war es nur gut, daß sie als Kinder der Einöde, des Moors und des Waldes von Haus aus scheu waren und daß die Gegenwart Fremder sie sogleich einschüchterte. Immerhin befand sich Anna doch jedesmal in der dumpfen Angst, daß diese beiden sie einmal vor den Leuten ebenso im Stich lassen könnten, wie sie es Tag für Tag zu tun pflegten, ohne anscheinend eine Vorstellung von der Bösartigkeit ihres Verhaltens zu haben. Richtig betrachtet, das wußte Anna recht wohl, hatte sich das Wesen der jüngeren Geschwister ihr gegenüber seit dem Tode der Mutter gegen früher gar nicht geändert. Immer schon war der Flori stillschweigend widerspenstig gewesen, indem er viel lieber tat, was ihm gerade einfiel, als was er sollte. Immer hatte Maria lieber gespielt als gearbeitet, sei es, daß es sich um Schuhputzen, Geschirr abtrocknen oder andere ihren Kräften angemessene Betätigungen gehandelt hätte. Das Neue war, daß sich mit dem Augenblick Bundesgenossenschaft zwischen Flori und Maria gebildet hatte, in dem sie erkannt hatten, daß Anna nun eine Art von gebietender Vollmacht im Hause besaß oder, wie sie es empfanden, sich anmaßte. Mit der Mutter war es doch so gewesen, daß jedes der Kinder sich einzeln und in besonderer Weise auf sie bezogen gefühlt hatte. Dies war eine Ordnung gewesen, die auch die Beziehungen der Geschwister untereinander bestimmt hatte: alle hatten, soweit es die Mutter anging, die gleichen Rechte, und

die Pflichten wurden durch die Mutter bestimmt und unterstanden ihrem Urteil allein. Das unfaßbare Auslöschen dieser Mitte, das Versinken des richtunggebenden, des wärmenden, nährenden heilsamen Lichtes kam einer Verfinsterung und einer dadurch entstandenen Verwirrung und Haltlosigkeit gleich. Was hatte Anna der Maria zu sagen? Warum sollte der Flori sich danach richten, was die Schwester anordnete? Maria war überdies bitter gekränkt dadurch, daß der Wastl nun anscheinend allein der Anna gehören sollte, und daß diese Besitzergreifung noch dazu durch die Berngruberin ausdrücklich bestätigt worden war. Maria wollte auch gern mit dem Wastl hantieren, ihn aus dem Korb herausnehmen, ihn ein- und auswickeln, ihm die Flasche geben und ihn in jeder Weise regieren. Nicht immer wollte sie es, aber doch zuweilen, wenn ihr gerade nach diesem Spielzeug der Sinn stand. Aber Anna hielt Wache über dem Wastl.
Flori seinerseits hatte mit dem Wastl nicht viel im Sinn, außer daß er ihn gelegentlich gern untersucht hätte: wie seine Lider sich bewegten und warum denn der Wastl nicht aufrecht dasitzen könnte. Flori wollte aber in Ruhe gelassen werden, das wollte er. Wenn er lieber auf der Schiefertafel ein Haus, eine Kuh und einen Mann malte, anstatt Zahlen zu schreiben und das Einmaleins auszurechnen, so hatte ihn jedenfalls Anna hierbei nicht zu stören und der Lorenz durfte es nur, weil er so stark war und weil der Flori ihn ebenso fürchtete als bewunderte. Lorenz aber war gar nicht immer da, um einzuschreiten, er hatte bei den Holzknechten Arbeit gefunden und wenn er des Abends heimkam, hatte er Vieh zu versorgen und dann wollte er seine Suppe löffeln und dann wollte er schlafen. Wenn Anna ihm in der ersten Zeit bei seiner Heimkehr mit Klagen über den Flori und die Maria gekommen war, war das Ergebnis immer derart gewesen, daß Anna sich vor Wiederholungen scheute: sie hatte es gar nicht gern, wenn Küche und Stube, Stall und Heuboden zum Schauplatz einer Schlacht zwischen dem großen Bruder und

dem Flori wurden, denn der Flori war dem ermüdeten und verdrossenen Lorenz, jedenfalls was die Schnelligkeit und Gewandtheit der Fluchtversuche betraf, mehr als gewachsen und er wurde von Maria unterstützt, die sich in den entscheidenden Augenblicken von hinten auf Lorenz warf und dem Flori neue Möglichkeiten schaffte, sich der Gerechtigkeit zu entziehen. In solchen Fällen sah sich Anna dann unversehens genötigt, ihrerseits einzuschreiten und sich der Maria handgreiflich zu bemächtigen. So waren solche Strafvollzugshandlungen schließlich immer auf allgemeine tätliche Auseinandersetzungen zwischen den vier Geschwistern hinausgelaufen, die das ganze Haus in wüste Unordnung brachten.

In der Gemeinde, zu der der Einödshof gehörte, war eben in diesem Jahr von Amts wegen eine Person angestellt worden, der es oblag, sich um das Wohl und Wehe von Leuten zu kümmern, die den Anforderungen des Tages, sei es aus Einfalt, aus Armut oder aus beiden zugleich wehr- und hilflos gegenüberstanden. Bei solchen Leuten wurden die Kinder krank, weil die Mütter nicht hauszuhalten und zu kochen verstanden, weil sie nicht wußten, daß Sonne, Wasser und reine Luft dem Menschen ebenso notwendig sind wie den Tieren und Pflanzen – weil sie endlich niemals gelernt hatten, wie das kleine Kind, das sie zur Welt gebracht hatten, behandelt sein wollte, da es denn nicht genügte, daß sie es säugten und gelegentlich säuberten, wie die Tiere im Stall ihre Jungen. Eben zur Fürsorge für die neugeborenen Kinder setzte eine um den Nachwuchs besorgte Verwaltung wohlausgebildete Pflegerinnen ein, die den Müttern beratend zur Seite standen und denen es oblag, sich eingehend um jeden Säugling in ihrem Bezirk zu kümmern. In dem Dorf, zu dem Birkenmoos gehörte, waltete eine Schwester Hedwig dieses Amtes in ebenso kundiger wie tatkräftiger Weise. Sie war eine derbe und tüchtige Person, die auf ihrem Fahrrad oder zu Fuß die Landschaft unermüdlich durchstreifte, durch ihre dunkle

Schwesterntracht schon äußerlich gekennzeichnet als Vertreterin behördlicher Rechte.
Ungeachtet jedoch ihrer unermüdlichen Pflichttreue und ihres munteren und zugleich zielbewußten Wesens konnte sich Schwester Hedwig, nicht uneingeschränkter Dankbarkeit und Beliebtheit bei den Leuten erfreuen. Es ist schwer zu sagen, woran es lag, daß ihr allgemein mit Zurückhaltung, ja, mit einem gewissen Mißtrauen begegnet wurde. Möglicherweise hatte es seinen Grund darin, daß Schwester Hedwig die Mundart ihrer Heimat sprach, eine härtere und schärfere Mundart als die hierzulande gewohnte, und daß ihr ganzes Auftreten von der Art der Menschen, unter denen sie zu arbeiten hatte, abstach wie das Benehmen einer behenden, ständig witternden Schäferhündin von dem Verhalten anderer, gelassener Tiere. Immerhin wußte Schwester Hedwig sich durchzusetzen und hatte ihre Anhängerinnen unter den Frauen dort, wo sie durch tatkräftiges Eingreifen in Krankheitsfällen geholfen oder wo sie durch Vorstellungen bei der Behörde Unterstützung bewirkt hatte. Es waren die älteren Bäuerinnen, die ihr mürrisch begegneten und drei Kreuze hinter ihr drein machten, wenn sie den Hof verließ, denn: was hatte die Fremde sie zu beraten, die ihre Kinder schlecht und recht großgezogen hatten und die zu wissen glaubten, daß alles Waschen und Lüften nichts nützen würde, wenn ein Kind nun einmal nicht richtig gedeihen wollte – da standen oft Dinge dahinter, von denen sich diese Gschaftlhuberin nichts träumen ließ, von denen man aber besser nicht redete. War nicht der Leitnerbauer, der draußen im Felde stand, eines Nachts seiner Frau im Traume erschienen und hatte ihr gesagt, sie möchte ruhig sein, für die beiden Kleinen würde er sorgen? Als dann eine Woche später die Nachricht kam, daß er gefallen sei, hatte die Bäuerin gewußt, woran sie war und es waren keine vierzehn Tage vergangen, daß ihr von den sieben Kindern die beiden Jüngsten durch eine jähe Krankheit genommen wurden . . . Solche Geschichten bekam Schwe-

ster Hedwig niemals zu hören; die Berngruberin aber, die Hebamme, hätte stundenlang dergleichen erzählen können. Die Berngruberin und Schwester Hedwig wären sich gern aus dem Wege gegangen, aber da ihre Arbeitsgebiete sich vielfach überschnitten, mußten sie miteinander auskommen, was Schwester Hedwig auf ihre Weise durch Betonung heiterer Überlegenheit versuchte, wobei sie übersah, daß die alte Berngruberin dieser Haltung mehr als gewachsen war. Der Berngruberin bedeutete die Anstellung dieser Fürsorgerin ein rechtes Kreuz, ihr auferlegt auf ihre alten Tage. Aber sie hatte in über sechzig Lebensjahren allerhand Kreuze mit demselben Gleichmut tragen gelernt wie ihren ewigen Regenschirm und die Wachstuchtasche, die sie auf allen Wegen begleitete, und so wurde sie auch mit dieser Bevormundung fertig, indem sie sie einfach stillschweigend hinnahm und im übrigen alles so weiter machte wie immer.

Das erste Mal, als Schwester Hedwig nach Wastls Geburt nach Birkenmoos kam, war sie dort mit der Berngruberin zusammengetroffen und hatte nur feststellen können, daß das Kind gesund war und daß es ihm vorläufig jedenfalls an nichts mangelte. Sie hatte sogleich Anlaß genommen, Anna einer eingehenden Prüfung zu unterziehen, bei der Anna sich wie gewöhnlich aufs Jasagen beschränkte und im übrigen die Anwesenheit der Berngruberin segnete, die an ihrer Stelle ausführlicher antwortete und ihr vor der Gestrengen mit der hellen harten Stimme, den grellblauen Augen und den rauhen frostroten Händen ein Zeugnis ausstellte, über das Anna nur beschämt zu lächeln vermochte, während Schwester Hedwig halb ungläubig »Hm!« machte, und hinzufügte: »Alles zugegeben, aber, liebe Frau Berngruber, ein Mädchen von noch nicht vierzehn ist selbst noch ein Kind. Ich weiß nicht, ob ich das verantworten kann!« In diesem Satz hatte eine Drohung gelegen, die Anna weniger verstanden, als unklar geahnt hatte, so daß jeder neue Besuch der Fürsorgerin – und leider sprach sie in der Folge allwöchentlich mindestens einmal in

Birkenmoos vor – sie unsäglich beunruhigte. Am liebsten hätte sie den Wastl jedesmal, wenn sie die Schwester von ferne herannahen sah, verschleppt und versteckt und sich selber dazu. Dies aber, so fühlte sie wohl, wäre ihr übel ausgelegt worden und hätte mit einem Schlage alles unheilbar verschlimmert.

Die Berngruberin hatte bei einem anderen Besuch ein paar Andeutungen fallen lassen, Schwester Hedwig wäre der Behörde gegenüber dafür eingetreten, daß der Wastl in Pflege gegeben werden müßte, weil seine Versorgung einzig in den Händen eines noch schulpflichtigen Mädchens läge. Diese Andeutungen, die nicht einmal unmittelbar an Anna gerichtet worden waren, sondern an die Grashofbäuerin, die sich damals in ihrer Begleitung befunden hatte, hatten Anna nicht anders getönt, als es eine vor ihr ausgesprochene Vermutung hätte tun können, sie könnte zum Tode verurteilt werden. Die Berngruberin, die anscheinend annahm, Kinder hörten nicht auf das, was erwachsene Leut miteinander redeten, oder, wenn sie es hörten, so verstünden sie es doch nicht, war unwillig betroffen, als Anna ihr später in der Dunkelheit nachgerannt kam, sich an ihren Arm klammerte und mit versagendem Atem etwas davon stammelte, daß der Wastl dableiben müßte und daß niemand ihn wegholen dürfte. Er müßte doch da sein, wenn der Vater heimkäme, sagte sie beschwörend. »Die Mutter tät's nicht erlauben!« rief sie und stellte sich der Berngruberin in den Weg, ohne sie loszulassen, so daß die Frau stehen bleiben mußte, ob sie wollte oder nicht, und sie tat es ärgerlich schnaufend: »Geh, sei stad, Du spinnete Urschel!« »Er gehört mein!« schrie die Anna nun und schlug sich mit der mageren Hand vor die Brust, »nichts geht ihm ab!« »Nichts geht ihm ab«, bestätigte die Hebamme jetzt, und ihretwegen dürfte niemand den Wastl anrühren wie die Anna. Was aber die Gschaftlhuberin auskochen würde, das könnte man vorher nicht wissen und die Herren am Amtsgericht die hörten leider mehr auf das vorwitzige Eifern so einer Schnüfflerin als auf sonst jemanden, der vielleicht etwas mehr verstünde. Aber die Anna sollte sich nicht vor der Zeit aufregen, einstweilen hätte sie ja den Wastl noch und es sei noch nicht aller Tage Abend und die alte Berngruberin sei ja auch noch am Platz!

Das alles war jedoch nicht hinreichend gewesen, das Herz Annas zu beruhigen: dies Herz zog sich bang und schmerzhaft zusammen, sooft Schwester Hedwig auf ihrem Fahrrad mit flügelhaft flatterndem weiten Rock auf dem Birkenweg auftauchte, und ihr Verhalten unter den eindringlich forschenden Augen und bei den sachgemäßen Fragen dieser Amtsperson war derart, daß die Schwester über den naheliegenden Schluß, das Mädchen müsse ein schlechtes Gewissen haben oder sich zum mindesten auf dem Gebiet der Säuglingspflege unsicher fühlen, nicht hinauskam. Da an dem Pflegling dennoch nicht das geringste auszusetzen war, da sein Körperchen fest und rosig, seine Haut bis in die verborgensten Falten glatt und heil waren, da er immer sauber gewickelt und gebettet angetroffen wurde, so unvermutet der Überfall der Fürsorgerin auch stattfinden mochte, so gab es im Grunde keinen Anlaß, eine Änderung durchzuführen.

Schwester Hedwig war allmählich dahinter gekommen, was sie dem Mädchen antun würde, wenn sie ihr den Wastl wegnehmen würde. Zwar fand sie den ganzen Zustand außerordentlich ungehörig. Ein soeben schulentlassenes Mädchen konnte nun einmal die Verantwortung, Pflegemutter eines Säuglings zu sein, nicht übernehmen, das war gegen alle Erfahrung und Regel; ein schulentlassenes Mädchen bedurfte selbst noch der gründlichen Erziehung, Anleitung und Ausbildung, das war Schwester Hedwigs unerschütterliche Überzeugung. Zumal ein Mädchen, das ersichtlich so blöde war, wie diese Anna! Allmählich glaubte Schwester Hedwig sich schmeicheln zu dürfen, es sei ihr Einfluß, der bei dem vortrefflichen Gedeihen des Birkenmoos-Säuglings das Beste tue, indem er aus diesem hölzernen Backfisch unmerklich eine geschickte und umsichtige Kinderpflegerin habe werden lassen. Anders wäre es ja nicht zu erklären gewesen. Da sie durch die Berngruberin wußte, daß Anna vor dem Gedanken zitterte, den Wastl hergeben zu sollen, gewöhnte sie sich an, dies Wissen als Machtmittel anzuwenden, in der guten Absicht, Anna dadurch zu strammer Pflichterfüllung anzuhalten. »Nun, wenn du so weitermachst, will ich einmal sehn, was ich ausrichten kann, damit du deinen Wastl behalten kannst«, sagte sie beispielsweise, wenn sie zufrieden war, und meinte vielleicht im Ernst, das Mädchen damit zu ermutigen. Fand sie jedoch irgend etwas zu tadeln – und dann handelte es sich gewöhnlich darum, daß Anna irgendeine Anordnung, die die Fürsorgerin ihr beim letzten Besuch hinterlassen, nicht beachtet hatte, es handelte sich also etwa darum, daß der Wastl nach wie vor ein Federkissen unter dem Kopf hatte, obgleich Schwester Hedwig geäußert hatte, er sollte flach liegen oder um das Ding, das Schwester Hedwig als »Schnuller« bezeichnete, während Anna es hartnäckig den »Dillo« nannte, die Mutter hatte es so genannt und es war nun einmal der Dillo: Schwester Hedwig wünschte den Dillo aus dem Umkreis Wastls verbannt, und mußte es doch immer wieder erleben, daß er dies Beruhigungsmittel in Reichweite hatte, obgleich sie es bereits zweimal mit weggenommen hatte – den »Bakterienherd«, wie sie zornig sagte – also, hatte sie etwas zu tadeln, dann kam unfehlbar die Drohung: »Wirst ja erleben, Mädchen, was das für ein Ende nimmt!«

Ihre gute Absicht steht nicht in Frage. Der Fehler, für den sie aber nichts konnte, denn er lag nun einmal in der ihr ein wenig zu kurz bemessenen Einsicht, bestand darin, daß sie nicht erkannte, wie Anna alles, was von ihr ausging, Lob und Tadel, Ermutigung und Androhung gleichermaßen, ohne Unterschied als Beunruhigung empfand, so tief, daß ihr Denken aussetzte und sie, solange die Schwester im Hause war, nichts empfand als die furchtbare Gewißheit, daß in ihr ein Wesen Gestalt angenommen hatte, das die Macht besaß

sie und den Wastl nach unberechenbarem Gutdünken eines Tages zu trennen. Ihre Angst war gleich der eines Tieres. Wie eine Katzenmutter hätte sie das Junge am liebsten verschleppt und an unzugänglichen Orten verborgen. Da das nicht möglich war, denn es ahnte ihr, daß ein solches Vorgehen nur schlimmere Verfolgung hervorrufen würde, drückte sich diese Angst, die bis zu ratlosem Entsetzen anwachsen konnte, in hilfloser Verstockung, lebloser Versteinerung aus. Es kam vor, daß sie während eines Besuches der Schwester in der Küche blieb und mit regungslos auf die Tür gerichtetem Blick abwartete, was geschehen würde. Das ging so bis ins Frühjahr hinein; die Fürsorgerin kam nun seltener, Anna hatte zwischen ihren Besuchen Zeit, die große Bangigkeit zu vergessen, aber sie blieb auf der Hut. Es verging kaum ein Tag, daß sie nicht in der Stunde vorm Einschlafen oder früh beim Erwachen darüber gegrübelt hätte, was sie anfangen könnte, um sich mit dem Wastl in Sicherheit zu bringen.
Es war nicht allein die Angst, es könnte dem Wastl bei einer fremden Pflegemutter etwas geschehen, die sie quälte, es war viel eher etwas wie eigene Todesfurcht, die sie befiel, wenn sie sich eine Trennung von dem Kinde vorstellen mußte – eine Furcht, die ihr die Eingeweide zusammenzog und ihr alles Denken benahm. Wenn ein solcher Anfall wieder einmal überstanden war, brütete sie oft stundenlang über Anschlägen und Listen, das Schicksal irrezuführen und abzuwenden, aber eine einzige Begegnung mit der herrischen Fürsorgerin genügte, um sie einsehen zu lassen, daß sie sich einer so zielbewußten und wortgewandten Person gegenüber niemals würde behaupten können. Wenn nur der Vater wiedergekommen wäre, der hätte es ja der Schwester schon ordentlich gesagt, die hätte sich ja in Birkenmoos nicht wieder sehen lassen dürfen: der Vater, *der* wäre ein Schutz gewesen. Aber um den Vater war ein großes dunkles Schweigen entstanden. Um Lichtmeß herum war der Lorenz einmal zum Bürgermeister gerufen worden, es hatte geheißen wegen der Abgaben

und der Feldbestellung; als der Lorenz von diesem Gang wieder heimkam, war er sehr schweigsam gewesen. Er war früh in seine Kammer gegangen, als aber die Kleinen in den Betten lagen, war er noch einmal auf Socken in die Küche zurückgekommen, wo Anna noch einen Riß im Ärmel von Floris Jacke stopfte. Er hatte die Türe hinter sich zugezogen und war an den Tisch getreten, wo er stehen geblieben war und vor sich hingeblickt hatte, ohne ein Wort zu sagen, bis Anna, die erst gemeint hatte, er hätte sich noch ein Stück Brot holen wollen, wie zuweilen, eine Frage tat. Lorenz antwortete nicht darauf, aber nun sprach er. »Der Bürgermeister«, sagte er stockend, »hat mir angeschafft, ich soll nimmer lang mit dem Pflügen warten.« Anna sagte unsicher, ob er denn nicht auch ohnedies bald damit hätte anfangen wollen. »Schon«, sagte der Lorenz, »aber der Bürgermeister hat gemeint, ich hätt' vielleicht warten wollen, bis der Vater auf Urlaub kommt.« Er holte tief Atem und fügte dann anscheinend gelassen hinzu, es sei bei der Gemeinde eine Nachricht vom Regiment eingelaufen, daß der Vater vermißt werde; und das sei schon eine Weile her, hätte der Bürgermeister gesagt, aber er hätte immer noch gedacht, es könnte vielleicht noch eine bessere Nachricht kommen, nun müßte er es aber dem Lorenz sagen wegen dem Pflügen. Und es wäre immer noch Hoffnung, daß der Vater verwundet in Gefangenschaft geraten sei; sie müßten eben Geduld haben und alles weitermachen, als ob der Vater jeden Tag heimkommen könnte, damit er dann seine Freude hätte . . .

Anna hatte den Lorenz nur angeschaut, während er sprach. Sie wußte nicht, was sie sagen sollte. Er hatte auch nicht erwartet, daß sie eine Antwort wüßte. Er war aus der Tür gegangen wie er gekommen war, Anna hatte ihre Arbeit beendet und sich vergeblich gemüht, in ihrem müden Kopf zu begreifen, was das alles bedeuten konnte. Am anderen Morgen war es in ihr Bewußtsein eingegangen, daß sich also vorläufig gar nichts ändern würde. In stillschweigendem

Einverständnis taten sie und der Lorenz einstweilen, als sei nichts geschehen. Flori und Maria lebten in den Tag hinein und würden nie fragen. Lorenz und Anna aber, die hatten jedes für sich seine Sorgen, und in diesem bangen Frühjahr war es Anna, die den Vater heimlich heiß und bitter entbehrte.

Dann ereignete sich der Vorfall jenes Tages im Monat Mai, der das Mädchen vollends zu irrer Verzweiflung brachte. Anna hatte an jenem Tage die Arbeit des Waschens gehabt, und so hatte sie, was auch sonst schon hin und wieder vorgekommen war, am Nachmittag den Wastl in seinem Wägelchen der Maria zur Beaufsichtigung überantwortet. Maria hatte sich bei solchen Gelegenheiten bisher immer als zuverlässig erwiesen, da die Aufgabe ihren Ehrgeiz anregte und weil sie nun ihrerseits den Wastl gegen Übergriffe des Flori in Schutz nehmen und ihr Vorrecht behaupten konnte, so wie Anna ihn sonst ihr selbst gegenüber verteidigte. Es waren an diesem Nachmittag ein paar Kinder vom Dorf vorübergekommen und hatten sich eine Weile bei Maria und Flori aufgehalten, die ihren gewohnten Spielplatz im hintersten Winkel des Grasgartens aufgesucht hatten, wo unter einem blühenden Apfelbaum auch der Wastl im Wägelchen schlief. Anna hörte ihn einmal schreien, während sie in der Nähe des Hauses beim Wäscheaufhängen war, da aber die Arbeit drängte und er auch bald wieder still wurde, vergaß sie es wieder. Kurze Zeit nachdem die fremden Kinder, von Flori begleitet, weitergelaufen waren, brachte Maria den Wagen ohne viel Aufhebens ins Haus. Als Anna bald darauf in die Stube kam, war die Schwester verschwunden; der Wastl lag wohlverwahrt in seinem Korbe und schien zufrieden dem Spiel seiner Händchen zuzuschauen, die in der Luft herumfuchtelten. Dennoch fiel Anna beim flüchtigen Hinsehen irgendeine Veränderung an ihm auf; sie beugte sich über ihn und nahm mit ratlosem Schrecken wahr, daß er an der einen Seite des Köpfchens eine blutunterlaufene Beule hatte.

Wie er dazu gekommen, war nicht schwer zu ergründen, denn der Flori erwies sich nur allzu geneigt, zu berichten, daß die Maria den anderen Kindern den kleinen Bruder hatte »zeigen« und zu diesem Zweck aus dem Bettchen hätte herausheben wollen. Dabei hätte der Wastl aber dermaßen gezappelt und sich gewunden, daß die Maria ihn hatte loslassen müssen und dabei hätte der Wastl sich dann gestoßen. Anna ließ die unklare Darstellung auf sich beruhen und auch als sich Maria nach einiger Zeit mit zur Schau getragener Unbefangenheit wieder einstellte, richtete sie kein Scheltwort an sie. Sie sagte nur: »Da siehst du's jetzt – da siehst du's jetzt . . .« und sie wollte fortfahren: warum ich nicht haben will, daß du ihn auf den Arm nimmst – aber die Stimme zerbrach ihr.

Dritter Teil

FAHRTEN IN DEN ABEND

Zwischen dem fünfundsechzigsten
und dem neunundachtzigsten Jahr
(1950–1974)

Das Jahr 1950 – sie wird 65 Jahre alt – gehört für I. S. noch zu jenen Jahren des »Wartens auf den Aufbruch«, die für sie mit dem Tod ihres Mannes und ihrer Mutter begonnen haben. Sie hat noch gut ein Drittel ihrer Lebenszeit als erwachsener Mensch vor sich und wird es verbringen stärker auf sich selbst zurückgezogen, oft krank, nie ohne Arbeit, nie ohne Neugierde.
Sie beginnt wieder epische Arbeiten zu schreiben und zu veröffentlichen, zunächst Erzählungen wie »Jemand erwarb ein Empfangsgerät«, dann den Roman »Das unverwesliche Erbe« (1954), die umfangreiche Erzählung »Die Fahrt in den Abend« (1955), den Roman »Michaela« (1959). Auch zwischen dem 75. und 85. Jahr legt sie noch neue Arbeiten vor, zuletzt (1970) den ersten Teil einer Autobiographie »Lebensbericht« – für deren zweiten Teil – er sollte mit dem Jahr 1923 beginnen – sie nur noch zwei Wachstuchhefte voller Entwürfe bewältigen kann.
In der Zeit nach dem 85. Geburtstag verstärkt sich die Gefahr der Behinderung, mit der sie seit sechs Jahrzehnten zu leben hatte, doch ihr Geist bleibt wach und beweglich. Im April 1974 stürzt sie in ihrem Haus. Sie muß viel Schmerzen erdulden. Ihr Geist beginnt zu wandern. Sie bricht auf am Abend des 2. Oktober 1974.

1950

In der ersten Nacht in Goslar schöner Traum, eigentlich nur eine Bilderfolge:
Eine sehr junge Frau, in der ich nachträglich mein eigenes Jugendbild zu erkennen glaube. Ich gehe ihr in einer Art von Resignation nach, sie weist mich und auch Heinrich, der plötzlich neben mir geht, auf einen sakralen Bau mit Kuppeln und Türmchen hin, und entschwindet. Dafür sind zwei alte Frauen da, denen ich mich anschließe, indem ich mehr zu mir selbst als zu ihnen sage: »Sie müßte sich mehr mit Mystik beschäftigen . . .«, wobei mir vorschwebt, diese junge Frau müsse etwas finden wie ein allumfassendes Bindemittel für ihre Kräfte.
Die alten Frauen sehen mich an und bedenken das. Dann fragt die eine, was ich mir davon verspräche, von der Beschäftigung mit Mystik. Ich sage: »Daß man sich selbst erkennt und die Verhältnisse besser beherrscht.« Zugleich wird mir bewußt, daß die alten Frauen sehr fromm sind und ich frage mich, ob ich sie nicht bitten soll, mich wieder einmal zu taufen, da Heinrich wieder entschwunden ist. Ich weiß, die alten Frauen taufen täglich, und es tut gut.
Es kommt jedoch nicht dazu, und ich bin wieder auf der Suche nach meinem jungen Selbst, als mich ein wunderbares weißes Pferd überholt, geführt von einem Burschen. Das Pferd sieht sich nach mir um, und ich biete ihm auf der flachen

Hand Zucker an, glücklich, daß es Gebrauch davon macht. Beim zweiten Mal aber vollzieht sich die Verwandlung des Pferdes in einen Menschen oder Halbmenschen. Es will mit der Hand nach dem Zucker greifen, erhebt sich auf die Hinterhufe und vermenschlicht sich mehr und mehr.
Das weiße Pferd erscheint mir selten, ist aber immer bedeutungsvoll.

1951

Was Benn wohl eigentlich unter »Ausdruckswelt« versteht? Soweit es ihn selbst angeht, zweifellos seine Lyrik. Aber wie denkt er sich das, was er »die kommende Ausdruckswelt« als ein neues Zeitalter nennt? Die Spiegelung der zukünftigen Menschheit in ihren Schöpfungen freier und angewandter Kunst? Bei Benn klingt es manchmal wie: Ausdruckswelt – das ist, wenn wir alle wie Blumen blühen und lassen uns daran genügen. Schön und gut: möge sich das Klima entsprechend ändern. Seine Ausdrucks*weise* jedenfalls ist in diesen Aufsätzen wie von jeher, wenn er Prosa schrieb, die eines schwer überreizten, überempfindlichen Menschen, und stellenweise seiner (des großen Dichters) nicht würdig.
Ausdruck – wovon? Auch der Flug der Schwalbe und die schwingenden Sprünge eines fliehenden Rehs sind Ausdruck. Kunst im Sinne Benns wäre also vielleicht auch das Wiedererlangen der eingeborenen, natürlichen Rhythmik.

Gestern auf dem Friedhof empfand ich zum ersten Mal seit sechs Jahren etwas von dem Frieden, ja von der Heiterkeit, die über Gräbern leuchten können. Es war ein strahlender Herbsttag wie bei Heinrichs Tod 1945.
Wir (Georg war mit mir) trafen am Grab den guten »Steinbildhauer« Hillbinger, der die Steine gereinigt hatte. Die Unterhaltung mit ihm störte mich nicht. Wir sprachen auch

über »den dritten Stein«, und er meinte, ihn ohne Entwurf nach dem Vorbild der beiden anderen anfertigen zu können, wenn es einmal so weit wäre. Das würde die Sache für die Kinder vereinfachen.
Ich möchte hier festlegen, daß ich als Spruch auf dem Stein den Vers *Ebr. 13,8* haben möchte; »Jesus Christus, gestern und heute, und derselbe auch in Ewigkeit.«

1953

ÜBER MEINER Erkrankung habe ich Benns lange angekündigten Vortrag in der Akademie versäumen müssen, den Vortrag über »Altern als Problem für den Künstler«. Ich hörte ihn in der Radioübertragung, aber ich kam eben um das Wieder*sehen,* das mich interessiert hätte.
Interessiert – wie dieser Zeit- und Altersgenosse mich seit mehr als vierzig Jahren interessiert hat. Beweis dafür »Trunkener Bruder, rede« in meinen Gedichten von 1918, es entstand wohl 1916. Ich habe ihm damals seine Vollendung vorausgesagt, aber er hat sie nicht ganz in dem von mir erwarteten Sinn erfüllt, sondern nur – wenn ein »Nur« hier etwas besagt – im Sinn des Ausdrucks, diesem einzigen Sinn, zu dem er sich nun im Alter bekennt.
Er ist mir heute vorwiegend psychologisch interessant, besonders hinsichtlich der Art, wie er seine politischen Irrtümer von 1933 kompensiert und überkompensiert. Zunächst erklärte er, keine vitale Verbindung mit seinem damaligen Ich zu haben, und er verlagert nun die Kontinuität ausschließlich auf das Gebiet seiner Kunst. Diese Entpersönlichung ist zwar im gewissen Sinn konsequent, sie entspricht ganz der Haltung des Benn vor 1933 – inzwischen aber *geschahen* jene Veröffentlichungen von 1933, die doch Aufschlüsse darstellen, die nicht aus der Welt zu schaffen sind, denn sie gewähren ja Einblicke in gewisse Schichten seines

Wesens, die mit einer späteren Ableugnung ihres Vorhandenseins nicht zu annullieren sind. Man gesteht ihm aber vieles unter dem Eindruck seiner überragenden Leistung stillschweigend zu, jedenfalls dort, wo man sich des Ressentiments enthält.
Wo er angegriffen wird, reagiert er dann mit einer Empfindlichkeit, in der er sich selbst verrät – wie zum Beispiel auf die witzig-boshafte Wiedergabe seines Vortrags und seiner Haltung von Armin Eichholz im Münchener Merkur – er schreibt der Redaktion einen hochgradig »sarkastischen« Brief, was nur zur Folge hat, daß in der nächsten Nummer Sätze aus diesem Brief veröffentlicht werden – ohne jeden Kommentar (»G. B. schreibt uns zu dem Aufsatz von A. E.«), was für jeden, der es verstehend liest, vor allem für Benn selbst, ein einziger blanker Hohn ist.
Nun, *wenn* man sich derartig aufs hohe Pferd setzt wie B., dann muß man Herausforderungen vollkommen ignorieren. Jedoch, indem man es tut, erweist man sich vielleicht – als entwicklungsfähig . . . Oder als noch nicht völlig abgestorben.
Dazu aus einem Traum von gestern: Im »Doppelleben« schlägt Benn vor, die Entwicklung nach 1933 als »unabwendbar, eine Art Geologie« zu betrachten. Ich träumte, ich hätte ein Gespräch mit ihm, in dem ich ihm vorschlug, das Wort Geologie durch »Veränderung der Erdoberfläche« zu ersetzen . . .

1954

Schluss eines im übrigen vergessenen Morgentraumes: Ich halte ein amtlich abgefaßtes Schriftstück in der Hand, dessen Inhalt ist, daß mein Vater nun zu Beginn seines hundertsten Lebensjahres »aus der Haft entlassen« und in ein Heim aufgenommen werden würde. Zugleich sehe ich einen gebückten alten Mann, geführt von einer Schwester. Ich denke als erste Reaktion: Unsinn! und lege das Blatt beiseite – hole es gleich wieder hervor, lese es nochmals durch und denke erschrocken: Ich muß sofort zu ihm fahren – nach Braunschweig.

Ich habe mich jahrelang davor gescheut, den Briefwechsel meiner Eltern anzurühren, vielleicht weil ich fürchtete, mein Erinnerungsbild von Papa, das gewiß zum Teil ein Phantasiebild sein mußte, dadurch zu gefährden? Das ist nicht eingetreten. Gnadenvoll ist mir bestätigt worden, wie glücklich, wie *richtig* diese Ehe gewesen ist – wie sie einander ergänzten, wie erfüllt und aktiv ihr gemeinsames Leben war.

Um so mehr bleibt der Abschluß ein furchtbares Rätsel, dessen Lösung nur darin zu suchen sein kann, daß in seinem Charakter die Nachtseite stärker war, als es ihm bis zu jener Krise je bewußt geworden war.

Was mir angesichts der herrlichen Natürlichkeit, Sachlichkeit, Schlichtheit – der Unkompliziertheit dieses Briefwechsels recht klar geworden ist, das ist der Unterschied jener Generation von der meinen: wie kam sie zu einer Nachkommenschaft, wie wir es sind? Willy – Annie – ich – Heinrich – ich meine damit nicht das »Künstlerische«, das bei unseren Eltern latent vorhanden war, bei uns virulent wurde – ich meine unser so viel mehr gebrochenes, ganz und gar zwiespältiges Verhältnis dem Leben gegenüber – unseren Mangel an Unbefangenheit von Anfang an.

Dies einzusehn um der Vollendung willen,
Daß es unmöglich ist, in Zeit und Raum
Das Unersättliche in uns zu stillen
Und zu verwirklichen den hohen Traum,
Der dich von deiner frühen Kindheit Tagen
Begleitet, ein Erinnern, rätselvoll,
An eine Freiheit, derer zu entschlagen
Dir auferlegt ward als der Brückenzoll,
Als du, verirrt aus unbegrenzter Ferne,
Auf dieses Ufer fremd und namenlos
Verschlagen wurdest, und das Reich der Sterne
Eintauschtest gegen einer Mutter Schoß.
Dies einzusehn, gehorsam sich zu fügen
In Form und Ordnung, aber doch im Geist,
Verschworen unstillbarem Ungenügen,
Das dich zu jenen fernen Sternen weist –
Das wird dich einst verwandeln und entzücken,
Wenn du der Freiheit wieder mächtig bist,
Und dich dorthin, woher du kamst, entrücken,
Wo die Erfüllung überschwenglich ist.

(Am Tag des 70. Geburtstags)

Das Zimmer im Badischen Hof in Bretten nicht vergessen, wo ich die Nacht vom 12. zum 13. Juni 55 schlief, oder vielmehr nicht schlief:
Angrenzend war ein Kino, in dem bis Mitternacht ein Film lief, dessen Heldin Ina hieß (Ina Kahr). Ich mußte sein Gebrüll zweimal mit anhören, ohne Worte zu verstehen außer meinem Namen, der immer wieder durch die Wand drang. Das Fenster ging auf ein steiles, hohes, altes, bemoostes Ziegeldach hinaus, dessen unterer Rand auf einer Höhe

mit dem Fenstersims war. Es war so hoch, daß nur ein kleines Stück Himmel zu sehen war, und saß auf einer Mauer von grob behauenen Steinen auf. Zwischen ihr und meinem Fenster war knapp ein halber Meter Abstand – Dach und Mauer müssen zu einem uralten Bau gehören – rechts und links grenzen sie an fensterlose Brandmauern neuerer Bauart. Zwischen dem Gasthof also und diesem Gebäude befand sich nur ein spaltartiger feuchter Schlund, auf dessen Grund allerlei Unrat lag.
In diesem Zimmer, wenn man auf es angewiesen wäre, würde man den Verstand verlieren.

1957

GESTERN bei »Schwarzwälder« mit meinem Verleger Müller. Die Unterhaltung brachte nichts Neues, war aber wie immer sehr freundlich. Das Ereignis war das Auftauchen Carl Burckhardts, der sich mit dem Verleger Hermann Rinn ebenfalls im Lokal befand, und die Gelegenheit wahrnahm, etwas mit Müller zu besprechen. Nun – *wenn* ich ihn mir vorgestellt habe, dann habe ich ihn mir anders vorgestellt, jedenfalls nicht so – nun, sagen wir: pompös. Nicht nur sehr groß, sondern auch sehr beleibt, der Kopf vor allem die Struktur des Gesichts verwischt durch eine gewisse Schlaffheit und Doppelkinn. Aber Grandseigneur – und sich dessen sehr bewußt. Die Klaviatur der kulturellen und politischen Periode, die er miterlebt hat, beherrscht er souverän.
Diese Begegnung hat mich beeindruckt und beschäftigt, da dieser Mann, obgleich erst um die Jahrhundertwende geboren, doch durchaus ein Repräsentant der quer durch die europäischen Länder gehenden Kulturschicht des neunzehnten Jahrhunderts ist – von der bei uns nur noch Rudolf Alexander Schröder vorhanden ist, auch Annette Kolb könnte dazu gerechnet werden, beide nahe an achtzig oder

schon darüber. Dazu gehörten Hofmannsthal, Wassermann, Heymel, Rilke und Kassner (der ja übrigens auch noch lebt) – nicht aber Thomas und Heinrich Mann, auch nicht Hesse, obwohl sie in die Generation einzuordnen wären.
Es ist eine Gruppe, die ohne die kapitalistische Gesellschaft der Zeit vor dem Ersten Weltkrieg nicht zu denken ist, und etwas wie geistigen Kapitalismus in edelster Form darstellt. (»Der Erbe mag verschwenden – An Adler, Lamm und Pfau – Das Salböl aus den Händen – Der toten alten Frau . . .«) Das von ihr verwaltete Kapital ist die Ernte klassischen und romantischen Sprachguts, höchste humanistische Bildung und ein gesunder, nicht verzerrter Ästhetizismus. Alle diese Menschen lebten auf dem Niveau der damals führenden Kreise, wurden von diesen Kreisen getragen, galten nicht nur als hervorragend auf eigenem Gebiet, sondern auch im gesellschaftlichen Sinn, da es damals noch eine Gesellschaft gab, in der Finanz, Politik, Kultur und alte Aristokratie gleichmäßig vertreten waren.
Wenn ich von einer »quer durch die europäischen Länder gehenden Kulturschicht« sprach, so kommt es bei näherer Betrachtung darauf hinaus, daß ich eigentlich nur Deutschland, Österreich und die Schweiz meine – wobei Österreich und die Schweiz an sich so international durchdrungen waren, daß die europäische Prägung dieses Kreises sich von selbst ergab.
Nach dem Ersten Weltkrieg konnte sich in der unberührten und konservativen Schweiz eine Erscheinung wie Burckhardt bis in diese Gegenwart erhalten. Müller sprach von seinem schloßähnlichen Haus am Genfer See, das »in fürstlichem Stil« geführt werde. Eh bien – und er befand sich in München, zu einer Sitzung des »Kulturkreises im Bundesverband der deutschen Industrie«, zu dessen Vorstand er zu gehören scheint.

Das Buch »Michaela«, wie es schließlich betitelt wurde, da der Verlag meinen Titel »Helden waren wir nicht« konsequent ablehnte, ist nun am 15. 9. erschienen. Aber meine Depression nach dem Aufbruch von Mirl (ihrer Schwester, A. d. H.) und den Monaten, die dem vorausgingen, war so tief, daß ich dessen bis heute noch nicht froh werden konnte. Die sehr unterschiedliche Aufnahme, die es in der Presse findet, ist auch nicht geeignet, meine Stimmung zu heben, obgleich ich ganz gefaßt darauf war.

Es gilt nun, sehr wach zu sein, sich den Luxus von Gefühlsseligkeiten nicht mehr zu gestatten, die noch verbleibende Zeit »auszukaufen«. Das gilt auch für die Versuchungen, immer wieder empfindlich auf die Angriffe gegen das Buch »Michaela« zu reagieren.

Was es mir erschwert, den nötigen kritischen Abstand zu dem Buch zu finden, ist eben die Tatsache, daß ich zuviel Allerpersönlichstes hineinverbaut habe. Das geht so weit, daß ich eine ausgesprochene Abneigung, geradezu einen Widerwillen habe, mich irgendwie analysierend damit zu beschäftigen. Es liegt hinter mir – ich kann nicht darüber nachdenken, weil in dem Buch schon alles, worauf es mir ankam, *zu Ende gedacht* ist, soweit *meine eigenen* Absichten und Motive in Frage stehen.
Letzteres trifft doch wohl nur bedingt zu! Aber eines ist mir sicher, daß ich nämlich die Haltung der Menschen in dem Buch, die sich – wie Einmann, Doris und in gewissem Sinne auch Brook – durch unreifes oder relativierendes politisches Denken schuldig machen oder mitschuldig fühlen, nach eigenster Erfahrung und *ehrlich* dargestellt habe, auch in der (in den Gesprächen hervortretenden) Motivierung ihrer Haltung. Daß diese Motivierung zu einem sehr Negativen hin-

sichtlich der historischen deutschen Bildungsschicht führt, der meine »Einzelgänger« entstammen, war mir immer bewußt, und wenn Geno Hartlaub in einer ihrer Meditationen triumphierend feststellt, das sei ja doch eine »Bankerotterklärung« des Bildungsbürgertums, so ist das keineswegs eine geistvolle Entdeckung, sondern *das* Faktum, das ich herausstellen *wollte*. Wenn aber ein Leser wie die zwar nicht einfältige, aber enge und strenge Md. Schw. pharisäerhaft feststellt, ihr ekele vor diesen Menschen, dann glaube ich darin eine andere, auch keineswegs erfreuliche Facette der Mentalität dieser Bildungsschicht sehen zu dürfen.

1960

DIE FRAGE, ob das menschliche Wesen eines Dichters aus seiner Lyrik zu erkennen sei, ist zu bejahen, wenn Mensch und Dichter eine Einheit bilden, was keineswegs immer der Fall ist. Ein bloßer »Könner«, ein Virtuose der Sprache ist aus seinen Produkten menschlich kaum zu deuten. Wahre Lyrik aber kann gleich Träumen »Test-Material« sein.

Der Dichter von heute ist, obwohl abhängig von literarischer Tradition, wenn er weder Virtuose, noch Dilettant ist, immer unverwechselbar durch sein individuelles Ausdrucksbedürfnis geprägt. Er kann gar nicht anders als im Gedicht sich selbst – seine speziellen Gefühls- und Erlebnisnuancen – in der ihm eigenen Sprache zu offenbaren. Wo wahre Dichtung hervorgebracht wird, ist immer der Dichter mit dem Menschen identisch, gerade wenn dieser Mensch vielleicht als solcher »allzumenschlich« ist – es handelt sich hier nicht um den moralischen Charakter, sondern um die Eigenschaften, die den Menschen zum Instrument der Dichtung werden lassen.

Wenn ein Autor zugleich auch Epiker ist, so ist seine Lyrik immer etwas wie ein Probierstein für die dichterische Echtheit des Gesamtwerkes, auch wenn die Lyrik nur einen Bruchteil seines Schaffens darstellt.

Aus der Lyrik ist für den, der zwischen wahrem Ausdruck und falschem Pathos, Schwulst, zu unterscheiden weiß, auch die Qualtiät und die Amplitude der Erlebnisfähigkeit des Menschen zu schließen. Zu unterscheiden ist auch zwischen intellektuellem Raffinement, Manierismus und unmittelbarem, sicherem Ausdruck.

Auffassung für Lyrik setzt latente oder potentielle dichterische Begabung voraus. Wo Gedichte nur als Mitteilungen in »gehobener Sprache« empfunden werden, oder wo sie in diesem Sinne von Dilettanten »hergestellt« werden, liegt völliges Mißverstehen der Lyrik als hoher Kunst vor.

Die von Benn proklamierte These, daß »Gedichte gemacht werden« müßten, ist ganz unserem Zeitalter der Technik entsprechend, und darum wird sie so bereitwillig akzeptiert. Benn selbst wußte genau, daß das »Machen« erst das zweite, dritte und weitere Stadium des Werdens eines Gedichtes darstellt, und daß der erste Entwurf immer ursprünglich, unmittelbar und geheimnisvoll ist wie Zeugung und Empfängnis. Es kann Jahre dauern, bis ein lyrischer Keim endlich ausgetragen ans Licht tritt – oft war er zunächst nur eine rhythmische Zeile, ein Kristallkeim, der durch Auflagerung wuchs. Dann erst beginnt die Arbeit des »Schleifens«, des »Machens«, die das Kleinod vollendet. Und viele von Benns eigenen Gedichten, darunter die schönsten, hat er, wie mir scheint, bewußt im Anfangsstadium gelassen.

ZWISCHEN sechs und sieben Uhr. Es ist noch dunkel. Leiseste Musik im Radio, zarte Rhythmisierung des angebrochenen Tages. Erinnerung an komische verworrene Träume. Im Haus schrillt ein Wecker. »Meine Seele ist stille zu Gott, der mir hilft . . .«

AN DIESEM Maimorgen Anno 1962 –
Den siebenundsiebzigsten seiner Art, den ich erleben darf
(Den zu erleben mir vergönnt ist, sollte ich sagen!),
Blühn draußen Pfirsiche und Birnbäume
Spät – das Frühjahr war rauh, aber nun werden bald
Auch Flieder und Kastanien in Blüte stehen –
Und es fallen mir Verse ein,
Geschrieben, als ich den Mai zum neunzehnten Mal erlebte:

»Sieh, die Kastanienbäume blühn,
Die helle Zeit erklingt und prangt,
Nun weiß ich erst, wie tief mein Herz
Nach Dunkelheit und Sternen krankt . . .«

Ich scheine ja doch ein sehr trauriges Kind gewesen zu sein,
Obgleich ich mir einbilde, damals allen Grund gehabt zu haben,
Mich des Lebens zu freu'n –
Und es auf meine Weise gewiß auch tat.

EIN TRAUM, der mit den Worten schließt: »Wir werden große Verspätung haben.«
Antwort: »Macht nichts – wenn wir nur ankommen.«

(Am Morgen des 77. Geburtstags)

1963

RADIO – phantasielos, wie es nun einmal ist – sollte angeregt werden, in den small hours, ehe es Tag wird, anstatt der blöden Tanzmusik und anderem Geschwätz »Trost für Schlaflose« zu senden. Also entweder geeignete *gute* Musik oder Betrachtungen, Lyrik, Ausschnitte großer Prosa: auf einem allgemeinverständlichen Niveau. *Einfache* große Prosa, aber das Beste. Es liegt nahe, hier vor allem an religiöse Texte zu denken – es dürfte sich aber nie um betuliche Traktätchen handeln. Am besten klare Bibeltexte ohne Kommentar.

Viel käme auf den Sprecher an. Er müßte völlig unpathetisch, einfältig reden, wie eine Stimme von drüben.

Es müßten auch besondere Betrachtungen, Meditationen für diese Sendungen verfaßt werden, die sich mit der Natur, dem Wesen der Nacht befassen. Nicht gerade im Sinn der Hymnen des Novalis – es müßten die Gedanken der Schlaflosen hingelenkt werden auf das geheimnisvolle Leben der Nacht – den Wandel der Gestirne, den Gang der Ströme zum Meer, der kleinen Gewässer zu den Strömen – die Wolken und Winde (»Gibt Wege, Lauf und Bahn . . .«) – die unaufhaltsame Arbeit des Herzens, der Herzen der Schläfer ebenso wie derer, die schlaflos in der Finsternis liegen.

1965

MAN SOLLTE darauf verzichten, die *Formen* des Lebens nach dem Tode festzulegen, ja, selbst die Form, in der sich die Scheidung von Böcken und Schafen vollziehen wird. Mir erscheinen alle die Vorstellungen über das Jüngste Gericht, obgleich biblisch begründet, als allzu menschlich.

Ich höre, daß Tillich in seiner Dogmatik (3. Band, erst in Englisch vorliegend) die Vorstellung des Fegfeuers verteidigt

– wie weit, weiß ich nicht. Dies entspräche meinem Bedürfnis, meinem *Glauben*, daß dem Menschen nach dem Tod ein Weg der Läuterung, der Selbsterkenntnis, der Erprobung vergönnt sein müsse. *Wie* aber dieser Weg beschaffen sein würde, das festzulegen ist unmöglich. Daß mir selbst die Vorstellung wiederholter Erdenleben am meisten entspricht – bis zur endgültigen Bewährung oder unausweichlichen Verdammnis – gilt mir selbst als nicht »dogmenreif«. Mir ist sie natürlich. Die Kirche lehnt sie ab.
Fegfeuer: eine passive Möglichkeit der Läuterung. Reinkarnation: eine aktive Möglichkeit.
Außerdem liegt die ganze primitive Grausamkeit des Mittelalters in der Tortur-Vorstellung des Fegfeuers. Auch der Weg der Wiederverkörperung führt durch Leiden, aber er bietet die Möglichkeit, durch Selbsterkenntnis erlöst zu werden – nicht durch Folterung zur Einsicht kommen zu müssen.

Dialoge in Träumen gehen wortlos, in Bildern und Vorstellungen vor sich. Man deutet sie erst nachträglich wachend, in Worten aus.

1966

Das Traumvolk war immer da – aber es hat keine Geschichte. Es ist zeitlos. Sein Reich: unbegrenzt. Sie leben zeitlos, denn sie sind die auserwählt Fortexistierenden aller Zeitalter.
Novalis wußte das. Mir ist es spät aufgegangen, nachdem mir im Schlaf immer wieder auch Gestalten begegnet sind, die ich nie in Wirklichkeit sah.

Ich kann zu diesen Gedichten kein Verhältnis finden. Ich reagiere weder auf ihren Inhalt, noch auf ihre Form. Welche Art einer Reaktion vermisse ich? Daß sich keinerlei Assoziationen einstellen zu ähnlichem eigenen Erleben, für das ich keinen Ausdruck finde, von dem ich mich nicht durch Gestaltung (Objektivierung) befreien konnte. Der innere Erlebnisgehalt dieser Gebilde ist mir fremd und unzugänglich. Ich werde nicht angesprochen.
Es scheint mir, daß unser Schönheitsbegriff mit der Wohltat zusammenhängt, die wir durch ein Kunstwerk erfahren, das etwas für uns Unsagbares zum Ausdruck bringt. Ist das nun ein Kriterion? Nur, wenn es in höchstem Sinne verallgemeinert wird.
(Ich will aber vor mir selbst die Tatsache nicht verleugnen, daß die vorstehenden Betrachtungen eigentlich daraus entstanden, daß ich dem Verfasser jener Gedichte nicht gern sagen wollte, er sei ein hoffnungsloser Dilettant.)

Angenehm ist es, gelobt zu werden von denen, die du selbst als lobenswürdig empfindest.
Demütigend ist es, ins Gesicht gepriesen zu werden von den Minderwertigen, Ahnungslosen, die dich nicht meinen, sondern die Auflagenzahlen und den Erfolg – wie *sie* ihn verstehen.

1970

FIKTIVER BRIEF ALS VORWORT ZUR FORTSETZUNG DES »LEBENSBERICHT«

Ihr freundlicher und verständnisvoller Brief hat dazu beigetragen, mich zu ermutigen, meinen Lebensbericht fortzusetzen. Sie haben recht mit Ihrer Vermutung, daß ich an meinem eigenen Leben stets weniger interessiert war als *am Leben überhaupt:* also vor allem am Menschlichen und an den Schicksalen, die sich im Bereich des Menschlichen ergeben, und die sich in ihrem Ablauf zu Gebilden gestalten, die im Schicksalsträger und seinem inneren Wesen ebenso begründet sind, wie sie in ihrer Rückwirkung sein Glück oder Unglück im äußeren Leben bestimmen. So entstehen Romane und Dramen. Eine Autobiographie, ein Lebensbericht also, darf sich *keiner Kunstform* bedienen, es sei denn, der Autor traute sich zu, einen »Grünen Heinrich« zu gestalten, oder Wahrheit mit Dichtung zu durchdringen.

Die Ausführung eines Lebensberichts ist inhaltlich vom Verhältnis des Verfassers zu sich selbst bestimmt, und auch von Jugenderlebnissen, die schwer zu verarbeiten waren, aber doch so weit überwunden wurden, daß diese Überwindung zum Training einer Anpassung an gewisse Erfahrungen wurde, womit sich wohl schließlich ein sehr gleichmütiges Verhältnis zur eigenen Person entwickeln kann.

Sie haben recht, in dieser Beziehung auf mein Kindheitserlebnis des Freitods meines Vaters, auf meine schwere Erkrankung nach der Geburt meines ersten Kindes hinzuweisen, die mich zur lebenslänglichen Invalidität bestimmte – endlich auf den Tod meines freudig erwarteten zweiten Kindes. Sie sind nicht der einzige, der das alles mühelos zwischen den Zeilen des ersten Teils gelesen hat, wenn auch nur Sie diese Einsicht mit soviel psychologischem Verständnis ausdrückten.

1971

VON ALLEN Dichtern, die ich seit meiner Kindheit kennengelernt, bewundert und geliebt habe, gibt es doch nur einen einzigen, der bis aufs tiefste auf meine Entwicklung eingewirkt hat: Novalis.

Ich sage nicht, daß er mir zum »Vorbild« wurde, und was seine Dichtung betrifft, so habe ich nie angestrebt, seine Eigenart, so sehr ich sie liebe, als Maßstab meiner Arbeiten zu betrachten – ich wußte zu stark um seine Einzigartigkeit, wie sie im »Ofterdingen« und in den »Lehrlingen« offenbart ist. Von seiner Lyrik bezauberten mich der »Gesang der Toten« und andere mystische Gedichte stärker als die »Hymnen an die Nacht«.

Wodurch er mir jedoch zum mächtigsten Anreger, Erwecker und geistigem Führer seit meinem zwanzigsten Jahr bis in mein hohes Alter wurde, das war und ist sein universaler Geist, wie seine sogenannten »Fragmente« ihn offenbaren. Sein gewaltiges, tiefgründiges Weltbild entwickelt sich aus der ihn überströmenden Gedankenfülle, aus den ahnungslosen Fragen nach den Dingen zwischen Himmel und Erde, aus den Antworten, die er darauf fand. Das zeugt von einem inneren Leben und einer Begnadung überirdischer Eingebungen, wie ich es in dieser kristallklaren Durchleuchtung nirgends sonst gefunden habe.

Es wird immer vergessen, daß die Schöpfung nicht mit dem Sündenfall abgeschlossen war. Mit der Verstoßung aus Eden trat sie einfach in ein anderes Stadium.
Der Mensch, nun selbständig, wurde Teilhaber der Vollendung irdischer Entwicklung, Mitarbeiter des Schöpfers, und von ihm als ein noch unvollkommenes Werkzeug ständig bearbeitet. Vom Menschen fordert dieser Zustand Einsicht: was Gott zuläßt, muß er hinnehmen als Bearbeitung seiner selbst.
Widerstand hält Schöpfung auf.

Krankheiten können (und sollen anscheinend, in gewissen Fällen) die Entwicklung des Betroffenen regulieren, in dem Sinne, wie man Bäume beschneidet, damit sie ertragreich werden.
Es gibt viele Wege, das zu erreichen. Krankheit scheint zugleich der einfachste, unmittelbarste und unerbittlichste zu sein. Sie verändert Körper *und* Seele. Und wenn sie den Körper dauernd beeinträchtigt, können – unter Leiden – seelisch, geistige Kräfte frei werden.

Fragen an Bewerberin um Stelle.
Alter? Gesund? In St. zu Hause? Frühere Stellen? Referenzen? Angehörige?
Freizeit? Lohn? Krankenkasse, Urlaub. Kochkenntnis? Bügeln?
Reinmachen: Zimmer werden eingeteilt.

Die Vorstellung der Wiederkehr, des Kreislaufs, ist gerade jetzt sehr zeitgemäß, weil hoffnungsvoll und trostreich, wenn auch wiederum nutzlos, es sei denn, daß der Kreislauf spiralig verliefe, jede Wiederkehr, von außen nach innen sich verkleinernd, sich zuletzt auflöste und das Weltall in Flammen

aufginge und alles Werden und Sein *von neuem* begönne, wie Paracelsus es erwartete.
Paracelsus hält sich bei dieser »Ekpyrosis« (d. i. Ausbrennen) wie auch die Stoiker an Heraklit.

MANTEL nicht vergessen.

1973

WAS ICH brauche:
Gute weiße Couverts.
1 Faden weiß Nr. 30, ein Faden schwarz ebenso.
Drahtklammern für Papiere.
Breite Gummibänder dito.
Farbband (13 mm) schwarz.

FRÜHER etwa zwischen 1830 und 1900, war »Unglück« persönlicher in seinem Erfahren und Ertragen. Seit den Weltkriegen und ihren Folgen wird es als Unausweichbares betrachtet und mit Achselzucken hingenommen. Der heilsame »tiefe Schmerz« wird stoisch abgetan, und als Unabweisbares der Natur, auch des Menschen, betrachtet.

MIT KAFFEE, Tee und Tabak kam im 17. Jahrhundert die Aufklärung nach Europa. Gerade im rechten Moment.

DAS WUNDER des Entstehens der *Kultursprachen* geht mir jetzt in ihren Organismen immer mehr auf. (Substantive, Verben, Adverbien, Adjektive etc.)
Es ist ein Naturwunder, etwas durch Jahrtausende zugleich mit der Entwicklung des Menschen Entstehendes.

Torsen, Fragmente ruhn –
Das nicht Vollendete
Rinnt aus verdorrter Hand,
Die immer spendete,
Trankopfer, in den Sand.
War auch ein Stern das Ziel,
Wenn der Weg endete,
War alles Spiel.

Unterirdisch schlief ich
mich empor zum Licht,
wie der Keim geduldig
durch die Scholle bricht . . .

Schlaf gleich Mohn –
Mohn gleich Traum –
Traum gleich grenzenloser Raum –

Im Anfang aller Christenheit,
Fuhr Paulus übers Meer,
Und blau war die Unendlichkeit
Der Zukunft um ihn her.
Delphine schwärmten um den Kiel
Und Möwen um den Mast,
Und Paulus blickte auf ihr Spiel
Und saß in heilger Rast . . .

ZU EINEM GEDICHT »ALLERHEILIGEN«

Str. 1:
Wir mühen uns, die Heiligen zu ehren . . .
(4 Zeilen)
Str. 2:
Wir mühen uns, die Toten zu versöhnen . . .
(4 Zeilen)

WEIHRAUCH, Gold und Myrrhen –
Laß dich nicht beirren!
Weihrauch – Windes Beute,
Gold für Bettelleute,
Bittrer Saft vom Myrrhenstrauch
Reinigt deines Mundes Hauch.

DA DU DIR einbildest, keine Gedichte mehr machen zu können,
Solltest du wenigstens gelegentlich etwas notieren –
Zum Beispiel, daß an diesem Dezembermorgen
Der Sonnenaufgang pathetisch und schmerzlich war,
Und daß Föhn im Dezember
Eine Prüfung darstellt, etwa wie der unzeitgemäße Rückfall
In eine Jugendliebe im hohen Alter.

VERWANDTSCHAFT solcher Worte, die sich reimen:
Entzündend eins das andre im geheimen.
Und sind sie scheinbar noch so gegensätzlich:
Eins ist doch für das andre unersetzlich.

Nicht in worten, nur in Bildern denken,
In die Bilder schauend sich versenken:
Wenn das Bild sich aufgelöst verlor,
Tritt im Wort es, im Gedicht hervor.

Nicht die Worte streng ins Versmaß passen,
Sondern einem Rhythmus überlassen,
Wohin er die Worte mit sich trägt,
Bis sie stehn in Maß und Form geprägt.

Was du verlierst, hast niemals du besessen,
Was du vergaßest, hast du nie gewußt –

Ihr Bäume – Ihr Bäume –
Das kolossalische Reich der Erinnerung,
In das wir hineingeboren werden –
Ihr werdet den Mond nicht urbar machen,
Noch Gold aus ihm graben.

Musik bringt Ordnung ins Geräusch der Welt –

Ich mit sich im dialogischen Monolog,
Peripathetisch ins Gespräch verfangen,
Ich mit sich wandelnd im Gespräch,
Peripathetisch nach Wahrheit grübelnd . . .

FUNDUS

In dem Katalog der Herrlichkeiten der Erde,
Den die heutige Lyrik herzustellen bemüht ist,
Findest du, junger Dichter, alles und jedes an Ingredienzien,
Rausch- und Zaubertränke zu brauen,
Und es wird dir niemand verwehren,
Deinerseits noch hinzuzufügen, was sich an nicht entdeckten Gewürzen,
Namen von Vögeln und Tiefseefischen,
Ausgefallenen Musikinstrumenten,
Architektonischen Impressionen,
Wetterbeobachtungen und sonst noch
Assoziativ dir ergibt aus Natur und Kosmos.
Denn durch euch, ihr trunkenen Sammler, sprengt die alte
Eingefrorene Sprache sich den Raum,
Um wieder atmen zu können.

DER STERNDEUTER

In vieler Nächte Hinwendung zum Himmel
Und der Planeten großem Pantheon
Durchschaute er das sphärische Gewimmel
Und machte sich ein Bild davon . . .

MAMA

In meinem Herzen steht dein Geburtstagstisch,
Leuchtet die Kerze, heiligen Lebens Licht,
Blühen dir wieder wie einstmals Zyklamen,
Azaleen, haucht ihren Duft dir die erste
Kaum noch erschlossene Hyazinthe des Jahres,
Trotzt dem Schneesturm, der mir den Himmel verhüllt.

Über die Toten gehn die Jahre hin,
Das, was sie waren, ändert sich nicht mehr,
Das, was sie wurden, ist noch verhüllt,
Und nur die Sehnsucht bleibt, es zu erfahren,
Wenn sich auch unser Weg einmal erfüllt
Und sie sich uns von neuem offenbaren.

Das Ich verwelkt, die heft'ge Blüte,
Sie schrumpft, sie weht dahin im Staub,
Ach, immer wieder war sie taub,
Doch wo sie Frucht trägt, ist es: Güte.

JAHRESWECHSEL 1958/59

Ein Meteorologe würde vielleicht zu erklären wissen,
Warum der Mond an diesem Silvesterabend
In solcher Glorie zorniger Glut im Osten aufsteigt.
Ich werde den Meteorologen nicht befragen,
Ich wende mich an den Mond persönlich –
Und seine Auskunft wird alles andere als tröstlich sein.

MIT LANGEM ATEM ZU LESEN

Ich verehre die Heiligen, die Weisen,
die großen Dichter und auch die Staatsmänner,
wenn sie ihre Verantwortung ernst nehmen.
Aber: Was mich erheitert, rührt und bezaubert
(was mir, kurz gesagt, Spaß macht) –
Ihr seid es, meine Brüder und Schwestern,
in eurer Torheit, eurem triebhaften Wesen,
das ich mit euch ohne Zweifel gemeinsam habe –
was mir immer wieder bedenklich klar wird.

ERLEBNIS EINES SPAZIERGÄNGERS

Es wühlt im Grund, es bebt der Turf –
Das ist der Maul- und Klauenwurf!
Der Wandrer steht, dem Wandrer graut,
Wie es dort drunten mault und klaut.

NACHBARINNEN MIT PEKINESEN

Drüben im Hexenhaus
Kläffen die Hündlein,
Raufen um Knochenschmaus
Weinen wie Kindlein –
Hutzelbein,
Hutzelbeins Hündchen:
Hutzel hin, hutzel her,
Laß geschwind sehn, wer draußen wär!

Drinnen im Hexenhaus
Brodelt der Tiegel,
Stechapfel, Bilsenkraut,
Kröte und Igel.
Triefauge, Knochenhand,
Böses Geraun –
Ei, wie das Süppchen dampft,
Das sie da braun.

Sie fängt ein Hündlein ein,
Vergeblich hupft es,
Schleppt es ins Haus hinein,
Sticht's ab und rupft es . . .

AUF HEINRICH ZILLICHS BITTE MITZUWIRKEN AN EINEM BUCH ÜBER WEINHEBER
(nicht abgesandt)

Ach lieber Zillich
Ich wär' ja willich,
Doch was Sie fordern, kommt mir nicht billich.

Weinhebern kannt' ich nur flüchtig,
Ich fand ihn tüchtig.
Er mich wohl zu züchtig,
Doch fand ich ihn offengestanden zu süchtig.

Dennoch:
Woll'n einen heben,
Ehre zu geben,
Ihm, der im Meere des Weines verging.
Singend und trunken
Ist er versunken
Und ob der Tiefe schließt sich der Ring.

Singender Zecher
In dessen Becher
Nimmer des Liedes Quelle verdorrt.

Opfert den Göttern!
Wehe den Spöttern,
Wein hob den Schatz – das begeisterte Wort!

WIEDERKEHR

Der alte Bänkelsänger,
der Leierkastenmann,
der ewige Rattenfänger
zeigt wieder, was er kann.
Er hat ja alles auf Lager:
Long long ago – so long –
und die Weltgeschichte als Schlager
und den Atomkrieg als Song.

VERBINDUNG

In der Morgenfrühe kamen drei Fehlanrufe –
Drei Fehlanrufe innerhalb einer Viertelstunde –
Es war jedesmal ein Schock für die ganze Familie,
Jeder dachte: Jetzt ist es soweit!
Je nachdem, ob er Glück oder Unglück erwartete . . .
Es war immer wieder derselbe Mann,
Der verzweifelt verbunden zu werden verlangte,
Und zwar mit den Elektrizitätswerken,
Die eine ganz andere Nummer haben.
Schließlich baten wir ihn, da es doch störend war –
Es war kurz nach sechs und noch ganz dunkel –,
Besser die Störungsstelle anzurufen,
Als immer wieder unsere Nummer zu wählen . . .
Wir blieben höflich, er aber war schrecklich enttäuscht,
Wofür wir nichts konnten.
Dann wurde es still, unheimlich still,
Bis es nach einer weiteren Viertelstunde
Von neuem läutete. Es war die Störungsstelle.
Das Fräulein sagte nur »Danke!«, als wir uns meldeten,
Und hing wieder ab. So begann der Tag.

ABEND

Allmählich wird eins müde,
Allmählich denkt eins dann:
Wie gut, daß man am Abend
Sich schlafen legen kann.

Die lieben jungen Leute
Wollen das nicht verstehn.
Sie meinen, dieses Heute
Darf nicht vorübergehn.

Wir ordnen Schrank und Truhen,
Bestellen unser Haus.
Wir treten aus den Schuhen,
Wir strecken lang uns aus.

Ihr lieben jungen Leute,
Steckt an ein Faß mit altem Wein.
Mitsammen wollen wir heute
Noch unterm Monde lustig sein.

EINORDNUNG

Man weiß sich noch –
Man hat sich einst gekannt.
Zuweilen glaubte man sich gar verwandt,
war gegenseitig voller Sympathie,
meinte »for ever«, und versteht nicht, wie
man sich im Lauf der Jahre doch vergaß,
bis man den schwarz umrahmten Namen las –
Wer war das noch? Doch, ich erinnere mich.
Es fällt mir ein: Gewiß, man kannte sich.

BEZIEHUNG

In den dialogischen Monologen,
die jener Mensch von einem gewissen Zeitpunkt an,
als die Jugendträume verflogen,
mit sich selber zu führen begann,
pflegte er sich, um Distanz zu wahren
und sich Enttäuschungen zu ersparen,
in die man bei unangebrachter Intimität
unversehens so leicht gerät,
zur Vermeidung sich daraus ergebender Fehden
immer höflich mit Sie anzureden.
Erst als er meinte, sich ganz zu durchschauen,
und ein gewisses Selbstvertrauen
mit der stets vorhandenen Sympathie
in ständig zunehmender Harmonie
sich bewährte und Boden gewann,
bot er sich selber gerührt das Du an.

HARMATING

Irgendwo liegt Harmating,
Und weiß es selber nicht.
Ich wollte nicht nach Harmating,
Als ich von West nach Osten ging
Und über eine Brücke kam,
Und dann den Weg zur Linken nahm,
Doch als ich ihn zu Ende ging,
Da stand ich dann vor Harmating,
Und wußt' es selber nicht.

LETZTE Grüße tauschend mit dem Leben
Das verklingt nun hinter mir,
Wie es hinter euch verklungen . . .

DA DU MICH nicht verlassen hast,
Als mich die Welt verwarf,
Weiß ich, daß ich mit meiner Last
Noch zu dir kommen darf . . .

ICH MÖCHT' ein Hab-nichts, Will-nichts, Kann-nichts sein,
Dein Werkzeug nur, dein Werkzeug, Herr, allein.

ALTES Herzeleid,
Tiefe Müdigkeit,
Süße Schlafgewalt –
Doch die Traumgestalt
Flieht aus Raum und Zeit
In die Ewigkeit,
Eh' der frühe Hahnenschrei verhallt.

HEUTE WÜNSCHTE ich mir den Besuch von Freunden,
Die ich zwar niemals sah mit diesen Augen,
Deren ich mich aber sofort entsann, als ich erstmals
Auf ihre Namen stieß.

DAS IST DES Wandrers Würde:
Am Abend müde sein –
Dann legt er seine Bürde
Nieder am Meilenstein –

SO FIEL ich aus der Sonnenzeit,
aus Jahr und Tag,
aus Stundenschlag,
in uferlose Ewigkeit.

Um Ecken gegangen,
Dann wieder geradeaus –
Irgendwann kommst du irgendwo an –
vielleicht sogar zu Haus.

Das alles war einmal,
Das alles ist nicht mehr,
Und ob es gestern war –
Heut ist es lange her.
Die irre Traurigkeit,
Das dumpfe Herzeleid,
Die große Einsamkeit
Sind nicht mehr schwer.

SPIELE, NIE ZU ENDE

Die alten, die neuen Spiele,
Wir schweben mitteninnen.
Sind der Bälle so viele –
Welche werden gewinnen?
Welche werden fallen,
Zuckende Meteore?
Aber die Sterne hallen
Unverändert im Chore.

Welche werden tönen,
Blind ins Leere gefeuert?
Doch aus den Orgelflöten
Steigen, selig gesteuert,
Die alten, die neuen Spiele,
Gestirne, Gezeiten, Gebärden –
Sind der Würfel so viele,
Die im Becher geschüttelt werden.

Bälle steigen und fallen,
Zuckende Meteore,
Aber die Sphären hallen
Unverändert im Chore.
Pfeile werden töten,
Blind ins Leere gefeuert –
Aber aus Orgelflöten
Steigen gelassen gesteuert . . .

ÄRGER MIT KATZEN

Herzlich viel Ärger mit Katzen habe ich in diesem Frühsommer gehabt, das muß einmal ausgesprochen werden. Nicht daß ich grundsätzlich etwas gegen Katzen hätte – ganz im Gegenteil, ich liebe sie außerordentlich, und solange ich in der Stadt wohnte, zog ich sie als Hausgenossen den Hunden vor, da sie lautloser, sauberer und anscheinend anpassungsfähiger sind. Ich sage »anscheinend«, denn dies ist ein Trugschluß, niemand legt weniger Wert auf gegenseitige Anpassung als eine Katze. Sie ist nur auf Abstand bedacht und darum angenehm unpersönlich im Umgang, was man von einem Hunde nicht sagen kann. Die letzte Katze, mit der ich befreundet war, und die bei mir wohnte, war ein Kater namens Hieronymus, ein prächtig getigertes, grauschwarzes Exemplar mit ausgeprägten Gesichtszügen und bemerkenswerter Schnurrfähigkeit. Ich kümmerte mich so wenig um sein Privatleben wie er sich um meines, aber wenn wir gleichzeitig zu Hause waren, was vor allem im Winter sehr häufig der Fall war, gewährten wir einander viel uninteressierte Zärtlichkeit und die Wohltat distanzierter Befreundung. Zuweilen beobachtete ich ihn, wie er auf dem Fensterbrett meines Arbeitszimmers sitzend eine ohnmächtige Kralle nach den jenseits der Scheibe das ihnen hingestreute Futter verzehrenden Spatzen ausreckte, wobei seine Augen glühten; andere Anzeichen einer unterdrückten Raubtiernatur hatte ich nie Gelegenheit bei ihm festzustellen und ich hielt dies Gebaren mehr oder weniger für einen Atavismus. Später hatte ich alle näheren Beziehungen zu Katzen aufgegeben und lebte fast vierzehn Jahre in Hausgemeinschaft mit einem Hund, um genau zu sein, einem schwarzen Pudel mittlerer Größe, von dem ich als sicher voraussetzen konnte, daß er das Vogelleben in meinem Garten nicht stören würde. Ich hatte nunmehr nicht für Spatzen, sondern für mindestens fünf verschiedene Spielarten von Meisen, für Amsel, Drossel, Fink und Star zu sorgen, von Rotkehlchen, Rotschwänzen, Weidenlaubvögeln, Dompfaffen, und Grasmücken zu schweigen, und kurz und gut, ich konnte keine Katze auf meinem Grundstück brauchen. Der Pudel ist ein Kapitel für sich, das in diesem Frühling zu Ende ging. Von diesem Zeitpunkt an traten die Katzen wieder in mein Leben und da wußte ich erst ganz, was ich an Skaramuz, dem Pudel, gehabt hatte.

Ich hatte mich nun durchaus nicht mit bewußter Ausschließlichkeit von der Katzen- auf die Hundeseite verlegt; vielmehr hatte ich den Verzicht auf Katzengemeinschaft mehr oder weniger immer als ein der Vogelwelt freiwillig dargebrachtes Opfer betrachtet, das mit einer gewissen Entsagung verbunden war. Ich hielt darauf, mit den zahlreichen, in der Umgebung meines Hauses angesiedelten Katzen auf einen höflichen Grüßfuß zu kommen; hin und wieder wechselte ich in ihrem mir vertrauten Idiom ein paar Worte über das Wetter oder dergleichen Zuständliches mit der einen oder der anderen von ihnen; es kam wohl auch meinerseits einmal zum scheuen Versuch einer zärtlichen Anknüpfung, was allerdings ganz einseitig blieb. Die Katzen dieser abgelegenen Wohngegend, die unmittelbar an Wald und Feld grenzte, schienen noch weniger Wert auf menschliche Ansprache zu legen, als Stadtkatzen. Sie ermangelten auch offensichtlich jeglicher Neugier mit Bezug auf die Gewohnheiten, Bewegungen und das Drum und Dran menschlicher Lebewesen, wie ich sie z. B. an Hieronymus hatte beobachten können, der mich aus einer Ruhestellung heraus oft genau so mit dem gleichen Blick verfolgt hatte wie die im Zimmer umhersummenden Fliegen.

Das mochte seinen Grund darin haben, daß die Landkatzen während der guten Jahreszeit nicht wegen der unregelmäßigen Mahlzeiten auf Familienanschluß angewiesen waren; sie ernährten sich selbständig auf freier Wildbahn. Mochten sie immer – wenn sie dazu nur nicht in meinen Garten kamen; und merkwüdigerweise schien ihnen dies Gebiet auch geradezu sakrosankt zu sein. Da Skaramuz alles andre war als ein heroischer Pudel, kam es mir gar nicht in den Sinn, ihm ein Verdienst an dieser Tatsache zuzuschreiben. Wie unrecht habe ich ihm getan! Skaramuz, dessen Profil, wenn frisch barbiert (leider wuchs es immer so schnell wieder zu!) – dessen Profil also bezaubernd geistvoll und schwermütig zugleich wirken konnte – er, der sich selbst so wenig ernst nahm und eine nur allzusehr der Wirkung ihrer häufigen Stimmungsumschläge unbewußte Persönlichkeit war, die sich bis ins hohe Alter eine Neigung zu täppisch-graziösen Spielereien bewahrte – er hätte nie daran gedacht, einer Katze kämpferisch in den Weg zu treten. Freilich, er hörte sich gerne bellen, aber es kam ihm gar nicht darauf an, aus welchem Grund er immer sein angenehmes Organ vernehmen ließ. Nachts schlief er grundsätzlich wie ein Stein, besonders während der beiden Einbrüche, die während seiner Amtszeit bei uns vorfielen.

Aber es muß doch für die Katzen ein moralisches Fluidum allein von der Tatsache seiner Anwesenheit ausgegangen sein. Solange er hier lebte, kam es keiner Katze in den Sinn, sich in dem Garten aufzuhalten. Es begab sich höchstens, daß eine von ihnen das Grundstück eilig, geschäftsmäßig und mit zur Schau getragener Zerstreutheit passierte, ohne nach rechts oder links zu blicken, Schweif waagrecht ausgestreckt und Füßchen eng und lautlos über den Boden wechseln lassend.

Jedermann konnte ihnen ansehen, daß sie überhaupt nicht wußten, wo sie sich gerade befanden – daß sie nur eben einmal den kürzesten Weg zu ihrem Ziel gewählt hatten, und daß von böser Absicht auch nicht von ferne die Rede sein konnte! Und dann nahmen sie den Zaun wie eine Hürde: ein Satz hinauf, ein Satz hinab, und weg waren sie. Weder Hund, noch Gartenbesitzer, noch irgendein ortsansässiger Vogel hätte Anlaß gehabt, sich über solche Grenzüberschreitungen aufzuregen. Ja – so war es bis zu diesem Frühjahr gewesen, – genauer gesagt, bis zu dem Tag im Mai, an dem Skaramuz des Morgens auf dem Kies in der Sonne lag, als schliefe er. Er schlief auch – aber, um nie wieder aufzuwachen.
Ich gehe über dies Ereignis hinweg, denn wie schon gesagt, dieser kleine Pudel und unsre gegenseitige Beziehung sind ein Kapitel für sich. Hier handelt es sich um Katzen, oder vielmehr: es handelt sich um meine Begegnung mit der wahren Katzennatur, von der mir meine bisherigen Begegnungen mit Stadtkatzen eben doch nur einen abgeschwächten Begriff vermittelt hatten.
Es war nur wenige Tage nach dem Abschied von Skaramuz, als ich bei meinem gewohnten morgendlichen Rundblick vom Balkon aus über den Garten mit Erstaunen, ja, mit Befremden wahrnahm, daß sich Katzen in meinen Grenzen befanden. Nicht nur eine zufällig passierende Katze allein – nein, deren zwei, und keinesfalls auf dem Durchmarsch begriffen, sondern durchaus mit dem Gebaren von Vorposten einer Invasion oder von Mietsparteien, frisch eingewiesen vom Wohnungsamt, beschäftigt mit der Erkundung des Terrains oder mit dem Ausmessen der Räumlichkeiten. Nun waren mir beide vom Sehen bekannt, sie wohnten in der Nachbarschaft, ich hatte sie aus der Ferne häufig nicht ohne Wohlwollen beobachtet, wenn sie auf der an meinen Garten angrenzenden Wiese botanisiert oder Jagd auf Schmetterlinge, Käfer, Heuspringer oder auch Feldmäuse oblagen. Ich kann aber nicht sagen, daß sich auch in diesem Augenblick

spontanes Wohlwollen bei mir einstellte; ich reagierte vielmehr mit einem abwehrenden Naturlaut. Ich machte also »Ksch Ksch!« und klatschte dazu heftig in die Hände, in der naiven Überzeugung, daß dies genügen würde, den frühen Besuchern das Unangemessene ihres Verweilens in diesem Bezirk zu Bewußtsein zu bringen. Ich muß sagen, wäre ich selbst in ihrer Lage gewesen, diese Demonstration hätte vollkommen genügt, um mir einen eiligen und beschämten Rückzug nahezulegen. Vielleicht nahm ich unwillkürlich an, sie möchten schon immer die Gewohnheit gehabt haben, sich nächtlich, während Skaramuz schlief, hier aufzuhalten und hätten sich heute zufällig einmal versäumt . . . Es mochte sich bei ihnen herumgesprochen haben, daß die Menschen eingesehen hätten, alle Katzen seien bei Nacht grau und darum hinterher nicht mehr feststellbar.

Jedoch, es erschien ihnen jetzt ganz und gar gleichgültig zu sein, ob man sie feststellte; die eine war grau auch am Tage, die andere aber scheckig, von der Art, die bei manchen Leuten in einem besonderen Geruch steht und mit Hexen in Verbindung gebracht wird. Es waren zwei ausbündig prächtige Exemplare, sie wären mir überall angenehm aufgefallen, aber – *was* hatten sie in meinem Garten zu suchen? Eine müßige Frage, denn die ununterbrochen schrillende Stimme einer warnenden Amsel, die einzige, die die über dem Garten lagernde lautlose Stille unterbrach, verriet mir alles. Sie hatten es auf Nestlinge abgesehen, auf die eben flügge werdenden jungen Vögel, die mit dem ganzen arglosen Vertrauen der Jugend dabei waren, ihre ersten Ausflüge ins Leben zu unternehmen, von den gewitzten Eltern wachsam beobachtet und mit gelegentlichen Futterspenden gestärkt.

Immer war mein Garten ein Paradies der Sicherheit gewesen; damit war es vorüber, und für die nächsten Wochen auch mit meiner Seelenruhe. Sollte ich das Familienglück meiner liebevoll durch den Winter hindurch gefütterten Amseln und Meisen, meiner Sommergäste, der Stare, Rotschwänze,

Laubvögel und Grasmücken kaltblütig preisgeben und meinen Garten zur Mördergrube werden lassen? Daß hier nicht kampflos kapituliert werden durfte, das stand für mich ohne weiteres fest. Vorläufig zog ich mich zurück, um mich nicht weiter lächerlich zu machen und hielt einen düsteren Kriegsrat mit mir selbst.

In dieser Situation ergab es sich sehr natürlich, daß ich mich eines alten Dichters erinnerte, den ich in meiner Jugend gut gekannt habe. Er war ein Lyriker, er war ein Idylliker, ein Naturfreund, ein Blumenzüchter und er war jeder Polemik zutiefst abgeneigt. Aber er war auch ein großer Vogelliebhaber und -kenner, er hielt darauf, daß in seinen Erzählungen immer »die richtigen Vögel in den richtigen Bäumen« nisteten, er erkannte seine gefiederten Lieblinge schon am Flug und am leisesten Lockruf, er war »vogelsprachekund wie einst Salomo«. Lange, ehe es Vogelwarten in Deutschland gab, hatte er sein kleines Gartengrundstück zu einem ornithologischen Schutzgebiet erhoben, in dem alle Singvögel des Himmelsstriches vom Pirol bis zum Zaunkönig es sich wohl sein ließen. Diese friedliche Liebhaberei aber hatte in ihm eine Kehrseite entwickelt, wahrscheinlich das einzige eiskalte Haßgefühl, das er sich jemals gestattet hatte: keine Katze, die seinen Garten betrat, war ihres Lebens sicher. Er hatte Fallen aufgestellt, und wenn sich so ein Raubtier fing, so vernichtete er es mit erbarmungsloser Sachlichkeit, kurzum, er ersäufte es.

An jenem Morgen prüfte ich mich ernstlich, ob dies nun auch für mich die einzige Schlußfolgerung sein würde, und ich verwarf es, ebenso wie andere Maßnahmen, von denen ich gehört hatte. Am besten gefiel mir noch das Verfahren eines Mannes, von dem man mir erzählt hatte, daß er lange Zeit die Belästigungen einer Nachbarskatze, die hauptsächlich nächtlicher und akustischer Art gewesen waren, mit äußerster Selbstbeherrschung erduldet hatte, bis das Maß dieser Katze eines Tages voll gewesen war. Er hatte sie mit heimtückischer

Freundlichkeit und Leckerbissen an sich gelockt, sie sodann mit einer Tagesration in eine lose verschlossene Kiste gesetzt und war damit zum Bahnhof gefahren. Hier hatte er auf dem Bahnsteig einen Fernzug abgewartet, und hatte die Kiste im Augenblick seiner Abfahrt auf die Plattform eines Wagens der Dritten Klasse geschoben. Die Katze war niemals wiedergekommen, hatte auch nichts von sich hören lassen. Das Verfahren mochte heimtückisch genannt werden, hatte aber den Vorzug der Gewaltlosigkeit; aber es war mühsam und konnte auf die Dauer nicht wiederholt werden. Ich beschloß, es darauf ankommen zu lassen, ob nicht eine konsequent abwehrende und drohende Haltung den Katzen allmählich ihre Besuche verleiden würde.

Über meinen sorgenvollen Erwägungen waren Tage vergangen und ich hatte durch Beobachtungen festgestellt, daß die Übergriffe beständig zunahmen, daß ein beständiger Zustrom neuer Katzen stattfand. Nicht, daß sie sich richtig häuslich niederließen, aber wann immer ich einen Blick in den Garten tat, fiel er auf eine Katze, die entweder lauernd in einer Wölbung des Buschwerks saß oder mit völliger Unbefangenheit mitten auf dem Rasen Toilette machte oder auf dem Gartentisch hingerekelt ein Sonnenbad nahm.

Ich hatte mir einen kleinen Vorrat von Holzscheiten auf dem Balkon bereitgelegt: diese, dachte ich mir, könnten keine Katze ernstlich verletzten, wenn ich sie als Wurfgeschosse verwendete, verletzen wollte ich sie keinesfalls, nur heilsam einschüchtern. Wie naiv man doch manchmal noch in höherem Lebensalter ist! Heute weiß ich es – die Katzen wußten es damals schon. Nur ganz im Anfang kam es vor, daß die eine oder andere Katze leicht zusammenschrak und etwa einen graziösen Seitensprung machte, wenn so ein Scheit in ihrer Umgebung niederfiel – treffen wollte ich sie ja gar nicht und selbst wenn ich es gewollt hätte, es fehlte mir doch an Training. Sehr bald aber rührten sie sich überhaupt nicht mehr, es sei denn, daß sie einen vollkommen leeren Blick auf mich richteten, um sich dann wieder abzuwenden. Und dann kam auch dies nicht mehr vor – ich habe vielmehr eine von ihnen buchstäblich gähnen sehen, als ich das Ziel, das sie selbst darstellte, nur um einen knappen Meter verfehlt hatte. Sie blickte nicht einmal nach der Richtung, aus der dieser Schreckschuß kam. Sie gähnte. Ich glaube, das nahm mir damals schon alle Zuversicht, hier jemals durchgreifen zu können. Nicht, daß ich kampflos kapituliert hätte; ich hörte nicht auf, sie immer wieder nachdrücklich von meiner negativen Einstellung in Kenntnis zu setzen. Ich ließ ein Fliegengitter vor dem Fenster des Vorratskellers anbringen, denn es war so weit gekommen, daß . . . Aber was sollen diese Details! Ich komme doch nicht darum herum, meine endgültige Niederlage einzugestehen.

Bis ins folgende Frühjahr hinein hatte ich meinen Standpunkt, keine Katze auf meinem kleinen Grundstück dulden zu wollen, grundsätzlich aufrechtgehalten, kann aber nicht leugnen, daß meine Freudigkeit an aktiven Kampfhandlungen angesichts ihrer vollkommenen Wirkungslosigkeit bis zum Herbst sehr erlahmt war, und daß ich nicht nur gelegentlich einfach nicht hinsah, wenn ich unerwünschte Eindringlinge im Garten wahrgenommen zu haben glaubte. Es war schon vorgekommen, daß ich mich dabei ertappte, es selbstvergessen und leidenschaftslos zu beobachten, wie sie es sich bei mir wohl sein ließen. Der Winter brachte dann ohnehin einen Waffenstillstand. Ja – und dann kam Peter.

Ein mageres und ungepflegtes Streunerchen von einem jungen Kater war es, das eines Tages vor unserer Haustür saß und mich begrüßte als sei ich seine verlorengegangene und endlich wiedergefundene Mutter.

RELIGION, KIRCHE, THEOLOGIE

CHRISTENTUM müßte gleich einem unentbehrlichen Wirkstoff (Vitamin, Hormon geistiger Art) den seelischen Organismus des Menschen durchdringen. Das kommt einstweilen nur bei vereinzelten Begnadeten vor.
Im Anfang war die Ahnung des Göttlichen, aus der sich Mythen und Riten, schließlich Gebot und Gesetz herausbildeten.
Theologie ist die Begleiterscheinung des späten Stadiums der Erkenntnis des *einen* Gottes, die systematisch in Dogmen und Symbolen festgelegt wurde.
Diese Systematik birgt die Gefahr der Störung der Unmittelbarkeit des menschlichen Verhältnisses zu Gott.
Religion ist *Glaube* – ursprüngliche Verbundenheit mit Gott.
Theologie ist System dessen, wie, was geglaubt werden *soll* – nach Überlieferung und Befolgung der Kirchenlehre.
Die systematischen Lehrsätze sind Abstrahierungen gläubigen Erlebens – aber nicht mehr Religion. Sie sind konfessionelle Formeln, die zur Oberflächlichkeit und Mechanisierung der Beziehung zu Gott führen.
Die Lutherische Kirche steht zwar im Protest gegen die Katholische Kirche, ist aber doch aus ihr hervorgegangen. Man kann wohl annehmen, daß sie sich anonym schon lange entwickelt hatte. Es wäre leicht, das zu beweisen. Mit Luther war »die Zeit erfüllt«, aber seine Aktivität und ihre Erfolge waren nur ein Anfang. Die Bauernkriege, der Dreißigjährige

Krieg, die Aufklärung, der Pietismus – das waren alles Reaktionen, Entwicklungsphasen der Kirchenspaltung, und erst jetzt setzt sich die Erkenntnis der notwendigen Einheit der Christenheit durch.

Selbst die Schöpfung ist nicht mit ihrem Siebten Tag zu Ende gewesen, und daß Gott keineswegs alles endgültig »gut« fand, liegt auf der Hand. Oder ließ er der Menschheit während jedes siebenten Äons freie Hand und beobachtete die Entwicklung, bis er es wieder an der Zeit fand, einzugreifen?

Die Schöpfung des *Lebens* auf der Erde entspricht der Selbstverwirklichung Gottes, die ihre Vollendung in Christo gefunden hat. Mit ihm beginnt die Schöpfung auf anderer Ebene von neuem. Dieser Prozeß steht heute, nach 2000 Jahren, noch im Anfang und seine Entwicklung ist ebenso unabsehbar, wie es die Zeit vom Erscheinen des prähistorischen Menschen bis zu Christi Geburt war.

Ich respektiere die Theologie als Wissenschaft und halte sie für die in ihren Anfängen unausweichliche Bemühung um Organisation des sich ausbreitenden Christentums bei Isolierung von Heidentum und Gnosis. Daß die Kirche im Lauf der Jahrhunderte das Wort der Schrift in gesetzliche Formeln umwandelte und damit Macht ausübte, daß sie, gewissermaßen das unmittelbare Verhältnis zu dem einzigen Mittler zwischen Mensch und Gott – Jesus Christus – vergewaltigte, dies liegt im Wesen der menschlichen Natur und an ihrer, aufs Ganze gesehen, durchaus chaotischen Mischung.

Müßte es nicht Theologie (Lehre von Gott) geben, die für den der Welt nicht abgewandten, doch Gott suchenden Menschen kein Um- oder Irrweg wäre – kein Surrogat für die reine Lehre Christi, – die sich ganz dem *Wort* unterordnete und nur Ordnungsprinzipien für das öffentliche und privat-persönliche Zusammenleben und den Gottesdienst aufstellte? Unter anderem auch eine Reform – oder vielmehr die urprüngliche

Form des Abendmahls einführte, nämlich einer Tischgemeinschaft anstatt der dem eigentlichen Sinn entleerten Massenabfindung wie sie üblich geworden ist?

Gott ist kein Moralist. Und auch kein Ablaßverkäufer.

Im Anfang stellte sich die Ahnung göttlichen Waltens in den Formen von Mythos, allmählich von Riten, Gebot und Gebet, ein. Theologie ist die Begleiterscheinung der späten Erkenntnis des *einen* Gottes, die nun in Dogmen und Systemen festgelegt wurde.
Diese Systematik steht im Gegensatz zur Unmittelbarkeit des Verhältnisses der Evangelien zu Gott.
Religion ist *Glaube* – ursprüngliche Verbundenheit mit Gott, Theologie ist System der Voraussetzungen, *was, wie* und in welcher Ausdrucksform geglaubt werden *soll,* in Überlieferung und Aufrechterhaltung der Kirchenlehre.
Diese systematischen Lehrsätze sind zumeist Abstrahierungen gläubigen Erlebens, konfessionelle Formulierungen, die gläubige Unmittelbarkeit in Mechanisierung religiöser Ausdrucksformen abzuschleifen vermögen.

Mir scheint, daß das Vaterunser, dieser Kanon des Gebetes, eigentlich als Leitfaden gedacht sei für die Hauptthemen des Betens, die es würdig wären, vor Gott gebracht zu werden. Jede einzelne Bitte müßte meditiert werden, und die persönlichen Anliegen des Beters darin eingeordnet.
So könnte man an jedem Wochentag eine der sieben Bitten mit den einschlägigen Unterthemen meditieren und betend vorbringen.
Die erste Bitte ist wohl allerdings eher der Introitus, das Sursum corda – die Einstimmung auf Gott – der *Anruf*. Auch das kann nur durch Versenkung erreicht werden.
Das mechanisch am Rosenkranz abgebetete Paternoster ist ein »Plappern wie von Heiden«.

Aber das ausdrucksvolle Herunterbeten des Vaterunsers, wie es die meisten evangelischen Pfarrer am Schluß der Liturgie sprechen, erscheint mir ebenso schlimm.
Merkwürdig ist es, daß dieser Kanon des Gebetes ohne jeden Dank für Gottes Gnade ist. Geht daraus hervor, daß Beten und Danken zweierlei sind?

NOCHMALS: Theologie erscheint mir als die größte Gefahr für den Glauben. Sie richtet das *Gesetz* (im paulinischen Sinn) zwischen Gott und dem Menschen auf.
Sie formt die reine Verkündigung der Evangelien in Dogmen um, die zu Zankäpfeln der Meinungen werden. Sie vergewaltigt das Evangelium. Sie ist eine Krücke und zugleich ein Hemmschuh auf dem Wege zu Gott. Es gibt nur eine Theologie, die kein Um- oder Irrweg ist, kein Surrogat für die Lehre Christi, die sie dem *Wort* unterordnet und nur Ordnungsgrundsätze des öffentlichen und privaten Gottesdienstes aufstellt: die Grundsätze der Nachfolge Christi – ohne Pathos, sachlich, unmißverständlich.
Erst mit der Herausbildung philosophischen Denkens kam es zu einer abstrakten Begriffswelt, derer sich auch die Theologie bemächtigte. Es kam damit auch auf diesem Gebiet zum mehr oder weniger abstrakten Ausdruck religiöser Begriffe. Da das Element der Mystik, das zur Religion gehört, sich abstrakter Begreiflichkeit entzieht, und die Theologie es nicht ausschließen kann, entstanden im theologischen Denken Gegensätze zwischen realen und metaphysischen Begriffen, die unvereinbar sind.
Schon allein auf die Vorstellung Gottes müßte es nicht heißen: »Du sollst dir kein Bildnis noch Gleichnis machen«, sondern: Du *kannst* dir kein Bildnis noch Gleichnis machen, »weder von dem was im Himmel, noch dess' was unten auf der Erden, noch im Wasser unter der Erde ist.« (2. Moses 20,4) Allerdings: nur mit Bezug auf die Gottesvorstellung.

DIE GEFAHR der fertig übernommenen Religion und aller in dieser Religion sittlichen Voraussetzungen: dies zu Ende denken.

DAS WURZELLOSE einer noch nicht *erlebten* Religion. Es ist, als wollte man aus Schnittblumen Pflanzen ziehen.

ÜBER GOTT können Menschen nur in menschgemäßen Bildern und Vorstellungen denken. Darin liegt eine Versuchung, es sich leicht zu machen, wenn nicht sogar eine zum Wahnglauben.
Nur wo ekstatisches Erleben möglich ist, kommt der Mensch zu Ahnungen von Gottes Wesen. Und selbst dann nur in Gleichnissen.

WAS IM RELIGIÖSEN als Offenbarung bezeichnet wird, ist wohl in den meisten Fällen eine endlich *begriffene* Wahrheit, zu der ein Mensch herangereift ist. Sie wird ihm entweder durch wiederholte Erfahrung oder durch Intuition bewußt. Nur im letzteren Fall ist der Begriff »Offenbarung« angebracht.
Dies bezieht sich nicht auf Prophetie und Verkündigung, die auf Ekstase beruht, sondern allein auf individuelles Glaubenserlebnis.

NICHTS ist notwendiger als Selbstprüfung, Selbsterkenntnis, Wissen um die eigenen Abgründe und Untiefen. Solches Wissen aber wird entwertet und kraftlos, sobald der Mensch es nicht als Geheimnis behandelt, das Gott ihm offenbart hat und Gott allein mit ihm teilt. Nur im Gebet kann es durchleuchtet und in *wirksame* Erkenntnis umgesetzt werden.
Vielleicht aber gilt das nicht für alle Menschen – nur für die, die allein den »einen Hohenpriester, der da sitzet zur Rechten des Vaters« anerkennen. (Hebr. 8,3)

Die immer wiederholte Erfahrung, daß die Pastoren einem das Karfreitagserleben rationalisieren, verwässern und zerschwatzen.
Warum keine liturgischen Gottesdienste, jedenfalls für die, die diese Form brauchen?

Die Toten – die »im Herrn Entschlafenen« – sind »katholisch« im Sinn des dritten Glaubensartikels. Sie wissen nur um »die eine *allgemeine* christliche Kirche«, wie es im Credo der unierten evangelischen Kirche heißt.

Welche Macht auch dem sogenannten Zeitgeist zugeschrieben werden mag, es gibt *ein* Maß der Vollendung menschlicher Erkenntnis, das sich seit mehr als 2500 Jahren nicht geändert hat. Es ist zu finden bei Lao-Tse, in den Upanishaden, bei den frühgriechischen Philosophen und für Europa bei den biblischen Propheten und im Neuen Testament.
Nach der annähernden Erfüllung dieses Maßes zu streben, bleibt das Ziel des Menschen und der ganzen Menschheit, und aller »Fortschritt« ist hinfällig, wenn er nicht diesem Ziel dienstbar gemacht wird.

Schuldgefühl ist der Maßstab für unsere Entfernung von Gott. Diese ist um so größer, je geringer das Schuldgefühl ist.

Rückverwandlung der Materie in Geist – wäre das Bestimmung und Aufgabe des Menschen? Durch den Tod als Katalysator . . .?

Wenn die Erde wankt und das Haus zerbirst
Tritt ER hervor aus den rauchenden Trümmern,
Nimmt deine Hand und legt sie auf seine Wunden . . .

Der Wunsch, sich in das Entwicklungsstadium zu versetzen, in dem der Mensch zum *Bewußtsein* der Erscheinungsformen der Schöpfung gelangte, sich von ihnen unterschied und absetzte und sie zu sondern begann: ein Vorgang, der sich durch Jahrtausende und individuell verschieden entwikkelt haben muß, bis sich aus dem unbewußten, instinktiv sich einfühlenden Erkennen etwas wie objektives Wissen, allmählich empirisches Wissen herausbildete. Es blieb weitere Jahrtausende ein von magischen Vorstellungen durchdrungenes Wissen, jedoch setzte sich die Realität der Dinge, der Sachen, ihrer Bedingtheit, ihrer Gesetzlichkeit, unvermeidlich in der nun überlieferten und immer von neuem bewiesenen Erfahrung der Generationen durch. Im Vordergrund stand hier die Erfahrung des Kreislaufes der Gestirne, des Wechsels der Jahreszeiten . . .

Lebe, als seiest du schon gestorben – betrachte alles wie von Drüben.
(Und dann richte dich für den Rest deines Hierseins danach.)

Vorläufig ist der Mensch nur im Entwurf vorhanden.

Seelischer Zeitverlust: zum Beispiel unfruchtbare gedankliche Auseinandersetzung mit Gegnern. Eine Krankheit jedoch, die gemeinhin als verlorene Zeit angesehen wird, kann für die Seele zur *konzentrierten* Zeitanwendung werden.

Die Seele hat einen anderen Zeitbegriff als der Körper.

Eine Familie, auch wenn sie nicht unter einem Dach, nicht an einem Ort lebt, ist in ihren einzelnen Gliedern voneinander abhängig in unzähligen, unsagbaren Nuancen des seelischen und körperlichen Befindens. Nur die *geistige* Leistung des Einzelnen ragt aus dieser gemeinsamen Sphäre heraus.

NICHTS IST hemmender für die Seele als in sich selbst ruhende Sicherheit. Sich beugen müssen vor einer Gewalt, eines aus uns selbst hervorbrechenden übermächtigen Gefühls: *das* tut not.

DIE ENTRÄTSELTE Welt – das Leben liegt vor einem wie ein ausgefülltes Kreuzworträtselquadrat. Die konträrsten Begriffe kreuzen und ergänzen einander.

REDE MIT DEN Dingen – sie antworten.

ÜBER EINEM hohen Alter steht der »Morgenglanz der Ewigkeit«. Man muß das erkennen und es nicht für ein Abendrot halten.

DIE STEINZEIT war ein durchaus technisches Zeitalter: der Mensch ganz im Bann des Rausches, sich der Welt durch Werkzeug und Waffe bemächtigen zu können. Genau wie heute, wenn es sich nun auch um Apparate und Maschinen handelt. Alles wiederholt sich – auch auf *diese* Steinzeit werden andere, durchaus andere Zeitalter folgen.

WENN GEIST und Körper jeder für sich betrachtet werden, (was ungefähr der Unterscheidung von Flamme und Brennstoff entspräche), so könnten Seele und Verstand als die Organe (oder chemischen Elemente) des Geistes verstanden werden.

BEI GESPRÄCHEN beachten, daß manche Menschen taub für Zwischentöne sind. Daher der Ausdruck »Fraktur reden« großgedruckt.

Die meisten Mißverständnisse beruhen auf sprachlicher Schlamperei, Ungenauigkeit, Unschärfe des Ausdrucks. Diesem aber liegt meist Verschwommenheit des Denkens voraus: das sogenannte gefühlsmäßige Denken.

Das ethische Verhalten des Menschen von heute – ohne Rückbindung (Religion) – nur als Konvention und Übereinkunft, verbindlich einzig gegenüber dem Kriterium der »öffentlichen Meinung«. Gestus anstatt Verhalten.

Wenn du mit anderen unzufrieden bist – suche die Schuld bei dir selbst. Dann wird es besser.

Eine durchwegs ironische Haltung ist ein Zeichen von Schwäche.

»Altersweisheit«: Denk dir dein Teil, aber misch dich nicht ein!

Es gibt Menschen, die sich den Zustand anderer grundsätzlich als ideal im Gegensatz zu ihrem eigenen vorstellen, um so recht in den Vollgenuß ihres Elends zu kommen.

Askese liegt auf der Linie des Alters, ist also im Alter leicht und natürlich.

Zeit – parzellierte Unendlichkeit –

Jeder Leichnam: ein plastisches Selbstporträt *des* Selbst, das ihn bewohnt und verlassen hat. Konkreter Abdruck des Karmas in die Materie – aber – vergänglich.

Die Toten – unsere Toten: sie bewohnen unser Fleisch mit uns, suchen sich durch uns, in uns im Bewußtsein zu erhalten. – Sie denken mit unserem Kopf . . .

Was ist der Mensch? Ein Gesterbsel.

Sollte Sterben die äußerste Form der Selbstsucht sein – völliges Sichzurückziehen auf sich selbst? Nicht in allen Fällen –

Der Tod ist die vollkommene Genesung.

HANDWERK, KUNST

Dichter sein – die harmloseste Form von Schizophrenie.

Die Vorliebe für den Kriminalroman entspricht dem Überdruß auch des »gebildeten« Zeitgenossen an der »schönen« Literatur. Ur-Epik wich den letzten Realitäten niemals aus. Erst als im ausgehenden 17. Jahrhundert die Spezialisierung der erzählenden Literatur begann, wurde die Totalität des Lebens in ihrer immanenten Gegensätzlichkeit nicht mehr so unbefangen dargestellt wie noch bei Grimmelshausen. Die sterilisierte Epik des Rationalismus – sie hat in ihren Höchstleistungen große Meriten – klammerte »das Böse« entweder aus oder verwendete es nur als Kontrast, und dann in einseitig dämonischer Verzeichnung.
Dies, scheint mir, ist der Grund für die Schwäche der deutschen Epik des 18. und 19. Jahrhunderts, verglichen mit jener der Briten, Franzosen, Russen und Skandinavier.
Nicht, daß ich nun meinte, der Kriminalroman sei die Rückkehr żur Ur-Epik. Aber er rechnet immerhin mit der immanenten moralischen Gegensätzlichkeit des Lebens, und er stellt sie auf seine Weise vollständiger dar als etwa der Naturalismus, der seine Aufgabe hauptsächlich in der Abbildung des schlechthin Gemeinen sieht.

Schreiben zu können war für mich – unter anderem, aber doch mit an erster Stelle – eine »Entwicklungshilfe«. *Der* Weg, mir über bestimmte Erscheinungen und Tatsachen *klarzuwerden* (z. B. durch Lennacker über die Kirche).

Das Buch schreiben, das in seinen Gestalten durchwegs eine Aufspaltung des Verfassers in allen Komponenten und Möglichkeiten seines Wesens – und zugleich die Summe dieses Wesens – wäre.

Möglichkeit einer Dichtung in Sonaten- oder Sinfonieform – Sätze, von einem oder mehreren durchgehenden Motiven getragen – in verschiedenen Tempi – im geheimen Zusammenhang motivisch wiederholter Assoziationen, aber ebenso einer geheimen Gesetzlichkeit.

Jeder Mensch ist in seiner Individualität als das Ergebnis der Bedingtheit seiner Entstehung zu betrachten, für die es eine Formel geben müßte. Diese Formel wäre es dann, die unzerstörbar zurückbliebe, unberührbar durch Tod und Verwesung, und die immer nur auf ihn angewandt werden könnte, ihn unverwechselbar bezeichnete. Aber wenn ich sage »jeder Mensch« meine ich nicht etwa »alle Menschen«, sondern jeden Menschen, der den Namen Mensch verdient.
Gibt es Symbole und Chiffren, diese Formeln auszudrücken? Sie bestehen, aber sie können nicht gelernt, nur offenbart werden.

Kehren wir zurück zum Symbol, zum Siegel? Zu etwas wie Stenographik?

Das geistige Mosaik ist ein *Fußboden*mosaik, über dem der Bau sich erhebt.

Der »elfenbeinerne Turm« ist gewissen Künstlern angeboren wie der Schnecke das Haus, dem Korallentierchen der Trieb zum Korallenbau, anderen Tieren das, was man als Mimikry bezeichnet.
Der elfenbeinerne Turm ist die Zuflucht der Wehrlosen – ein Produkt des Selbsterhaltungstriebs. Der mögliche Vergleich mit niederen Tierarten deutet auf primitive, naive Unterentwicklung geistiger Züge, auf eine Infantilität, die oft das Verhalten des Künstlers bestimmt.

Novalis bedeutete die kurze Eruption aus dem geistigen, noch feuerflüssigen Magma, in dem noch *alle* Elemente des Menschenmöglichen enthalten sind.
Goethe war ein majestätischer, sehr triumphaler Sonnenuntergang – der Sonnenuntergang des Zeitalters von 1500 bis 1800, dessen geistige Synthese er war.
Novalis ist der Sonnenaufgang der Ära, in deren Mitte wir heute stehen.
(Es ist aber immer dieselbe Sonne!)

Es wäre interessant, einen Katalog der »Requisiten« zusammenzustellen aus denen die heutige Lyrik sich aufbaut. Alles vorhanden, vom Goldfisch bis zum Mann im Mond – man braucht nur hineinzugreifen und geschmackvoll zu mischen. Diese ganze Lyrik stellt eine fast pedantische Bestandsaufnahme der in der Sprache vorhandenen Möglichkeiten metaphorischer Mischungen dar. In den meisten Fällen aber bleibt es bei einer – oft nicht einmal virtuosen – Spielerei mit diesen Möglichkeiten.

Existentialismus – Beschränkung auf das Skelett des Lebens.

Kunst ist Veranschaulichung des Abstrakten. Kunst*geschichte* versucht Kunst wieder ins Abstrakte aufzulösen.

Die Hybris des Dichters, des Künstlers überhaupt – die Anmaßung, »schöpferisch« zu sein – kann sie auf Vergebung hoffen, geschweige denn auf sie rechnen?
Nur, wo diese Arbeit um ihrer selbst, nicht um eines Zweckes, um Beifall oder Ruhmes willen geschieht – geschehen *muß*, weil sie dem Menschen auferlegt ist.

Das Verhältnis der Zimmerpflanzen zur Musik. Blühen sie schöner bei Boccherini, Bach, Haydn, Mozart, Schubert – oder bei Jazz?

Die Dichterlesung: Der Dichter auf dem Podium macht Seifenblasen und zaubert . . .

EINFÄLLE UND DEFINITIONEN

GESPRÄCH

A: Es gibt heutzutage soviel Unglück . . .
B. (etwas betrunken): Das Unglück ist das Salz der Erde. Du weißt nicht, wie ein Mensch eigentlich schmeckt, ehe er nicht unglücklich war . . . Erst das Salz holt aus der Speise ihren eigentümlichen Charakter hervor.

Arme Menschen, die schon von Geburt an sehr alt sind.

Die repräsentative gelehrte Gesellschaft – (kann auch eine Künstlergesellschaft sein) – mit dem *einen* Mitglied, das immer wieder aus dem Rahmen fällt, weil es noch *lebendig* ist unter lauter Mechanismen oder Mumien.

Bescheidenheit kann eine raffinierte Form von Hochmut sein – oder auch etwas wie Mimikry, eine Schutzfärbung.

DIE HERAUSBILDUNG starker, produktiver Individuen planiert das Niveau der Gemeinsamkeit: Siehe das nachgoethische Deutschland.

BESONDERE Abart des Bildungsphilisters: der Goethephilister.

Es MUSS erst einer sterben,
Dann wird der Rundfunk ernst . . .

SCHLAFMITTEL: der allabendliche Selbstmord.

JEMAND, der sein Unterbewußtsein nach außen trägt wie einen gewendeten Anzug.

STOFF: Das eigentlich nur zum Amüsement seiner Besitzer gegründete »Fremdenheim«. (Um endlich mal was zu erleben!)

MAN SOLLTE einmal das Wetter psychologisch und das Seelenleben meteorologisch begutachten.

NATIONALISMUS, wie er sich aus den Keimen des Familien-, Stammes- und Volkstums als Verknöcherung und Verkalkung entwickelt hat: grauenhafte Egozentrik eines Kollektivs, Verkrampfung, Abschnürung, Unterbindung des Kreislaufes im Organismus einer auf einheitlicher Bedingtheit ruhenden, von einer Völkergemeinschaft getragenen Kultur.

MOND – das Weltraum-Eiland.

VERMENGUNG der Maschinen: Das Auto als Typewriter – die Schreibmaschine als Flugzeug – die Nähmaschine ein Sprechapparat . . .

Ich liess einmal den großen Physiker, Professor Sommerfeld, durch eine gemeinsame Bekannte fragen, ob man sich das Atom in irgendeiner realen, sinnenhaften Form vorstellen könnte, – oder ob man es hinnehmen und daran glauben müsse, wie an den lieben Gott.
Er soll geantwortet haben, das wäre jedenfalls die klügste Frage, die ihm je in dieser Sache vorgelegt worden wäre.

DIE TÖLZER FERIENGESCHICHTE

MÖGLICHES Motto. Bei einer Aufführung Tölzer Waisenkinder im Sommer 1899:
»Ich bin so müd', ich möchte rasten!«
»So raste!«
Hierzu vernehmlich Wanja im Publikum: »Das ist schon das Dümmste, was ich je gehört habe!«

Lusche, vierzehnjährig. Ihre Mutter; ihr Bruder Wanja, zwölf.
Das Rudel junger Engländerinnen mit Musiklehrerin. Die gräfliche Familie aus Weimar. Das Majorsehepaar. Die Stiftsdame. Die österreichische »einzelne Dame«.

Der ländliche Gasthof am Rand des Badeorts, gegenüber seine »Dépendance«. Hinter dem Haus am aufsteigenden Hang der Wirtsgarten in Terrassen, mit der Kegelbahn und zwei »Saletteln«, Glashäusern für Regentage. Über dem Garten der »Kogl«, ein mäßiger Berg, Weidegelände mit Birken bestanden. Am Hang des Kogls, nicht weit vom Gasthof, ein Steinbruch, in dem die Kinder Versteinerungen finden.
Die Dépendance ist ein hohes steiles Haus mit einer Fassade voller Fenster und Balkons. Nun ja – und die übrige Staffage.
Das Heidelbeerwäldchen hinter der Dépendance, an das sich Fichtenwald anschließt. Der Buchberg, Blomberg und Zwie-

sel. Die nur von Bauernfuhrwerk, Radfahrern und Postwagen belebte Landstraße. Das Posthorn abends, wenn die letzte Post einfährt.
Die Table d'hôte, das tägliche Ereignis. Frühstück im Garten oder in einem der »Salettl«, die Kellnerin Anna. Der Lokus, in den Lusche sich zurückzieht, sich auszuweinen, wenn das Leben zu traurig wird.
Die Regentage – man hält sich in einem der Salettl auf, liest. Lusche entdeckt die Reize des Larousse, der Lettres de Madame de Sévigné, von Mirza Schaffy, Geibel und Karl Busse. Die Jahrgänge der »Jugend«.
Die Fahrt über den Achensee – die Besteigung des Herzogstands. Wanjas Notizbuch. Lusches heimliche Gedichte. Das vernichtete Heft mit der angefangenen Geschichte. Und eine Menge anderer Details, die sich rechtzeitig einstellen würden, wenn ich die Geschichte ernstlich in Angriff nähme.
Sie könnte geschrieben werden in Gegenüberstellung einer ähnlichen Situation, in der sich die Geschwister mehr als fünfzig Jahre später in einer oberbayerischen Sommerfrische befinden. Anzunehmen wäre dann, daß Lusches vernichtetes Heft damals die Niederschrift jenes Märchens vom »Schluß der Jugend« enthielt, das mich seit dem Tölzer Sommer 1899 durch mein Leben begleitet hat, ohne je geschrieben zu werden.
Inhalt war, daß ein alter Wanderer, der Obdach in einem Schloß bei einem jungen Edelmann gefunden hatte, diesem, ehe er weiterzieht, einen Wunsch freistellt. Der Edelmann sagte, daß er sich nichts anderes wünschen könne, als daß es ihm, seinem Weibe und seinen schönen Kindern, wie auch den Gästen, die mit ihm leben und sich tagaus, tagein an Tanz und Spiel, Musik und Dichtung, Jagd und Turnier ergötzen, vergönnt sein möge, in diesem glücklichen Zustand zu verharren.
Der Wunsch wird ihm gewährt, doch einer seiner Söhne verläßt heimlich das Schloß und folgt dem alten Wanderer in

die Welt. Nach vielen Jahren kehrt er gealtert und müde heim. Er findet alles vor, wie er es verlassen hat – aber nun dringt mit ihm in diese Insel das Wissen ein von Alter und Tod, und wie er selbst sich zum Sterben niederlegt, überwältigt die Vergänglichkeit auch alles andere.
Das Ganze *könnte* ein Gegenstück zur »Fahrt in den Abend« werden. Es enthält große Möglichkeiten für eine vielschichtige Erzählung monologischer, dialogischer Art.

NUR NOTIERT

JEMAND wird zur Romanfigur. Gerät in die Gewalt eines Dichters, der ihn einfängt in das Netz eines Planes und ihn nun ausdichtet – zu Ende dichtet.
Später: Also ein Mann gerät in einen Roman, den eine Frau schreibt, mit der er bis dahin recht harmonisch befreundet war. Jetzt wird diese Beziehung dämonisiert, gefangen (Höhlenmalerei – der Jäger malt das Wild an die Wand und nimmt es so in Besitz. Hierzu auch: Ich habe dich bei deinem Namen gerufen – du bist mein.)

FRAGMENTE EINER DOPPELGÄNGER-GESCHICHTE

(VORLÄUFIG, VERSUCH!)

JENER gewisse Herr Meckwien, der das Glück gehabt hatte, nach nur drei Jahren im Flüchtlingslager eine Wohnung – und was für eine! – in der Stadt zu finden, war im letzten Jahr des Krieges aus Danzig oder Königsberg nach Niedersachsen gekommen. Er hatte eine alte Frau mitgebracht, von der er sagte, sie sei verwandt mit ihm; über den Grad der Verwandtschaft schwieg er sich aus.

Was die Wohnung betrifft, so befand sie sich in einem Anbau des alten Pfarrhauses von St. Godehard. Eigentlich war es so, daß man dem Mann auf sein unablässiges Ansuchen hin endlich gestattet hatte, diesen eingeschossigen Anbau aus einem Schutthaufen wieder aufzurichten. Mit Hilfe von zwei jungen Leuten aus seiner früheren Heimat baute er sich eine ebenerdige Wohnstätte mit geräumiger Stube, sanitären Einrichtungen und einem regelrechten Ziegeldach über dem Ganzen.

Die jungen Leute, ein Maurer- und ein Zimmergeselle, waren nach vollbrachter Arbeit weitergezogen, ohne daß es irgend jemandem geglückt war, aus ihnen herauszufragen, was der Herr Meckwien eigentlich für ihre Mühe gezahlt habe und wieso er sie überhaupt vermocht hatte, ihm so bereitwillig zu dienen – noch auch, wer der Herr Meckwien eigentlich sei, denn allein aus der Tatsache, daß die beiden Jungen Landsleute von ihm waren, ließ sich das alles nicht erklären.

Obwohl also die beiden schweigsam blieben, war dem einen doch einmal etwas entschlüpft, was nur mit Kopfschütteln aufgenommen und infolge seiner Ähnlichkeit mit einem schlechten Witz bald wieder vergessen war. Denn was sollte man hierzulande darunter verstehen, daß der Herr Meckwien dort oben, rechts auf der Landkarte, wo jetzt sarmatisches Volk hauste, als »Bernsteinkönig« bekannt gewesen sei?
Auch von der sogenannten Verwandten war nichts zu erfahren, was die Neugier notdürftig hätte sättigen können, denn sie schien immer halb oder ganz taub zu sein, wenn es nicht darum ging, ihre Einkäufe für den Haushalt zu tätigen.
Was sich aus diesen Einkäufen schließen ließ, war immerhin, daß Herr Meckwien gut verpflegt wurde. Da er in seinem hinter den Trümmern von St. Godehard gelegenen Refugium ein sehr zurückgezogenes Leben führte und keine ausgefallenen Gewohnheiten hatte, gewöhnte die Nachbarschaft sich allmählich an ihn.
Es war ja auch an seiner äußeren Erscheinung weiß Gott nichts Besonderes zu sehen. Ja, als man ihn zuerst in der Gegend von St. Godehard beobachtet hatte, hatte man ihn eben für das gehalten, was er damals unter anderem auch war, nämlich für einen ausgehungerten Flüchtling, der kaum mehr besaß, als was er auf dem Leib trug. Als sich das nach dem Tag X allmählich änderte, und um 1950 herum Herr Meckwien für einen oberflächlichen Betrachter nicht mehr von anderen gut genährten und solide gekleideten Bürgern zu unterscheiden war, da hatte erstens niemand mehr Zeit, sich darüber zu wundern, und zweitens war das Interesse, das sich seiner Person vorübergehend zugewandt hatte, bereits so weit abgeflaut, daß keine Katze sich mehr um ihn kümmerte – es sei denn der große, grau getigerte Kater, der bei seiner alten Hausgenossin in der Küche wohnte, aber jede Gelegenheit benutzte, sich in das Zimmer einzuschleichen, um es sich auf dessen Bett, das sich in einem Alkoven befand, bequem zu machen.

Niemand erfuhr jemals, was der Inhalt der einseitigen Unterhaltungen war, die Herr Meckwien mit diesem Katzentier führte, wenn ihm der Abendtrunk die Zunge gelöst hatte, denn der Kater war ja der Menschensprache nur in passiver Weise mächtig, er konnte also zwar verstehen, was ihm erzählt wurde –, aber er konnte nichts ausplaudern. Bei der alten Afra war es gerade umgekehrt. Sie verstand scheinbar nicht ein Wort von dem, was der »Herr Vetter« sagte, und dieser pflegte ihr seine Mitteilungen oder Wünsche entweder durch Gebärdensprache oder schriftlich auf Zetteln zu übermitteln. Reden konnte sie freilich, aber da es sich dann meist nur um private Meinungsäußerungen handelte, die für Herrn M. weder interessant noch maßgeblich waren, pflegte er nur mit einem Kopfnicken oder Kopfschütteln darauf zu antworten, und da er dabei oft die Zeitung las, waren diese Reaktionen nicht immer genau auf den Inhalt der Ausführungen Afras abgestimmt. Dieser aber genügte es schon, ihr Innenleben zuweilen durch Aussprache ventiliert zu haben, und sie merkte es manchmal gar nicht, daß sie sich ununterbrochen weiter redend schon wieder in ihrer Küche befand, wo der Kater sie von seinem Fensterplatz aus mit Beryllaugen anstarrte. Dies hatte ganz dieselbe auflockernde Wirkung auf sie wie Herrn Meckwiens Kopfnicken.

(Hier bricht dieser erste Versuch ab. Der nächste Text trägt den Vermerk: Folgendes an den Anfang zu stellen.)

Solange Herr Meckwien noch nicht auf dem St. Godehards-Friedhof zur Ruhe gebracht worden war, in der Stadt, in der er das letzte Jahrzehnt seines Lebens verbracht hatte, war man, soweit man sich überhaupt für seine Person interessierte, über seine Herkunft, seinen ehemaligen Beruf, seinen Lebensweg ganz auf Vermutungen angewiesen. Von einer unter ihnen war man überzeugt und fand sie nach seinem Tod bestätigt. Bis dahin hatte sie nur auf dem Gerücht beruht, daß dieser in die Residenzstadt N. verschlagene Flüchtling aus dem Osten nur dank Beziehungen, sei es zur Besatzungsmacht, sei es zu einer Persönlichkeit im Stadtrat, so schnell das hatte erlangen können, was man damals eine Zuzugsgenehmigung nannte. Auch war es wohl der Protektion des angesehenen Vorstands der Gesundheitsbehörde zu danken, des alten Medizinalrats Wondessen, daß ein Flüchtling wie Herr Meckwien ein volles Jahr vor dem Tag X ein Ruinengrundstück mit noch ausbaufähigem Gemäuer erwerben konnte.

Nicht aber durch den alten Wondessen, der bald nach dem Herrn Meckwien auf den Friedhof hinausgetragen worden war, sondern durch seine betagte, aber noch rüstige Schwester, die wohl angenommen hatte, nun sei sie der vom Bruder auferlegten Schweigepflicht enthoben, war dann allmählich dies und jenes über den Herrn Meckwien durchgesickert – erstaunlich unsensationelle Tatsachen übrigens, für die sich nun kein Mensch mehr ernstlich interessiert hätte, wäre nicht inzwischen bekannt geworden, daß Herr M. der Stadt eine beträchtliche Stiftung vermacht hatte, für ein Altersheim, dessen Plätze zur Hälfte Heimatvertriebenen zugute kommen sollten.

Schon aus dem Zeitungsartikel über die Stiftung – mit einem anerkennenden Nachruf für den Stifter – war hervorgegangen, daß Herr M. in seiner Heimatprovinz einer der großen Kaufleute gewesen war. Fräulein Wondessen war nun in der Lage, diesen Hinweis dahin zu ergänzen, daß Herr M. als guter Geschäftsmann mit der Witterung für eine Zukunft, über die man damals offiziell verpflichtet war, ausschließlich optimistisch zu denken, schon vom Jahr 1942 an gewisse wertbeständige Papiere auf eine Filiale seiner Bank im Westen Deutschlands verlagert hatte. So hatte er einen großen Teil seines Vermögens in Sicherheit gewußt, als er, nur dem äußeren Anschein nach ein mittelloser Flüchtling, 1945 in der Stadt gestrandet war – und sein Jugendfreund Wondessen hatte ihn sogleich aufgenommen und ihm so lange Asyl geboten, bis Herr Meckwien sich wieder auf eigene Füße stellen konnte, einen Platz zum Wohnen bauen und sich bald auch eine Haushälterin und einen Kater halten.

»Er wollte ja schon bei uns immer eine Katze in die Wohnung bringen, aber das ging denn doch etwas zu weit«, pflegte Fräulein Wondessen in ihre Erzählung einzuflechten, »mein Bruder konnte es ihm auch ohne Mühe ausreden. Sonst war er ein angenehmer Gast – nein, ein Zwangsmieter war er nicht, wo denken Sie hin?«

Ein Jugendfreund ihres Bruders sei er gewesen, und der Doktor, so sprach sie oft von ihrem Blutsverwandten und Lebensgefährten, der Doktor habe in guten Zeiten jahraus jahrein seinen Urlaub an der Ostsee bei dem Herrn Meckwien verlebt. Ob sie auch einmal mit dort gewesen sei? »Wo denken Sie hin – wenn der Doktor einmal verreisen konnte, brauchte er doch einen vollkommenen Tapetenwechsel!« sagte sie und bemerkte nicht, daß sich ein verständnisinniges Lächeln im Kreis fortpflanzte. »Nein, mir wäre das Klima dort oben auch gar nicht bekommen. Und dann – ein Blockhaus hinter den Dünen zwischen Kurischem Haff und der offenen See, in einer Art Urwald, in dem es noch wilde Tiere gibt, die anderswo nicht mehr geduldet werden – Naturschutzgebiet nennt man das wohl –, nein, das war nicht verlockend für mich.«

»Also ganz ohne jeden Komfort?« fragte jemand. »Da kann sich doch keiner erholen. Und sie sagten doch, daß Herr Meckwien schon immer ein reicher Mann gewesen wäre . . .«

»Aber meine Liebe«, sagte Fräulein W. mit Würde, »das ist es ja gerade! Er war so reich, daß er spleenig war wie ein Engländer und lieber in der Einöde hauste als in seinem alten Familienbesitz mitten in der Stadt, obwohl er dort auch ganz allein wohnte.« Seine Frau ist ganz früh gestorben, und seine beiden Söhne sind im Ersten Weltkrieg gefallen. Und was

Komfort betrifft – inwendig muß das Blockhaus ganz gemütlich gewesen sein, und dann war ein Diener da, der für alles sorgte und auch kochte. Ich sagte ja, es war ein Tapetenwechsel, und mein Bruder hat sich dort immer richtig erholt, und nach 1939, als die Nehrung militärisch besetzt wurde und auch Herr Meckwien sein Blockhaus nicht mehr bewohnen durfte, hat er jeden Sommer richtig an Heimweh gelitten.«

Während Fräulein W. dies alles in einem eher monotonen Tonfall vortrug, hatte sie vor sich hin auf ihre Strickarbeit geblickt. Der ganze Bericht hatte etwas von einer Totenklage an sich, so unsentimental sein Ausdruck auch war. Die Tafelrunde der ebenfalls mehr oder weniger emsig handarbeitenden Damen konnte sich diesem Eindruck nicht entziehen, obwohl über den Tisch hinweg immer wieder sich Blicke kreuzten, die eher von unterdrücktem Amüsement zeugten als von Ergriffenheit. Die Zwischenrufe waren verstummt, und erst als Fräulein W. nach einem längeren Maschenzählen weiterstrickte, ohne weiter zu reden, wagte sich eines der jüngeren Mitglieder des Kränzchens (das aus Immortellen geflochten zu sein schien), nämlich die erst vierundsechzigjährige Frau Oberbahnbaurat Weber, mit der kecken Vermutung hervor, Herr M. sei doch wohl Textilfabrikant gewesen: »Sie sagten Kaufmann und Industrieller, meine Liebe – natürlich ein Großunternehmer?«

Fräulein W. warf ihr über ihre Brillengläser hinweg einen Blick verachtungsvollen Erstaunens zu. »Textil? Wie kommen Sie nur darauf, meine Liebe?« fragte sie zurück, und ließ sogar ihre Arbeit in den Schoß sinken.

»Ach, ich weiß nicht.« Frau Weber sah sich verlegen lächelnd im Kreise um. »Es schien mir nahe zu liegen.«

»Ein sehr wichtiger Industriezweig!« ließ sich Frau Bachmüller drohend mit dunkler Stimme vernehmen – ihr Mann war Besitzer des größten Bekleidungsgeschäfts am Ort, mit Filialen in mehreren Nachbarstädten.

»Vielleicht eine Assoziation, die der Name Meckwien Ihnen

unbewußt hervorrief«, bemerkte spitzfindig Fräulein Julie Moos, die Lehrerin im Ruhestand war und schöngeistigen und gelehrten Neigungen frönte, »Meckmeck – Spottname für das Schneidergewerbe. Es kommt im Volksmärchen vor.«

Fräulein Wondessen hatte sich sehr gerade aufgerichtet und das Strickzeug sinken lassen. Sie sagte, jetzt keineswegs monoton, sondern mit ironischer Betonung: »Da dürfte doch wohl eher der Name Weber Assoziationen zum Textil erwekken. Unsere verehrte Freundin hat sehr richtig auf die Bedeutung dieses Industriezweigs hingewiesen. Aber der Familienname unseres Freundes Meckwien war ursprünglich Mcqueen. Die Familie ist Ende des siebzehnten Jahrhunderts aus Schottland in Ostpreußen eingewandert. Und dann hat schon der erste in Ostpreußen geborene Sohn, der die Firma gründete, aus praktischen Gründen und wegen dem ewigen Ärger mit der Orthographie, seinen Namen so buchstabiert, wie er ausgesprochen wurde, also seit mehr als zweihundert Jahren Meckwien. Unser Herr Meckwien fand das schade und hätte es gern wieder geändert, aber die Firma bestand nun einmal in dieser Schreibart, und da waren Rücksichten zu nehmen. Er sagte auch, es käme nun nicht mehr darauf an, er sei doch der letzte, und war ja auch ein guter Deutscher, nur legte er Wert auf seine schottische Abstammung . . . Ach ja, Sie wollten wissen, in welcher Branche er gearbeitet hat – nun, alle seine Vorfahren haben bis 1914 Geschäfte mit Rußland gemacht: Tee, Pelze, Kaviar, was weiß ich noch – sein Vater war russischer Konsul und schon ein großer Herr. Damit war es dann im Ersten Weltkrieg aus, aber noch ehe die Inflation kam, hatte der Alte viel Kapital in Grundstücken angelegt, mit dem der Sohn dann erfolgreich gewirtschaftet hat – mehrere Reedereien, Bernsteinhandel und solche Dinge.«

Fräulein Wondessen war jetzt in voller Fahrt, und niemand wagte mehr, ihr ins Wort zu fallen. Die Damen begnügten sich damit, Blicke zu wechseln, aber auch das hörte allmählich auf. Es war ja doch eine einmalige Gelegenheit, etwas Gewisses über den Mann zu erfahren, der ein Jahrzehnt lang in der Stadt gewohnt hatte, ohne daß sich jemand besonders für ihn interessiert hätte – bis zu dem ehrenvollen Nachruf der Stadtverwaltung für den »edlen Menschenfreund und Wohltäter, unseren Mitbürger Johannes Gottfried Meckwien«. Wenn auch aus diesem Nachruf nicht mehr hervorging als die Tatsache der Stiftung, und daß der Stifter »einer der Stillen im Lande« gewesen sei, so hatte doch die Bekanntmachung des Vermächtnisses genügt, daß Fragen ohne Zahl nach diesem Mitbürger gestellt wurden – bis zu diesem denkwürdigen Kaffeekränzchen im Hause der Frau Justizrat Aldermann fast ein ganzes Jahr später.

Fräulein Wondessen konnte mit der Wirkung ihres Berichts zufrieden sein. Keine der Damen meldete sich zum Wort – dies mußte erst verarbeitet werden. Die Erzählerin begann ihre Strickarbeit zusammenzuwickeln und andere folgten ihrem Beispiel. Wie aus einer Trance heraus holte Fräulein Wondessen noch einmal aus. Als die Tür sich öffnete für die Weincreme mit Sahne und feinem Gebäck, dem Clou der Zusammenkunft und zugleich ihrem Abschluß, erreichte das Fräulein den Schlußeffekt, der freilich durch das Zusammentreffen mit der Weincreme sozusagen unter den Tisch fiel. »Und wissen Sie, meine Damen«, sagte sie geheimnisvoll, »was der Name Meckwien in seiner ursprünglichen Schreibweise eigentlich bedeutet, also Mcqueen? Mac, das ist keltisch, hat mein Bruder gesagt und heißt Sohn – Mac Queen, Sohn der Königin – ich denke immer, vielleicht stammen seine Vorfahren von Maria Stuart ab. Natürlich illegitim – aber immerhin . . .«

DAS SOLLTE ein Entwurf sein einer Art Rahmenerzählung für die mir vorschwebende Salzdahlumer Geschichte. Inzwischen ist mir klargeworden, daß für den ungemein zarten Stoff dieser Geschichte (die *erfunden*, nicht historischer Art ist) die erzählende Form kaum die ihm angemessene sein dürfte. Ich will versuchen, die Fabel in Umrissen zu fixieren.
Zeit: erste Hälfte des Dixhuitième. Raum: Die Landschaft zwischen Braunschweig und dem Harz. Ort: ein Herzoglich Braunschweigisches Lustschloß *wie* Salzdahlum.
Es findet dort eine Fürstenhochzeit statt, ähnlich, wie es anläßlich der Verheiratung Friedrich II. von Preußen mit einer Braunschweigischen Prinzessin der Fall war. Der Bräutigam ist auch hier ein Opfer der Staatsraison. Er ist eine Gestalt *wie* der preußische Kronprinz, zugeneigt der Musik, der Dichtkunst, der Philosophie – abgeneigt dem »Waffenhandwerk«, der Repräsentation usw. Ein Flötenspieler.
Ein Flötenspieler ist auch der ihm gleichalterige Kandidat, der, von einem klösterlichen Seminar in der Nähe Braunschweigs kommend, an dem Sonntag vor dem Beginn der Hochzeitsfestlichkeiten die Aufgabe hat, in der Schloßkirche den Gottesdienst zu halten.
Jedoch, der junge Mann, der am Vorabend des Sonntags im Personalgebäude des Schlosses ein bescheidenes Quartier bezieht, ist zwar Flötenspieler, aber nicht der mit der Aufgabe des Gottesdienstes betraute Theologe. Er ist ein Freund des eigentlichen Kandidaten Horn, und hat jenem die Aufgabe abgenommen, um ihm einen freien Sonntag bei seinem Mädchen zu verschaffen. Der Rollentausch wurde unterwegs vollzogen, der Kutscher des Kandidaten bestochen.
Dieser andere Flötenspieler, Valentin Vogel, also ist zwar auch Studiosus, er hat mit dem Kandidaten auf der Hohen Schule zu Helmstedt studiert, ist aber eher ein »Fahrender

Schüler«. Seine Neigungen sind die eines Polyhistors, und er hat sich einem freien Wandersleben verschrieben.
Der Rollentausch wird von den beiden wie ein Studentenjux durchgeführt.
Valentin kommt spät abends in dem bereits von Hochzeitsgästen wimmelnden Schloß an, und wird im »Küchenhof«, dem Gesindetrakt, unterm Dach untergebracht. Da er nicht schlafen kann, erhebt er sich kurz vor zwölf Uhr und schleicht sich hinaus in die Mondnacht – eine Juninacht –, in den Park. Noch ergehen sich dort einige Gäste. Allmählich wird es sehr einsam und still. Er streicht umher auf den von Statuen, Hermen und Obelisken begrenzten Wegen, zwischen den Fontänen und Pavillons – entdeckt die Eremitage, klettert auf den künstlichen Parnaß – läßt sich endlich auf einer Bank bei der Echo-Fontäne nieder. Nachtigallen. Er trägt die Flöte bei sich und versucht die Nachtigallen zu akkompagnieren . . .
Der Prinz – also der Bräutigam der bevorstehenden Hochzeit – lustwandelt zur gleichen Zeit im Park, nicht mit seiner Braut, sondern mit seinem Adjutanten. Selbst passionierter Flötist, geht er dem Flötenspiel nach, lauscht ihm eine Weile aus der Nähe, entfernt sich wieder etwas und weist seinen Begleiter an, ihn in der Nähe des Schlosses zu erwarten. Er begibt sich zu der Bank, auf der der Flötenspieler sitzt.

(Im Manuskript des Entwurfs folgt an dieser Stelle eine Skizze, für den Dialog zwischen dem echten Kandidaten Horn und Valentin Vogel, in dem der Rollentausch besiegelt wird. Am Schluß sagt Valentin:)

»Ich werde dieser erlauchten Gemeinde den Text lesen, daß sie jedenfalls nicht zum Einschlafen kommt, und, wenn ihr nicht Hören und Sehen vergeht, endlich einmal den Geschmack der Verweslichkeit wie den Duft der Ewigkeit zu spüren bekommt . . .«
Horn erwidert: »Ich beschwöre dich, Maß zu halten, es wird nichts verlangt als Erbauung durch geschmackvolle Ausle-

gung der Schrift. Und was eine erlauchte Gemeinde betrifft – die hohen Herrschaften werden sich durch dero Kammerherren und Damen vertreten lassen, da doch am Dienstag der Herr Dom- und Hofprediger aus der Stadt für die Trauung kommt. Nein, laß dir sagen, die Gemeinde wird in erster Linie aus den Damen des Klosters ›Zur Ehre Gottes‹, das mit zum Schlosse gehört – neun vornehme alte Wachteln, ferner aus den Hofchargen und endlich aus dem Gesinde, und mag sein, aus ein paar Bauern aus dem Dorf bestehen. So haben Hochwürden mich informiert, wollen mir wohl den Rücken stützen, und dir sage ich es, damit du nicht denkst, dich besonders ins Zeug legen zu müssen. Je demütiger du dich gibst in frommer Einfalt, desto besser – das ist's was von dir erwartet wird.« Nachdem Herr Mcqueen, den die Bürger der Stadt, in der er als Heimatvertriebener Aufnahme gefunden hatte, »Meckwien« nannten, aus dem Gedächtnis dieses Zwiegespräch zweier junger Leute in ein dickes Wachstuchheft eingetragen hatte, überlas er das Geschriebene, starrte eine Weile aus dem Fenster, griff wieder zur Feder und fuhr zu schreiben fort: Wie immer im Herbst ist mein Erinnerungsvermögen so intakt wie sonst nie. Zunächst drängen die wieder aufsteigenden Erlebnisse sich mir wie Traumbilder auf, allmählich laufen sie in mir – ich möchte sagen: *vor* mir ab wie Tonfilme – und schließlich bin ich mit meinem Ich einbezogen, beteiligt, mitten drin. Es ist kein Rauschzustand. Es ist glasklares Tagträumen.

Diese Unterhaltung in der Schenke vor der Stadt, in der ich damals – ich, Valentin Vogel – als Präzeptor eines Muttersöhnchens vorübergehend im Haus eines Tuchhändlers gelandet war! Meinem biederen Freund Horn rieb ich es natürlich nicht unter die Nase, daß mein Brotherr mich zwei Tage vorher wegen des ausbleibenden Erfolgs meiner pädagogischen Bemühungen an die Luft gesetzt hatte, wobei noch andere Faktoren mitspielten, die mit der Schwester meines Zöglings zusammenhingen. Über kurz oder lang hätte

ich ohnehin freiwillig das Weite gesucht, obwohl die Tändelei mit der hübschen Doris mir mein Los beträchtlich erleichtert hatte.
Nur der beschwörende Brief meines Jenaer Leibburschen Horn, diesem liebenswürdigen Musterknaben und braven Streber, hatte mich bewogen, noch zwei Tage in den Mauern dieser Stadt auszuhalten – ich war einfach neugierig, von welcher Art Horns Bredouille war.
Nun wußte ich Bescheid und rollte in der wackeligen Chaise neben dem Klosterknecht Krischan vergnügt nach Süden. Ja, die mir zugedachte Rolle eines stellvertretenden Predikanten war mir so auf den Leib geschrieben, daß ich gar nicht daran dachte, mir die Notizen meines Freundes über die Einteilung der Predigt anzusehen. Den Text wußte ich, und daß mir zur rechten Zeit das Nötige zu seiner Auslegung einfallen würde, dessen konnte ich sicher sein.

(Eben wird mir klar, daß es sonderbar ist, diese Erinnerungen in epischer Folge niederzuschreiben, oder vielmehr so, als hätte ich – dieses Ich, das ich heute bin – dies alles erlebt. Denn jenes Ich, das eine visionäre Überschreitung der Grenze zwischen abgelebtem Dasein – Dagewesensein! – mir vorspiegelt, ist meinem Selbst, dem die Bilder aufsteigen, wohl geheimnisvoll vertraut, aber meinem gegenwärtigen »Ich«, soweit es sich in den Vordergrund drängt, mit seinem ganzen Drum und Dran so fremd, daß ich ebensogut in der dritten Person von diesem Mann namens Vogel reden könnte . . .)

Die Sonne schien, über den weiten Feldern tirilierten die Lerchen, und der Brotgeruch des blühenden Korns lag in der Luft. Am Horizont hob sich das Gebirge immer deutlicher ab und erweckte mir vergnügliche Ahnung der Wanderung, die ich am nächsten Tag nach meinem Auftritt anzutreten gedachte. Mein Fuhrmann redete zuweilen seinem Pferdchen zu, ohne es zu einer geschwinderen Gangart bewegen zu können; allmählich entschloß er sich auch zu ausführlicheren Antworten auf Fragen, die ich an ihn richtete. Ich holte ihn ein wenig aus über das Leben dort im Kloster, wobei ich allerhand von dem erfuhr, was sich Ergötzliches hinter dem Rücken des hochwürdigen Abtes und der Herren Professoren begab.

Krischan hielt es mit den Kandidaten, und da das vermutlich nicht ohne Vorteil für ihn war, konnte ich annehmen, daß er auch über die Eskapade meines Freundes weislich den Mund halten würde. Holte dann meine Flöte hervor und quinkillierte ein paar Triller und Läufe, endlich auch heitere Weisen, wie sie mir in den Sinn kamen, was uns die Zeit in der zunehmenden Hitze des Tages angenehm verkürzte und sogar das Rößlein animierte, hin und wieder in Trab zu verfallen. Machten dann um Mittag Rast im Krug eines stattlichen Dorfes, wo man diese Sonnabendsfuhre gewöhnt zu sein schien.

Als es dann weiterging, war mir recht schläfrig zumute, die Räder quälten sich über eine schlecht gehaltene Landstraße, und ich wurde erst wieder ganz wach, als wir unversehens von einer vierspännigen Kutsche überholt wurden, die uns in einer mächtigen Staubwolke zurückließ, was Krischan mit grunzenden Flüchen quittierte. Er hatte seine Mähre zum Stehen gebracht, wir warteten ab, daß der Staub sich legte. Er knurrte, wir könnten noch dankbar sein, unseren Weg nicht durch die Stadt und über die große Chaussee genommen zu haben – dort würde jetzt ein solches Getümmel anfahrender Hochzeitsgäste sein, daß man aus dem Staub überhaupt nicht herauskäme.

Die Fürstenhochzeit! Ich hatte gar nicht mehr daran gedacht. Nun überließ ich mich angenehmen Erwartungen dessen, was es für mich vielleicht nebenbei zu erhaschen geben würde vom höfischen Treiben hoher und höchster Herrschaften. Ich hatte viel von »Sommerlust« erzählen und fabeln gehört, diesem wunderbaren Lustschloß des Landesvaters, und begann mich darauf zu freuen, alles mit eigenen Augen zu sehen, Zaungast, der ich sein würde, unbeachtet und gleichsam unsichtbar.

Indessen war die Sonne schon im Untergehen, ehe wir, aus einem Gehölz kommend, plötzlich die in die Ebene hingelagerten Schloßbauten und Lustgärten vor uns sahen, hinter denen das Dorf Sommersleben verschwand, als duckte es sich mit gebührender Demut vor soviel Pracht. Krischan bog in einen Feldweg ein, auf dem wir die ausgedehnten Anlagen umfuhren, um endlich in das Dorf zu gelangen und durch seine Hauptstraße an den Stallungen und Wirtschaftshöfen des Schlosses entlang zu einem Seitenportal zu kommen. Hier hielt er und wies mich an, abzusteigen und mich nach der Kanzlei umzusehen.

Mir war nun doch ein wenig derangiert zumute, denn der Kontrast zwischen dem stundenlangen Dahingetragensein durch Wiesen, Felder und Gehölz und dem Tumult, in den ich mich versetzt fand, war gewaltig. Wie einer, der aus allzu langem sanften Schlummer unsanft erweckt worden war, sah ich schwindelig der Chaise nach, die Krischan seinem dörflichen Quartier zulenkte. Suchte mir aber dann den Weg zur Kanzlei über den Hof, in den mein Fuhrmann mich gewiesen, durch das Gewimmel von Lakaien, Zofen, Stallknechten, Stallburschen, das sich hier zu tun machte, denn es grenzte ein Hof an den anderen, und bis ich mich durchgefragt hatte, waren meine fünf Sinne nicht nur wieder beisammen, sondern auch vollgesogen mit dem ganzen bunten Aufwand einer fürstlichen Hofhaltung vor einer Hochzeit. In der Luft des warmen Sommerabends verdrängten hier die Stallgerüche, dort die schweren Dämpfe von Spießbraten den balsamischen Hauch der blühenden Linden.

Ich beeilte mich nicht, ans Ziel zu kommen, verirrte mich nicht unabsichtlich in die Wirtschaftshöfe, die sich den näher an den Hauptgebäuden liegenden Küchen und Dienerschafts-

trakten anschlossen, ergötzte mich am Treiben bei den Stallungen, wo Pferde gestriegelt, Reisewagen und Karossen gewaschen wurden – unter Gesang, Geschrei, Flüchen und Geschimpfe. Erkundete, wo die Kirche lag, angebaut an ein schmuckloses Haus, in dem ich das Damenkloster vermutete, »Zur Ehre Gottes«. Dies war nun wieder ganz nahe an einem der Schloßgebäude oder Galerien, und die Kirche schien durch etwas wie einen gedeckten Balkon mit dem Schloß verbunden zu sein.
Aus dem Hof, in dem ich mich nun befand, gelang es mir, einen Blick in den vor der Fassade des Schlosses angelegten Lustgarten zu tun. Es war der dem Corps de Logie zunächstliegende Hof, der zu den Gebäuden gehörte, in dem die Kanzlei sich befand, ebenso wie die Küche, in der es hoch herging, wie aus dem Lärm, dem Gerassel und Geklapper von Tiegeln, Kesseln und Pfannen nicht weniger zu schließen war als aus dem Getümmel von Köchen, Mägden und Küchenjungen, das sich bis in den Hof ausbreitete. An der Hauswand entlang saß eine Reihe von Frauenzimmern, beschäftigt, Geflügel zu rupfen, als gelte es eine Armee zu versorgen. Ich machte einen Bogen, um nicht in das Federgestöber zu geraten, und dabei bemerkte ich, daß in der Mauer gegenüber ein Pförtchen war, und daß ein Gärtnerbursch es offen stehen ließ, der mit einem Korb voller Blumen den Hof betrat.

Ich nahm die Gelegenheit wahr, wagte mich aber nicht weiter, als der feierliche und von Menschen ganz verlassene kunstvolle Gartenraum vor mir lag. In seiner Mitte, meinem Standort gerade gegenüber, warf ein Springbrunnen seine sich überschlagende, perlende Säule unablässig empor, während zu ebener Erde sechs kleinere Brunnen aufsprangen und sich in geschwungenen Bögen in das steinerne Becken zurückfallen ließen. Dieser Anblick des mit sich selbst spielenden und tanzenden Elements, während es sich in Tropfenschauern versprühte, ohne in seiner Gestalt zu zerfallen, seine

Schaumkrone gleichsam einen Ball in die Luft warf und wieder auffing – dazu die monotone Musik des emporsteigenden und sich wieder auffangenden Wasserstrahls: das bannte mich auf der Stelle, und ließ mir alles, was meine Augen sonst aufnahmen, wie eine zauberische Auswirkung der Beschwörung erscheinen, durch diese zentrale Manifestation einer gebändigten, aber keineswegs erstarrten Naturkraft.
Erstarrt, unter ihrem Bann – gleich mir selbst – schien die Anlage der symmetrischen, steinern eingefaßten Beete und Pfade zu sein, samt ihren Pilastern, auf Postamenten stehenden Göttern, Nymphen, Faunen und Putten, Laternen und Urnen. Selbst die im gedämpften Licht des Abends leuchtenden Blumen waren in die Versteinerung eingeschmolzen, und nur noch Farbflecken im verschlungenen Muster dieser Umrahmungen.
Es muß das erste Mal gewesen sein, daß ich die Gelegenheit hatte, eine so kunstvolle Anlage aus nächster Nähe zu sehen. Sie erschien mir in ihrer von Menschen verlassenen, in sich selbst ruhenden Vollkommenheit wie ein Blendwerk, das dem Tageslicht nicht standhalten würde, ebenso wie die Fassade des Schlosses, die ich durch einen Seitenblick mit den ihr vorgelagerten, von Pavillons flankierten Arkadengängen und stattlichen Nebengebäuden wahrnehmen konnte. Die erleuchteten Fensterreihen aber verrieten, daß dort festliches menschliches Leben herrschte – und nicht allein dieser Eindruck, sondern auch, daß sich mir unversehens eine hart zugreifende Hand auf die Schulter legte, und eine rauhe Stimme fragte: »Heda, Musjöh, was hat Er hier zu suchen?« riß mich aus meiner Verzauberung.
Das Individuum, das mich dergestalt aus meiner Entrückung holte, trug auf dem vierschrötigen Leib einen roten, bordierten Rock, auf dem ungefügen Haupt einen Dreispitz, und war ausgerüstet mit einem von einer Messingkugel gekrönten, fast mannshohen Stab. Es hatte mithin das amtliche Decors, das sein barsches Auftreten rechtfertigte, und ich hatte gelernt,

mit Personen dieser Art umzugehen. Erklärte also mit geziemender Bescheidenheit, daß ich die Kanzlei suche und mich gefragt hätte, ob es erlaubt sei, den Weg durch den Garten zu nehmen, um mich auf der anderen Seite der Anlagen danach umzusehen, da ich annehme, daß selbige Lokalität sich dort drüben befände.

Es sei erstens nicht erlaubt, sagte er, und zweitens würde ich sie drüben noch weniger finden als diesseits, und nicht nur, weil mein Verstand bisher nicht hingereicht hätte, mein angebliches Ziel dort auszumachen, wo es sich befände – nämlich auf dieser Seite. Und was ich denn überhaupt auf der Kanzlei so spät noch wolle?

Ich wollte mich melden. – Ob ich am Ende der Coiffeur sei, auf den das Frauenzimmer schon seit gestern ungeduldig warte?

Leider nicht, klärte ich ihn höflich auf. Ich käme aus Kloster Reimarshausen, und sollte morgen die Predigt halten . . .

Er musterte mich nochmals mißtrauisch, entschloß sich dann aber, mich auf Treu und Glauben zu nehmen, und wies mich mit einer majestätischen Geste seines Stabes in die Richtung, die ich einzuschlagen hätte. Ich verzichtete auf weitere Umwege und wickelte nun meine gehorsame Meldung bei einem mürrischen Kanzlisten ab, desgleichen beim Küchenmeister wegen der mir zustehenden Speise. Man beorderte einen Jungen, der mir den Teller mit Brot und kaltem Braten, sowie eine Bouteille Roten hinauf in mein Nachtquartier trug, das ich allein kaum hätte finden können. Es war ein Zimmer unter dem Dach des Gesindetrakts, versehen außer mit dem Bett nur mit einem Stuhl und einem wackeligen Tisch. Ich hatte nichts Eiligeres zu tun als das in die Dachschräge eingebaute Fenster zu entriegeln und aufzustoßen, denn die ganze Glut des Tages stand geballt und stickig in diesem Holzverschlag.

Als ich mich umwandte, war mein Ganymed verschwunden, die Atzung stand auf dem Tisch, in dem fast ganz verloschenen Tageslicht gerade noch zu erkennen, und eine Kerze konnte ich nicht entdecken. Ich zog das Tischlein unter das Fenster und ließ mich dort nieder, wo die Abendluft mir die Stirn kühlen konnte. Den Rock hatte ich über die Stuhllehne gehängt, das Hemd über der Brust geöffnet – allmählich ließ es sich wieder atmen, und es war mir angenehm, wahrzunehmen, daß der Mond seinen Wandel begonnen haben mußte, denn es wurde nicht dunkler, vielmehr schien sich draußen ein silberig-bläuliches Licht auszubreiten.

Gedankenlos, ganz der Müdigkeit hingegeben, die mich hinterrücks überfallen hatte, verzehrte ich mein Nachtmahl und nahm hin und wieder einen Schluck, ohne gleich zu bemerken, daß es kein übler Tropfen war, den man mir spendiert hatte. Da sich aber ein guter Wein Gleichgültigkeit auf die Dauer nicht gefallen läßt, er setzt sich durch, wenn er es nicht mit einem hoffnungslosen Stumpfbold zu tun hat, so geriet ich aus meiner animalischen Dumpfheit sehr bald wieder in einen mir gemäßen Zustand träumerischer Wachheit. Es behagte mir, mich in der Situation eines Zuschauers zu fühlen, der sich in der unauffälligen Maske eines Predigtamtskandidaten in das hier stattfindende Schauspiel der großen Welt eingeschlichen hatte, bereit, dafür zu zahlen, indem er am äußersten Rand der Ereignisse eine kleine Nebenrolle übernahm. Diese war erst morgen fällig und würde nicht mehr beachtet werden als die Chargen der Lakaien, Stallknechte, Türsteher, Heiduken, Köche und Mundschenken, denn ich gedachte nicht, geistlichen Ehrgeiz zu entfalten. Auf gut Glück würde ich mein Sprüchlein sagen und es dem Wort überlassen, ob es irgendwo ankäme und Wurzel schlüge, oder von marmornen Stirnen abprallen, im Wind verwehen würde.

Einstweilen nahm ich mit vom Wein erschlossenen Sinnen alles wahr, was ich Zaungast wahrnehmen konnte. Ich hatte den Tisch wieder zurückgeschoben und lehnte am Fenster. Es saß so hoch in seiner Nische, daß ich eben die Arme aufstützen und über den Hof zu der Mauerpforte hinübersehen konnte, an der ich vorher gestanden und in den Lustgarten gespäht hatte. Wenn ich den Kopf drehte, konnte ich auch von hier die mit erleuchteten Fenstern strahlende Fassade des Schlosses sehen. Der Küchenlärm drang nur gedämpft zu mir hinauf; immerhin, es ging noch hoch her, und man schien sich neben der Arbeit auch mannigfach zu verlustieren, wie denn eine Hochzeit es mit sich bringt durch alle Ränge und Chargen hindurch.

Über diesem Lärm aber schwebte wie regenbogenfarbener Dunst beständig Musik, die das im Schloß stattfindende Bankett begleitete. Dort mochten einige Fenster offen stehen, so vermischte sich das Getön eines Orchesters verworren und doch harmonisch für mich mit der vom steigenden Mond immer durchsichtiger erleuchteten Sommernacht, vor allem aber mit dem inbrünstigen Schlagen der Nachtigallen drüben im Park, das nach Sonnenuntergang begonnen hatte. Wenn ich recht hinhorchte, konnte ich als die monotone Begleitung dieser ineinander spielenden Impressionen von Mondlicht und Gartendüften, menschlichem und tierischem Lustgeschrei, durchwoben von den Rhythmen festlicher Musik, auch das unaufhörliche Geräusch der steigenden und fallenden Wasser vernehmen – ja, zuweilen, wenn alle anderen Stimmen sich in einer Atempause dämpften, wie es dem immer wieder auflebenden sanften Nachtwind gefiel, schienen die Wasser allein das Wort zu behalten, um aber gleich wieder im allgemeinen Gespräch der Nacht mit sich selbst zu verschmelzen.

Die sanfte Trunkenheit, die mich umfing, hatte ihren Quell wohl auch in der Bouteille. Aber bei aller Beschwingtheit machte sich doch die Müdigkeit des langen heißen Tages geltend. Ich glaubte, noch am Fenster zu stehen, erkannte aber plötzlich, daß ich in meinen Kleidern auf dem Bette lag und halb schon schlief. Während ich noch mit dem Entschluß rang, wach zu bleiben und zu versuchen, mich durch eine

Promenade in der Nachtkühle zu ernüchtern, vergingen mir die Sinne vollends. Das letzte, dessen ich mir bewußt wurde, war ein Anschwellen der bisher nur gedämpft vernehmbaren Musik. Es war, als löste sich die Nacht auf. Der Odem des Korns, der blühenden Linden begann zu tönen mit den Stimmen von Hörnern, Oboen, Fagotten und Klarinetten – eine Serenade, wußte mein umnebelter Geist gerade noch, und dann trug es mich hinweg über die Grenze des Tierkreises.

Als ich erwachte, war es wirklich Nacht geworden, und das will sagen, daß kein menschlicher Laut mehr das Getön der Nachtigallen mit der monotonen Begleitung der spielenden Wasser unterbrach. Ich mußte ein paar Stunden tief geschlafen haben und fühlte mich hellwach, als ich mich aufrichtete und lauschend nach dem Fenster sah, vor dem der nun vollends entfachte bleiche Glanz der Mondnacht stand. Wie unter dem Diktat eines schon vor dem Einschlafen gefaßten Vorsatzes erhob ich mich, dehnte die Glieder und öffnete behutsam die Kammertür, um hinauszuhorchen. Das Haus schlief, man konnte es hinter den Stubentüren atmen hören, ja, als ich nun über die hölzernen Stiegen hinunterschlich, gab es sogar Schnarchtöne von sich. Vorsichtig drückte ich die Klinke der Haustür nieder, und es erwies sich, daß nicht abgeschlossen war.

Ich weiß nicht, wie ich unbemerkt über den im Mondlicht liegenden Hof gekommen bin, aber die zweifellos ihrem Dienst nachgehenden Nachtwächter mögen gerade am anderen Ende der langen Flucht der Wirtschaftshöfe gewesen sein, oder aber sie gönnten sich irgendwo eine Mütze Schlaf. Ich muß mit der lautlosen Sicherheit eines Schlafwandlers den Küchenhof überquert haben, ohne nach rechts und links zu blicken. Es war mir vogelleicht zumute, meinem Namen entsprechend. Ich stieß das Pförtchen auf und drückte es hinter mir zu, und nun, da ich mit dem Rücken dagegengelehnt stand, kam ich wohl erst vollends zur Besinnung.

Dennoch verhielt ich mich regungslos, als könnte die leiseste Bewegung den Traum, in dem ich mich zu befinden meinte, verschenken oder ihn sprengen, als die magische Sphäre, die mich umfing.
Obgleich ich bemerkte, daß im Schloß noch viele Fenster erleuchtet waren, und daß von dort Geräusche hinüberdrangen, war doch der Zauber der mondlichen Stille, die über den Gärten lag, ganz unberührt davon. Allmählich wich die Schlafbefangenheit. Mit der Klarheit, die ich nun empfand, überkam mich ein starkes Glücksgefühl und die Gewißheit, daß der Sinn dieses Abenteuers sich mir jetzt erschließen würde. Daß er nicht in meiner Rolle eines Vertreters für Horn liegen konnte, war mir beim ersten Eintritt in den Bannkreis des Schlosses gewiß gewesen, ohne daß ich mir hätte erklären können, was mich wohl erwarten würde. Ich konnte es auch jetzt nicht, aber ich ging leichten Schrittes durch den ersten der Lustgärten, als sei ich hier zu Hause. Ich ging dem Gesang der Nachtigallen nach. Ich bemerkte, daß ich keineswegs der einzige nächtliche Spaziergänger war, hier und dort sah ich schattenhafte Gestalten auf den Bänken. Aber je tiefer ich in die Gärten eindrang, um so einsamer wurde es.
Gleich einer Luftspiegelung stieg vor mir immer deutlicher und dennoch unerreichbar scheinend ein Hügel mit seltsamen Bauten auf. Waren es Turmzimmer – waren es Ruinen, wie ich sie einst an der Saale gesehen hatte? Es zog mich dorthin, aber ich kam nicht näher, und als ich wieder eines der Brunnenbecken erreichte, von denen jedes den Mittelpunkt eines Gartens einnahm, ließ ich mich dort auf einer der steinernen Bänke nieder und gab mich lauschend hin an die milde Nacht. Es wurde mir bewußt, daß die Nachtigallen sich wohl eher jenseits der steinernen Umfriedung befanden, in der Nähe der Pferdeschwemme und eines anderen Weihers, der auch von Baumwuchs und Haselbüschen umgeben war – es mußte irgendwo auch ein Flüßchen geben, das vom Gebirge herkommend durch die Ebene schlich.

Hatte ich den Wein noch im Blut, daß ich dem Zauber dieser Nacht so weit erlag? Ich denke, es war ein Drang, mit meiner eigenen Person teilzuhaben an diesem exklusiven Fest der Natur, bei dem ich mich selbst zu Gast geladen hatte. Unter einem unwiderstehlichen Zwang tastete ich nach meiner Flöte, die ich ja immer in einer röhrenförmigen Tasche, dem Rock eingenäht, bei mir führte. Ich zog es hervor, das geliebte Sprachrohr meines Herzens, durch das ich mich jederzeit mit dem Geist der Stunde in Verbindung setzen konnte. Der erste langgezogene Triller, mit dem ich dem Chor der Nachtigallen antwortete, erfüllte mich mit einer Seligkeit, wie ich sie seit langem nicht mehr empfunden hatte.

(11. 5. 66: Die Erzählung wird nach längerer Pause in der dritten Person weitergeführt.)

Von jeher war dieser seltsame Vogel namens Valentin, der nicht umsonst im Nest eines Klingenthaler Geigenmachers aus dem Ei gekrochen und unter Schmerzen flügge geworden war, am glücklichsten gewesen, wenn er gepfiffen hatte, gesungen – und dann von der Weidenflöte zur Blockflöte hingefunden, und schließlich zu dem ganzen Geschlecht dieser lieblichen Instrumente, die durch den Odem, das Pneuma des Menschen zum Erklingen gebracht hatte. Vergessen wir, daß dies auch für Trompete und Posaune gilt, denn diese kamen für Valentin Vogel nicht in Frage, schon wegen ihrer metallenen, schmetternden Resonanz. Er liebte den weichen Ton des Holzes, seine Modulationsfähigkeit, ihm entsprach die Dulzflöte, Flûte d'amour, Flûte douce.

Wenn er sie an seine Lippen zog, vergaß er bald seine Umgebung, ja, die eigene Person, und ging mit allem, was er war auf in dem, was er in sie hineinatmete, hineinhauchte – in seinem innersten Selbst, das er, abgelöst von Schmerz und Lust, als selige Kantilene auch jetzt wie eine Befreiung erlebte.

Lag es nun an dieser Entrückung, die ihn nichts wahrnehmen ließ von dem, was um ihn hervorging, oder war die Entrükkung diesmal begünstigt von der Nachwirkung des Burgunders: erschrocken wie eine auf der Höhe ihres ekstatischen Rezitativs unterbrochene Amsel ließ er das schwärmerische Andante nach dem trillernden Allegro in einem Mißton ausklingen, als ihm zwei schattenhafte Gestalten bewußt wurden, die sich zunächst von den Sandsteingöttern am Brunnenbecken nicht unterschieden hatten, sich aber nun auf ihn zu bewegten und unmittelbar vor ihm haltmachten. Er starrte sie an. Soweit er sie in dem dämmerigen Mondlicht erkennen konnte, waren es zwei junge Herren in weiten Radmänteln, die sie locker über die Schultern gehängt trugen, so daß die reich bordierte, kostbare Kleidung darunter nicht verborgen war.

»Eh bien, le voilà, notre rossignol humain«, sagte der eine mit hörbarem Amüsement. In seiner Art zu sprechen war eine Nuance der Überlegenheit, die Valentin Vogel nachdrücklich zu Bewußtsein brachte, daß er ohne Befugnis in die herzoglichen Lustgärten eingedrungen war, und daß der ein musikalisches Privatissimum abhaltende Kandidat der Theologie nichts anderes tun konnte, als sich zunächst einmal zu erheben. Er tat es mit weichen Knien, entschloß sich sodann zu einer Verbeugung und erkannte, daß er eine mehr oder weniger komische Figur machte, denn er sah sich nun mit freundlichem Lächeln betrachtet. Der eine der beiden schlug ihm leicht auf die Schulter und sagte:

»Il n'y a pas besoin de gêne, mon chèr! Er ist ein trefflicher Flötist. Will Er uns nicht noch etwas vorspielen?«

Der andere Herr fiel ihm ins Wort. »Assez, Leonard,« sagte er, »wir könnten ein noch größeres Auditorium herbeilokken, was mir nicht lieb wäre . . .« Diese Worte wurden in einem Ton gesagt, der bei aller Gelassenheit nicht daran zweifeln ließ, wer hier zu bestimmen hatte, obwohl der Sprecher ersichtlich der jüngere dieser beiden Nachtschwärmer war – er mochte gleich Valentin wenig über zwanzig Jahre alt sein und erschien ihm sonderbar bekannt.

»Vous avez raison comme toujours, mon Prince«, gab der andere zu. »Aber fällt Ihnen nichts auf? Oder ist es nur ein lunarischer Trug?«

Wiederum fühlte Valentin sich einer peinlichen Musterung unterzogen. Er blickte zwischen den Herren hin und her, und glaubte bei dem Jüngeren einen forschenden und erstaunten Ausdruck zu entdecken.

»Ich möchte glauben, daß Eurer Hoheit Dämon Ihnen den erwünschten Vertreter gesandt hat«, sagte nun der mit Leonard Angeredete. Er lachte leise. »Diese Ähnlichkeit – éclatant! Dazu diese Virtuosität . . .«

Der andere war einen Schritt nähergetreten und starrte Valentin mit leicht geöffneten Lippen ins Gesicht. Valentin wich ein wenig zurück. Ihm war einen Augenblick gewesen, als blickte er in einen Spiegel.

»Auch dieselbe Statur – dieselbe Größe«, murmelte Leonard.

»Wer ist Er, Musikus?« fragte nun der andere. »Gehört Er zum herzoglichen Hof? Ist Er im Orchester beschäftigt? Red' Er frei von der Leber weg!«

»Zu dienen, Hoheit«, stieß der Flötenspieler hervor, der sich allmählich wie ein gestelltes Wild vorkam, und der begriffen hatte, daß er eine fürstliche Person vor sich sah. »Nein, Hoheit, kein Musikus, nur ein Amateur der edlen Musika, ansonsten der Kandidat der Theologie Valentin Vogel, abgeordnet vom Kloster Reimarshausen, am morgigen Sonntag allhier in der Schloßkirche die Predigt zu halten . . .«

»Er hat dieses Amt schon des öfteren versehen? Ist Er dem Hof bekannt?« war nach einer neuen Pause die nächste Frage.

»Nein, Hoheit, ich bin zum ersten Mal hier. Es kommt jeden Sonntag ein anderer, und mich hat das Los bis dato nicht

getroffen«, stammelte Valentin. Mein Gott, wohin bin ich geraten, ging es ihm durch den Kopf. Ich fange schon selber an, an dieses Märchen zu glauben!
Der Prinz, der lange mit gesenktem Kopf geschwiegen hatte, wandte sich jählings zu seinem Begleiter. Dieser, der, wie es Valentin nicht entgangen, amüsiert mit einem sardonischen Lächeln abgewartet hatte, nahm Haltung an: »Mon Prince?«
»Ich möchte mich mit diesem . . . Nun ja, flötenspielenden Theologen ein wenig unterhalten, Leonard«, sagte der Jüngere. »Promenieren Sie zwischen den Bosketten, aber bleiben Sie in der Nähe.«
Die Antwort kam zaudernd. »Ich gehorche, mon Prince – aber bedenken Sie meine Verantwortung.«
»Keine Sorge, amice. Die Verantwortung trage ich. Allez-vous-en!«
Der andere – war er ein Adjutant oder ein Kammerherr? – zögerte noch einen Augenblick, wandte sich dann ab und schlenderte davon. Der Prinz ließ sich auf der Bank nieder. Valentin machte eine Kehrtwendung und stand mit einigermaßen wankenden Knien vor dem jungen Herrn, der zu ihm aufsah und ihn von neuem nachdenklich musterte. Dann kam wieder eine Frage, diesmal knapp und scharf. »Steht Seine Amtserfüllung, ich meine Seinen Sermon, den er morgen zu halten hat, in Connection mit den Hochzeitsfeierlichkeiten, die am Hof stattfinden werden? Mit anderen Worten, wird der Hof mit seinen Gästen an dem Gottesdienst teilnehmen?«
»Nicht daß ich wüßte, Votre Altesse«, stammelte Valentin. Nach einem tiefen Atemzug fügte er mit gefestigter Stimme hinzu: »Ich habe jedenfalls von meinen Kommilitonen, die bereits die Ehre hatten, den Gottesdienst für das Damenstift in der letzten Zeit zu halten, immer gehört, daß nur die Stiftsdamen daran teilnehmen. Für das herzogliche Haus gehört ein Hofprediger zum Gefolge seiner Hoheit, das Schloß hat eine eigene Kapelle, in der auch die Trauung stattfinden wird . . .«

Und dann werde ich längst über alle Berge sein, ging es ihm durch den Kopf. Er starrte seinen Doppelgänger an. »Und er verläßt diesen Ort, alsbald Er seiner Ordre genügt hat?«
»Oh ja!« sagte Valentin plötzlich strahlend. Auch der Prinz schien zu lächeln.
»Er scheint mir keine besondere Begeisterung für Sein Amt zu fühlen«, sagte er halblaut, wie im Selbstgespräch, während er vornübergeneigt mit dem Spazierstock im Kies bogenförmige Striche zu ziehen begann, als wollte er sich selbst einkreisen. Er schwieg eine Weile und hob dann den Kopf für eine scharf betonte Frage: »Und warum ist Er nicht Musiker geblieben, wozu die Natur Ihn doch anscheinend begnaden wollte?«
Valentin stieß einen Laut aus, der ebenso ein konfuses Auflachen wie ein Seufzer sein mochte. »Euer Durchlaucht . . .« stammelte er. Aber ehe er weiter sprechen konnte, unterbrach der Prinz ihn, indem er sich aus seiner gebückten Haltung aufrichtete und so weit nach rechts rückte, daß er den linken Arm auf die Lehne der Bank legen konnte, was mit einer Geste geschah, die weniger einladend als befehlend wirkte. »Setz Er sich! Ich habe es satt, zu ihm aufzublicken«, sagte er unwirsch.
Valentin zauderte einen Augenblick, dann gehorchte er stumm und ließ sich am äußersten Rand der Bank nieder. »Eh bien, pourquoi?« wiederholte der Prinz seine Frage.
»Hoheit«, kam die Antwort nach einem neuen Aufseufzen, »der Mensch muß doch leben. Unsereiner braucht dazu eine Profession . . .«
»Und weshalb hat er da nicht die Musik gewählt? Wenn es schon Kirchendienst werden mußte, warum dann nicht als Kantor?«
Valentin, der bisher hölzern dagesessen hatte, die Hände auf den Knien, ohne sich dem Prinzen zuzuwenden, hob die Hände plötzlich und blickte empor zu dem silbern verschleierten Himmel. »Das ist es, worüber ich auch immer grübele«,

seufzte er, aber eher in einem Selbstgespräch, als mit einer Beantwortung.

Ende der vorliegenden Niederschrift. Die Sechsundachtzigjährige hat auf der Seite notiert:
Vorläufig ablagern. Januar 72

Hersteller von Schreibmaterial sind glücklicherweise konservativ: ein zweckmäßiges Produkt wird nicht ohne Not verändert. Schwarze Wachstuchhefte, zumeist mit linierten Seiten, lernte Ina Seidel um die Jahrhundertwende kennen. Sie fand sie besonders nützlich (wohl auch, weil ihre gebundene Form einen gewissen Zwang auf den Besitzer ausübt), und sie blieben für sie greifbar bis an das Ende ihres langen Lebens – sofern überhaupt etwas greifbar war im Schreibwarenhandel.
Im Ersten Weltkrieg scheint es da kaum einen Engpaß gegeben zu haben. Im Zweiten Weltkrieg gab es einen, auch danach – und manche freie Seite in schon vorhandenen und schon bearbeiteten schwarzen Wachstuchheften wurde dann noch genutzt. Ina Seidels normales Wachstuchheft hatte etwa Schulheft-Format. Sie besaß aber auch kleinere in der Größe von Aufgaben-Heften: für Notizen im Bett und auf Reisen. Fast alle Manuskripte ihrer Bücher (heute in der Hut des Deutschen Literatur-Archivs in Marbach, einige auch in der Bayerischen Staatsbibliothek) sind in schwarze Wachstuchhefte geschrieben worden. Die ersten Hefte waren wohl auch Satzvorlage; später – bis 1930 – dienten sie als Vorlage für eine Maschinen-Schreiberin; danach, vierzig Jahre lang, für die Autorin selbst, die eine kleine Remington bediente, im letzten Jahrzehnt auch eine kleine Olympia.
In anderen Heften aber standen handgeschriebene Monologe, auch schlichte Tagesaufzeichnungen, Auseinanderset-

zungen, Notizen, Entwürfe, Fragmente. Allein Gedichte sind öfters auf lose Blätter geschrieben worden, auch erste Umrisse von Gedichten: für einige Einträge in diesem Buch trifft also der Titel nicht.

»Verzeiht alle Unordnung, es wuchs mir über den Kopf, ich war zu müde. 19. IV. 49. (Obiges gilt zu allen Daten, im Fall ich mich nicht bei denen (sehr Geliebten!) entschuldigen kann, die hinter mir werden aufräumen müssen.« Diese Eintragung (in einem schwarzen Wachstuchheft) war kaum notwendig. Die Menge an Papier, die Ina Seidel hinterließ, war sehr groß und zunächst verwirrend – zumal sich in Truhen, Schreibtischen und Schränken auch der Nachlaß anderer Familienmitglieder befand, etwa die privaten Schriften Heinrich Wolfgang Seidels. Aber die Ordnung war bewunderungswürdig für eine körperlich sehr behinderte Frau, die bis in das letzte Jahr ihres Lebens ständig gearbeitet hat, und nur sehr gelegentlich eine Schreibkraft, nie eine Sekretärin hatte.
Unordnung gab es nur im Kern: in den schwarzen Wachstuchheften, den Notizen von gelebten Tagen, Reisen, Gedanken, Einfällen – und einer geistes- und daseinsneugierigen Arbeit an sich selbst. Aus dieser Unordnung ist die vorliegende Auswahl – mit hoffentlich einiger Ordnung – entstanden: von den privaten Monologen bis zu den nie in Buchform oder gar nicht im Druck veröffentlichten Prosa-Fragmenten. (Von ihnen ist nur das Kapitel des »Fides«-Romans einmal in einer Zeitschrift erschienen.)

Ina Seidel hat immer wieder, nie aber beständig, tagebuchähnliche Aufzeichnungen gemacht. Ein stattlicher Teil davon ist der privaten Chronik gewidmet, notierten Tages- und Monatsläufen als Gedächtnisstütze. Ein anderer Teil ist das, was sie selbst »Monologe« nannte, und von ihnen enthält dieser Band eine Auswahl. Der Auswählende hofft, daß diese

Texte geeignet sind, den Leser noch näher mit der Person und der Gedankenwelt einer Autorin bekanntzumachen, deren Werk ja schon nicht Weniges über sie sagt. In einer Geschichte der Familie Seidel (»Die Seidels«, 1979, DVA) ist auch ausführlich auf die Illusionen Ina Seidels eingegangen worden, die sie sich zunächst über Hitlers Absichten machte. Deswegen scheint die Anmerkung angebracht, daß in dieser Auswahl nicht etwa Aufzeichnungen ausgespart werden, die vor 1945 solche Illusionen bezeugen: vielmehr, keine Niederschrift in der kompletten Sammlung der schwarzen Wachstuchhefte (oder anderswo) enthält irgend etwas dieser Art. Nicht berücksichtigt in dieser Auswahl sind vielerlei Niederschriften, die allein den ungemeinen Wissens- und Denk-Hunger einer Frau bezeugen, die sich stets unzureichend augebildet fühlte und sich ihr Leben lang Wissen und Denkergebnisse autodidaktisch aneignete. Daß sie später sehr selbständige Denkergebnisse hervorbrachte, etwa in Fragen des Glaubens, des Christentums, der Kirche: dafür allerdings zeugen manche der hier abgedruckten Notizen.

Es findet sich in diesen Notizen (und auch in anderen Teilen der Auswahl) dieser oder jener Widerspruch. Es gab keinen Anlaß, hier Kosmetik zu betreiben – im Gegenteil: dies sind Auszüge und Ergebnisse aus sechs Jahrzehnten – eingeteilt in drei große Zeitabschnitte, damit der Leser doch Anhaltspunkte hat, wann ungefähr die Verfasserin was niederschrieb. Auch innerhalb eines Zeitschnitts sind Wandlungen erkennbar, neue Vorstöße. Auf einen Deutungsversuch sei verzichtet: dies ist ein Lesebuch, in einigen Teilen ein Lesebuch der Gedanken. Ziehe jeder seine Schlüsse selbst.

Dies gilt auch für die Abschnitte der Lyrik, der lyrischen Bruchstücke oder Keime. Daß fertige Gedichte, die der Autorin genügten, in ihren Gedichtbänden erschienen, das liegt auf der Hand. Eine Ausnahme bildete der letzte Lebensabschnitt, nach 1955, in dem kein Gedichtband mehr vorgelegt wurde. Es gibt aber Strophen und Strophen-Fragmente,

die zum Bilde der Lyrikerin I. S. einiges beitragen, obwohl sie ihren Maßstäben nicht genügten. Sie sind hier zu finden.
Die kürzeren Aufzeichnungen unter dem Sammeltitel »Festzuhalten« sollen nicht nur dem Amüsement oder dem Nachdenken des Lesers dienen. Sie weisen bisweilen auf die Art hin, in der Ina Seidel sich Rohstoff anhäufte – oder auf die Art ihrer neugierigen Lebensbetrachtung.
Der Band enthält nur Erstdrucke, mit der erwähnten Ausnahme des »Fides«-Fragments, und einiger kleiner Abschnitte, die in der erwähnten Familiengeschichte zitiert wurden. Was die »Monologe« und »Notizen« angeht: hier hat I. S. selbst formlos Auszüge aus ihren Wachstuchheften gemacht, in der Absicht, sie später einmal zu ordnen. In einigen Fällen weichen diese Auszüge vom niedergeschriebenen Original ab, und dann ist meistens die Wort-Fassung verwendet worden, die die Autorin später wählte. Im letzten epischen Fragment sind einige Namensnennungen richtig gestellt, zwei unvollständige Sätze ergänzt worden.
Der Band ist nicht als Arbeitsmaterial für den Literarhistoriker angelegt. Er wird ihm in einigen Teilen nicht anders dienen können als jedem Leser: als Hinweis darauf, daß Ina Seidels Arbeiten aus einem weit verzweigten Wurzelwerk entstanden sind, dessen Richtung und Struktur bisweilen überrascht. Der Herausgeber, dem die Auswahl bisweilen nicht leichtgefallen ist, hat in einem Punkt ein so gutes Gewissen, wie Herausgeber-Gewissen eben sein können: daß die hier gedruckten Texte vielfältig Zutreffendes spiegeln – die Person wie den Autor mit ihren Zielen und Widersprüchen, ihrem Ernst und ein wenig auch ihren Heiterkeiten.

C. F.

WERKE VON INA SEIDEL:

DAS LABYRINTH
Roman
480 Seiten
Auflage: 100 000

DAS WUNSCHKIND
Roman
936 Seiten
Auflage: 1 Million 105 000

LENNACKER
Das Buch einer Heimkehr
512 Seiten
Auflage: 386 000

DIE FAHRT IN DEN ABEND
Erzählung
92 Seiten
Auflage: 54 000

DIE FÜRSTIN REITET
Erzählung
95 Seiten
Auflage: 94 000

VOR TAU UND TAG
Geschichte einer Kindheit
172 Seiten
Auflage: 13 000

LEBENSBERICHT 1885–1923
350 Seiten

DEUTSCHE VERLAGS-ANSTALT

DIE GESCHICHTE DER FAMILIE SEIDEL

Christian Ferber
DIE SEIDELS
Geschichte einer bürgerlichen Familie
1811–1977

Christian Ferber ist seit drei Jahrzehnten das Pseudonym von Georg Seidel (geboren 1919), dem Sohn von Heinrich Wolfgang und Ina Seidel.

Als letzter Seidel erzählt er die Geschichte einer der großen deutschen Schriftstellerfamilien: drei Generationen deutscher Bürger auf der Zeitbühne von fast siebzehn Jahrzehnten – dargestellt am Leben der fünf Autoren, aber auch am Dasein der nichtschreibenden Seidels – angereichert mit einer Fülle von bisher unveröffentlichten Tagebuchaufzeichnungen, Notizen, Fragmenten.

DEUTSCHE VERLAGS-ANSTALT